FOLIO BIOGRAPHIES
collection dirigée par
GÉRARD DE CORTANZE

Jim Morrison

par

Jean-Yves Reuzeau

Gallimard

Crédits photographiques :

1 : Dalle/David Sygall. 2 : Sipa Press/Alberts. 3 : George Washington Highschool, Alexandria (VA). 4 : Corbis/Robert Landau. 5 : Corbis/Joseph Brodsky. 6 : Corbis/Bobby Klein. 7 : Sipa Press/Rex Features/James Fortune. 8 : Coll. part. in *Follow the Music* de Jac Holzman et Gavan Dawes, FirstMedia Books, 1998. 9, 12 : Getty Images/Michael Ochs Archive/Estate of Edmund Teske. 10 : Corbis/Bettmann. 11 : D.R. 13 : Corbis/Alain Ronay. 14 : Patricia Devaux, 1981. 15 : Coll. part. 16 : Hervé Muller. 17 : Michelle Campbell © Adagp, Paris 2012.

© Éditions Gallimard, 2012.

Jean-Yves Reuzeau est directeur littéraire des éditions Le Castor Astral, fondées en 1975 avec Marc Torralba, qui ont notamment publié l'œuvre complète du prix Nobel de littérature 2011, Tomas Tranströmer. Il a parallèlement travaillé une dizaine d'années dans l'édition musicale pour WEA (Warner, Elektra, Atlantic). Il est notamment l'auteur du récit *Jim Morrison ou les Portes de la perception* (L'Incertain), et des biographies *Jim Morrison et les Doors, la vie en accéléré* et *Les Rolling Stones ou la Ballade des survivants* (J'ai lu / « Librio Musique »). Dans la collection « Folio biographies », il a publié une biographie de Janis Joplin.

*Pour Chantal Bouchard et François Tétreau,
dans les neiges électriques de Montréal.*

*Pour Hervé Muller et Gilles Yéprémian,
au-delà des Doors.*

*Pour Jean-Noël Ogouz,
« Our Elektra Years in Paris ».*

*Pour Éric Poindron et Marc Torralba,
complices des labyrinthes.*

*Pour Philippe Ollé-Laprune,
notre agent très spécial à Mexico.*

*Pour Yann, témoin de toujours,
et Matis, apprenti Densmore.*

*Et avant tout pour Monique,
précieuse « compagne cosmique ».*

Indiens et fantômes
(1943-1963)

> *Tout le monde est là ? La Cérémonie va bientôt commencer*[1]*...*
>
> JIM MORRISON

> *Pour se trouver, il faut se perdre*[2].
>
> NORMAN O. BROWN

« Tora ! Tora ! Tora ! » Dimanche 7 décembre 1941. Six porte-avions japonais convoyant 353 avions se positionnent à 300 km au nord de l'île la plus peuplée de l'archipel de Hawaï. À 7 h 49, l'armée impériale japonaise lance la première des deux vagues de son raid dévastateur contre la base navale de Pearl Harbor, située à plus de 5 500 km des côtes nipponnes. Le plan Z est déclenché contre la rade de cette baie prétendument protégée. L'effet de surprise joue à fond contre la flotte de guerre américaine du Pacifique au mouillage sur l'île d'Oahu ; même si les États-Unis avaient laissé éclater cette provocation par pur intérêt stratégique. La politique expansionniste des Japonais, renfor-

---

* Les notes bibliographiques sont regroupées en fin de volume, p. 413.

cée par le pacte tripartite signé le 27 septembre 1940 avec Adolf Hitler et Benito Mussolini, est devenue un fléau pour les États-Unis désormais obligés de s'engager dans une course à l'armement. Notamment atomique. L'effet psychologique de l'attaque sur Pearl Harbor ayant été phénoménal dans la société américaine, le président Franklin Roosevelt est contraint de déclarer la guerre à l'empire du Soleil-Levant. L'affrontement est sans pitié. Après avoir tergiversé, les Américains se trouvent irrémédiablement engagés dans la Seconde Guerre mondiale.

George Stephen (dit Steve) Morrison, de lointaine origine irlandaise et écossaise, et de confession méthodiste, est né à Rome, dans l'État de Géorgie, le 7 janvier 1919. Élevé ensuite en Floride, à Leesburg, il a vécu dans un milieu protestant plutôt conservateur. Son père, Paul Raymund, y est blanchisseur. Le jeune homme, dont le comportement est exemplaire, intègre l'Académie navale des États-Unis en 1938, avant d'être envoyé en formation accélérée sur la base de Pearl Harbor. Là, en 1941, à Honolulu, tout juste diplômé de l'US Naval Academy en février, il fait la connaissance de Clara Clarke à l'occasion d'une soirée dansante organisée par la marine. Cette blonde à la fois séduisante et robuste, venue du Wisconsin, est en visite chez l'une de ses sœurs enceinte. Après avoir été un avocat fantasque, affichant des sympathies communistes et défendant des syndicalistes, son père est devenu bûcheron en Alaska à la mort de sa femme. Steve vient tout juste d'achever ses études à l'Académie navale d'Annapolis (où il rêvera vainement que son fils aîné entre un jour) et se retrouve enseigne de vaisseau.

Peu après leur union en avril 1942, les jeunes époux se retrouvent séparés. Appelé dans le Pacifique Nord, George intègre l'équipage d'un mouilleur de mines, l'*USS Pruitt*. Mais un retour en Floride, à Pensacola, sur un site de vols d'essai, permet au couple de s'installer. Et bientôt Clara se retrouve enceinte.

Deux ans après l'agression de l'aviation japonaise contre le « port des perles », le premier des trois enfants du couple naît à 11 h 55, le 8 décembre 1943, à l'hôpital Brevard de Melbourne Beach, sur la côte est de la Floride, non loin du centre aérospatial de cap Canaveral et de la base aérienne de St. Patrick. Sagittaire (15°42') ascendant Verseau (12°55'), ses dominantes sont Pluton, Uranus et Jupiter. Il est Bouc ou Chèvre d'eau en astrologie chinoise. Prénommé James Douglas (en hommage au général Douglas MacArthur !), l'enfant sera surnommé Jimmy jusqu'à l'âge de 7 ans, puis tout simplement Jim. Le couple et leur fils restent à Melbourne jusqu'en juin 1944, avant de s'installer chez les parents de Steve, dans une station balnéaire située au bord du golfe du Mexique, à Clearwater. Il s'agit de l'une des plus belles plages de la Floride tropicale, avec une eau réputée pour être claire comme du cristal et chaude comme du pain grillé. Paul et Caroline Morrison, les beaux-parents de Clara, de stricts presbytériens, se refusent la moindre goutte d'alcool et toute approche du tabac — perspective déjà peu réjouissante pour une jeune mariée.

Mais en octobre 1944, alors que l'Europe se déchire toujours davantage dans la Seconde Guerre mondiale, Steve doit repartir en mission dans le Pacifique Sud sur un porte-avions lanceur de chasseurs Hellcat. La mère et le poupon emménagent chez les parents de Steve, à Clearwater, au 314 North Osceola Avenue. La famille de l'officier possède plusieurs blanchisseries dans cette ville. La plaisanterie va durer plus de deux ans. Deux années capitales dans l'éducation d'un enfant. Deux années passées sans la présence d'un père rapidement devenu capitaine de corvette. Deux années de solitude prolongée pour une jeune épouse qui s'habitue à régenter le foyer.

Au gré des affectations, les ménages militaires partagent fréquemment le même microcosme. Les liens deviennent souvent étroits entre les parentèles, singulièrement pour les mères et les enfants qui ont tendance à se rapprocher lorsque les pères quittent le pays pour de longs mois passés sur les mers du globe. Mais ces affections peu durables sont souvent vécues comme des amitiés forcées entre jeunes d'une même caste où domine un conformisme étriqué, des contraintes castratrices (comme la longueur des cheveux) et un vernis d'unité familiale face à un monde civil davantage ouvert aux changements. Ce qui entraîne un déséquilibre psychologique fréquent chez les enfants de militaires.

À l'été 1946, après dix-huit mois d'absence, Steve Morrison est enfin de retour au pays où il choisit de se spécialiser dans l'armement nucléaire. En son absence, son fils a commencé à marcher et à parler. L'officier-instructeur est alors affecté pour six mois à Washington, puis détaché à Albuquerque, au Nouveau-Mexique, ce qui ne signifie aucunement un retour à la stabilité familiale. Bien au contraire, c'est le début d'une longue errance à travers le pays en fonction du tableau d'avancement du mari. Au cours de cette enfance vagabonde, le petit Jimmy s'imprègne du sentiment confus d'être de partout, et surtout de nulle part, sans attaches territoriales solides. L'enfant manifeste tôt sa frustration face à ces incessants déménagements qui le perturberont et le priveront de camaraderies suivies et, surtout, de stabilité affective. Timidité et renfermement. La famille Morrison va ainsi changer dix-huit fois d'adresse (dans neuf États différents) jusqu'aux 16 ans du fils aîné. Sur scène à Seattle, en 1969, le chanteur des Doors déclarera ainsi face au public : « Je veux vous dire une chose : on ne m'a pas donné assez d'amour quand j'étais môme[3]... »

Amis dès la maternelle, Jeff Morehouse et son frère Jay sont pratiquement les seuls à avoir épisodiquement suivi Jim lors des déménagements provoqués par les affectations de leurs pères respectifs. Ils se croiseront ainsi à San Diego, à San Francisco et à Alexandria. Leurs pères servent tous deux dans l'aéronavale, alternant sans cesse les séjours sur terre et les missions en mer. Jim est présent à l'anniversaire de Jeff, pour ses 5 ans. Les Morehouse et les Morrison font de fréquentes sorties communes, notamment en bord de mer.

Jim participe aux jeux et ne se comporte pas particulièrement en enfant sauvage. Avec les autres gamins, il traque les grenouilles dans les étangs, construit des cabanes dans les bois, joue aux cowboys et aux Indiens. Jim aime s'attaquer aux petits serpents à collier, animaux qui le fascinent et frappent son imaginaire : « J'avais un livre sur les lézards, les serpents et les reptiles en général, dont la première phrase m'a captivé — "Les reptiles sont les descendants d'ancêtres magnifiques[4]." »

Comme ses copains, Jim regarde les séries télévisées en noir et blanc, notamment *Captain Video and His Video Rangers*. Cette série de science-fiction, plutôt farfelue, où les méchants parlent comme des caricatures de nazis ou de bolcheviques, est avant tout destinée aux enfants. Initialement diffusée entre 1949 et 1955, elle connaît un énorme succès en dépit de la pauvreté de la production. Des acteurs comme Ernest Borgnine y font cependant leurs débuts. Columbia en tire un *serial* diffusé dès 1951 dans les cinémas, *Captain Video, Master of the Stratosphere*. La toute première série télévisée à être adaptée pour le grand écran.

Désormais, Jimmy a une petite sœur prénommée Anne Robin, née au printemps 1947 dans cette ville d'Albuquerque appelée à devenir un important centre de recherche nucléaire. Dans la foulée du projet Manhattan qui a permis aux États-Unis (assistés du Royaume-Uni, du Canada et de divers chercheurs européens) de réaliser la première bombe A de l'histoire en 1945, Steve Morrison a fait le judicieux pari des nouvelles technologies et de l'armement nucléaire, ce qui lui facilite une promotion rapide.

Au Nouveau-Mexique, en décembre de cette même année 1947, alors âgé de 4 ans, Jim va vivre sur la Highway 25 ce qu'il considérera toujours comme l'épisode le plus important de son existence. Il insistera sur ce point, décrivant la scène dans l'un de ses plus célèbres textes, « Dawn's Highway » (figurant dans la section intitulée « Awake » sur le disque *An American Prayer*, et dans une autre version, « The First Time I Discovered Death », dans son livre *Arden lointain*). Il y fera également allusion dans « Peace Frog » sur l'album *Morrison Hotel* (« Indiens ensanglantés éparpillés à l'aube sur la grand-route / Fantômes s'insinuant dans l'esprit, fragile coquille, du jeune enfant »), ainsi que dans « Riders on the Storm » (sur l'album *L.A. Woman*) et dans son poème « Ghost Song » (lui aussi présent sur *An American Prayer*). Alors que les Morrison circulent à l'aube dans le désert entre Albuquerque et Santa Fe, et que le petit Jimmy somnole, la voiture doit ralentir et s'arrêter sur le bas-côté. Le jeune garçon, sortant d'un songe, est frappé de stupeur à la vue d'un accident. Les corps de plusieurs Indiens de la tribu Sandia Pueblo, de lointaine origine aztèque, ont été éjectés hors de leur véhicule renversé sur le bitume. Certains gisent sur le sol, morts ou à l'agonie, ensanglantés, et par la vitre de la voiture familiale l'enfant reste pétrifié face au tragique spectacle. De retour au volant après avoir prêté assistance aux blessés, Steve tente de persuader son fils qu'il ne s'agit que d'un mauvais rêve. Il ferait mieux de se rendormir. Réalité niée pour un enfant doté d'un vif imaginaire.

Dans la région aride de Santa Fe, on peut ressentir l'énergie particulière de la terre sous la chaleur brûlante du soleil. Le pays des Anasazis, ancêtres précolombiens des Indiens Pueblo, est considéré comme la terre natale des chamans, ces prêtres, sorciers et devins. Certains cherchent occasionnellement à provoquer des visions en consommant des plantes herbacées *(Datura wrightii)* qui provoquent une sécheresse de la bouche, ainsi que d'intenses hallucinations visuelles et auditives. Gravés ou peints sur des falaises de grès, des pétroglyphes représentent l'âme et témoignent des forces magiques de la Terre.

Adulte, Jim Morrison prétendra qu'une ou deux âmes de ces Indiens morts, dont celle d'un sorcier, ont soudain jailli « parmi les corps éparpillés qui doucement frémissent », pour tournoyer autour de lui et se réfugier dans la sienne. Il verra cette expérience comme son initiation de futur chaman, à l'image de Hermann Hesse, l'auteur du *Loup des steppes*, lequel, enfant, renoua des liens ancestraux avec des puissances secrètes en contemplant la figure dansante d'une statuette hindoue dans l'armoire vitrée de son grand-père. La transe du chaman ou du sorcier, lors des cérémonies, a notamment pour objectif de projeter son esprit hors de son corps, dans le but de récupérer l'âme d'un défunt à l'agonie ou en état de mort apparente. Le chaman peut aussi être chargé d'absorber les angoisses et les mauvais esprits de la tribu :

> Le chaman se fait le réceptacle de l'expérience de ses ancêtres, il devient l'héritier de la lignée. [...] Dans sa solitude, le chaman-poète ressent la nécessité de s'intégrer dans une lignée d'êtres morts ou vivants, qui veillent sur lui et le guident[5].

Dans un état second, entre rêve éveillé et réalité, s'agit-il pour l'enfant Morrison de la construction rétroactive de son personnage de chaman en communication avec les esprits ou, effectivement, d'un choc émotionnel fondamental dans l'élaboration de sa personnalité ? Son entourage a prétendu ne pas avoir été marqué par cet accident, et ses compagnons d'enfance n'ont pas davantage souvenir que le garçonnet leur en ait parlé. Si la religion ne concernera jamais vraiment le petit puis le grand Jim, qui ne croira jamais à la moindre divinité ni au diable, il s'agit bien ici d'une expérience mystique où l'enfant puis l'adulte seront persuadés d'être possédés par l'esprit d'un chaman. Même si sa mère déclarera, à l'évocation de cet accident, que son fils aîné, très jeune, était déjà doué d'une imagination débordante. Oliver Stone a reconstitué à sa façon cette scène dans son film *The Doors*, en 1991. Ce qui importera à Jim Morrison adulte, c'est l'homme libéré, capable de se transcender dans une célébration païenne, dionysiaque. Pour lui, l'homme doit être son propre dieu, maître de son destin autant que possible, libéré des fables et falbalas du surnaturel, du paradis (sinon artificiel !) et de l'enfer :

Ma toute première rencontre avec la mort — Moi et ma mère et mon père, et ma grand-mère et mon grand-père, on roulait dans le désert, à l'aube... et un camion rempli d'ouvriers indiens avait percuté un autre véhicule ou je ne sais plus trop comment ça s'est passé, mais il y avait des Indiens dispersés partout sur la route ; saignant à mort. Alors, notre voiture s'est approchée et on s'est arrêté. J'avais autour de quatre ou cinq ans.

Quand tu es confronté à une telle chose, mieux vaut rester

dans la voiture, regarder par la vitre et... je ne me souviens même plus si je voyais un film.

J'étais encore un môme et je devais rester dans la voiture avec ma mère, tu comprends ? Et mon père et mon grand-père sont allés voir de plus près. Je ne sais plus trop, mais j'ai eu le sentiment, quand c'est arrivé... que je ne pouvais pas détourner le regard. J'étais si petit... Un môme, c'est comme une fleur, avec la tête qui ondoie à la moindre brise. Mais quand j'y repense aujourd'hui, l'impression que j'ai, c'est que probablement l'âme de l'un de ces Indiens, ou peut-être même celles de plusieurs se sont précipitées vers moi pour sauter dans mon esprit. [...] C'était la première fois que je ressentais le goût de la peur. [...] Et j'étais assis là, comme une éponge, prêt à tout absorber. C'est pas une simple histoire de fantômes, tu sais, ça veut vraiment dire beaucoup pour moi[6].

Que l'anecdote soit réelle ou non, rêvée ou inventée, n'a que peu d'importance, sinon que, suite à ce choc, l'enfant se met à souffrir d'incontinence urinaire. Un trouble que ne supporte pas sa mère qui le contraint à se recoucher dans ses draps mouillés. Traumatisme ou autopersuasion, cet épisode est devenu un élément fondateur de la personnalité du garçon. Il explique ou justifie son attirance profonde pour la mystique amérindienne et le chamanisme. Tout comme la présence récurrente de l'autoroute menaçante dans son œuvre. Il sera à ce point intégré au personnage et à l'artiste que Morrison créera sur scène une chorégraphie extrêmement imagée, dansant ou tournoyant tel un chaman en transe, sur un pied, ou s'élançant même tel un aigle par-dessus les spectateurs. Bientôt suivi par James Osterberg, alias Iggy Pop, Jim Morrison a ainsi popularisé le *stage diving*, pratique qui consiste à se jeter depuis la scène dans le public, et à se laisser porter par lui.

Le chaman est un être capable de modifier le fonctionnement de son système nerveux central afin de lui permettre d'agir sur son activité cérébrale consciente par l'usage des drogues, de la transe, de l'extase et de la danse. L'homme est pris entre un monde visible et profane, et un autre monde invisible aux créatures ordinaires. Capable d'entrer en contact avec le monde invisible et de communiquer avec les esprits, le chaman est celui qui permet la relation avec le monde-autre. Il représente la porte entre *le connu* et *l'inconnu*.

À ce sujet, Jim Morrison confiera des années plus tard :

> J'assimile le rôle de l'artiste à celui du chaman et du bouc émissaire. Les gens projettent leurs fantasmes, et ceux-ci prennent forme à travers lui. Ensuite, on peut détruire nos fantasmes en l'éliminant, lui. Je donne libre cours à mes impulsions, que tous partagent sans vouloir le reconnaître[7].

Mais il fait très tôt un autre apprentissage de l'effroi. Lors d'un accident de luge évité de justesse avec ses frère et sœur, le gamin fait une découverte qui le fascine, le plaisir suprême de dominer la peur.

En février 1948, Steve Morrison part à nouveau en mission comme instructeur, alors que son ménage s'est installé pour deux ans et demi au nord de la Californie, dans la baie de San Francisco, près de la base militaire de Moffett. Le petit Jim est impressionné par les hangars géants qui figurent parmi les plus longs au monde. La nouvelle maison familiale se trouve au 476 Yosemite Avenue, à Mountain View. Jim entre à l'école primaire, tandis que naît bientôt son frère Andrew Lee (dit Andy) dans un hôpital proche de Palo Alto. S'il souffre déjà d'un asthme chronique, Jim se distingue toutefois dans les activités sportives, notamment en natation et, plus tard, au football américain.

Vers l'âge de 8 ans, les photos montrent le garçon les cheveux coupés en brosse. Jimmy, que l'on appelle désormais Jim, souffre surtout d'observer ce père en uniforme si souvent absent et qu'il est préférable de respecter plutôt que de câliner. « Un homme que nous suivions sans cesse, mais qui n'était jamais là[8]. » Un père couche-tôt qu'il dérange souvent lorsqu'il est à la maison, Jim partageant la même chambre que son frère Andrew.

Après une mission en Corée en 1951, sur un porte-avions où il dirige une escadrille, Steve Morrison est nommé à Washington. La famille s'y installe pour la seconde fois, mais pour quelques mois à peine. Le climat politique international est devenu extrêmement tendu. Le monde vit au rythme de la guerre froide entre les États-Unis et l'Union soviétique, symbolisée par la division de l'Allemagne dès 1949 et, bien entendu, par la construction du mur de Berlin par la RDA en 1961, sans oublier l'ombre menaçante des missiles nucléaires installés par les Soviétiques à Cuba et dirigés contre les villes américaines. Une guerre aussi stratégique qu'idéologique, sous forme de « paix belliqueuse », selon la formule de Raymond Aron. L'escalade de l'armement nucléaire entre deux systèmes antinomiques fait trembler la planète.

Les Morrison appliquent une stricte discipline,

a priori dépourvue de châtiments corporels. Les fautes enfantines sont sanctionnées de reproches moralisateurs qui les laissent souvent en pleurs. Seul Jim parvient à résister à ce traitement et aux aboiements militaires.

Steve Morrison est envoyé en mission en Corée fin 1952, où une guerre a éclaté deux ans plus tôt, le Nord envahissant le Sud. Le couple et les enfants se retrouvent alors à Claremont, non loin de Los Angeles. Favori de ses professeurs pour sa culture précoce, son brio et ses bonnes manières, Jim se fait cependant exclure du club scout où sa mère l'a inscrit. Il aurait « tourmenté » sa cheftaine.

En 1953, Jim finit ses études primaires à Kingsville, au Texas. Durant l'été, Steve Morrison est muté sur la base navale de Coronado, près de San Diego, en Californie. Le clan familial s'y installe dans une maison située au 2634 Arnott Street. Jim retrouve son ami Jeff Morehouse à l'école Longfellow. Toujours sportif, il joue au volley-ball et est considéré comme le meilleur frappeur de l'école au kickball, un étrange dérivé du base-ball qui se joue au pied avec un ballon rond plus gros que celui du *soccer* (football). Les deux garçons partent pour de longues balades à vélo dans le canyon, traînant souvent comme des boulets leurs frères Jay et Andy, ainsi que la petite Anne. Plus que conventionnels, père et mère font rappliquer leur progéniture à l'aide d'un sifflet surpuissant. Durant quelques mois, Jim et Jeff partagent une passion commune pour la collection de timbres. Le fils aîné des Morrison est très attiré par le sport. Jeff se souvient de Jim comme d'un « athlète naturel », et comme le meilleur tireur de l'école dans la cour de récréation. Il n'aime perdre ni les matches ni les jeux. En classe, Jim prend de l'assurance au point d'être élu responsable du bureau des élèves. Ce nouveau statut n'est pas pour lui déplaire. Il découvre un contentement nouveau lors de ses prises de parole en public devant ses congénères. Mais il commence aussi à se manifester par diverses pitreries comme celle qui consiste à s'écrouler brusquement dans les couloirs ou en cours, en simulant une syncope.

À l'été 1955, Steve Morrison est muté au Nouveau-Mexique, sur la base de Kirtland Air Force, en tant qu'officier responsable des armements spéciaux de l'aviation de marine. Versé dans les arcanes de l'arme nucléaire, il instaure un code du secret, même au sein de son propre clan. Cette loi du silence déteint rapidement sur l'atmosphère familiale. Les Morrison s'installent au nord-est d'Albuquerque, au 8912 Candelaria Road. Il s'agit du huitième domicile pour Jim, alors qu'il n'est encore âgé que de 11 ans et qu'il entre au collège Monroe. Le garçon souffre d'être sans cesse le petit nouveau, sans souvenirs ni secrets à partager avec ses camarades. Aux yeux des adultes, il passe désormais pour un sauvageon et se réfugie progressivement dans la solitude et la lecture, activité où il trouve son ouverture au monde.

S'il ne martyrise pas son jeune frère, avec lequel il restera finalement toujours proche, Jim aime le tourmenter. Il le réveille en pleine nuit ou, au contraire, le bâillonne durant son sommeil à l'aide d'un ruban adhésif lorsque Andrew tousse en raison d'une angine chronique. Il lui jette des cailloux dans les jambes, le poursuit une crotte de chien factice à la main, lui pète au visage alors qu'il regarde paisiblement la télévision. Il prend par ailleurs l'habitude d'affabuler, épatant ou irritant son auditoire avec des anecdotes abracadabrantes. Jim s'invente une autofiction pour tester autant ses interlocuteurs que les limites de la réalité. Il devient peu à peu insolent, notamment à la maison où il demande tranquillement à sa mère de faire moins de bruits « répugnants » en mangeant (il agira de même plus tard avec Robby Krieger, le guitariste de son groupe !). Mais les résultats scolaires restent bons.

Fin août 1957, après deux années passées au Nouveau-Mexique, les Morrison s'installent à nouveau en Californie, sur l'île d'Alameda située dans la zone métropolitaine de la baie de San Francisco. De style victorien, la maison est située au 1717 Alameda Avenue. L'enfant, devenu difficile, vit alors dans une sorte de tourelle mansardée. Spécialisé en brasse papillon, il est sélectionné dans une équipe de natation scolaire. Jim intègre le lycée de la ville et se retrouve à nouveau séparé de son ami Jeff dont le père est muté sur la côte Est.

La lecture s'impose comme une passion dévorante. Une véritable frénésie s'empare du jeune adolescent provocateur qui se tient désormais à l'écart de ses semblables. Il découvre Jack Kerouac, une révélation fondamentale, mais aussi d'autres écrivains de la Beat Generation comme Allen Ginsberg, Gregory Corso, Lawrence Ferlinghetti, Gary Snider ou Michael McClure. Parallèlement, il se passionne pour les philosophes présocratiques et des auteurs plus surprenants comme Charles MacKay qui, en 1841, publia à Londres *Extraordinary Popular Delusions and the Madness of Crowds (Illusions populaires extraordinaires et la folie des foules)*, avec pour thématique la psychologie des foules, sujet qui le passionnera toujours. Jim s'intéresse aussi à l'anthropologue américain Joseph Campbell, célèbre pour son travail dans les domaines de la mythologie comparée et de l'inconscient collectif. Selon Campbell, tous les héros mythiques débuteraient leur périple à la suite d'un « appel à l'aventure » — ce qui implique que le héros fuit l'environnement dans lequel il a grandi. Et Jim se sent tout à fait prêt pour un tel appel. Il lit également l'anthropologue écossais James George Frazer, auteur du monumental *Rameau d'or* et premier essayiste à avoir dressé un inventaire planétaire des mythes et des rites. Jim Morrison écrivain y puisera l'inspiration de sa chanson « Not to Touch the Earth ». Pour l'heure, l'adolescent lit avec passion Sinclair Lewis, premier prix Nobel de littérature américain et ami de Jack London, dont les romans satiriques s'attaquent à la bourgeoisie et à son obsession pour les valeurs matérielles, ainsi qu'à la religion. Notamment ses livres *Main Street*, une critique acerbe de la vie de province dans le Midwest, et *Elmer Gantry*, dont le personnage principal est un charlatan cynique et alcoolique. Lewis finira sa vie en errant de chambres d'hôtel en planques diverses, tout en s'adonnant à la boisson.

Jim dévore tout particulièrement *Les Vies parallèles* de Plutarque et poursuit sa découverte des philosophes. À commencer par Nietzsche et son livre *Naissance de la tragédie*, ouvrage qui développe la thèse selon laquelle deux grandes forces opposées gouvernent l'art : le *dionysiaque* (le dieu grec Dionysos, celui de la vigne et du vin, mais aussi du verbe et des danses, l'être le plus beau et débordant de vie, entouré de femmes, incarne, au-delà de l'ivresse orgiaque, la surabondance existentielle, la vie comme puissance créatrice, mais aussi l'Étranger en nous-même) et l'*apollinien* (qui, contrairement au dionysiaque, renvoie à la maîtrise de soi, à l'équilibre et à l'harmonie, non sans un certain enthousiasme). Dès sa première édition de 1872, ce livre était sous-titré « à partir de l'esprit de la musique », ce qui a pu pousser Jim vers l'univers musical, au-delà de ceux de la littérature et du cinéma.

Mais bientôt, les poètes surtout ont sa préférence, les visionnaires William Blake et Arthur Rimbaud en priorité. Arthur Rimbaud le marque fortement quand, dans sa lettre à Paul Demeny du 15 mai 1871, il parle du poète qui se fait « *voyant* par un long, immense et déraisonné *dérèglement* de *tous les sens* ». Jim le chanteur ira même jusqu'à dédicacer des mots ou des disques en signant Arthur Rimbaud. Dans une lettre adressée à l'universitaire Wallace Fowlie, il précisera même que sa traduction de Rimbaud l'accompagne dans *tous ses voyages*. Dans des chansons comme « The Ghost Song » et « Wild Child », on peut remarquer le croisement de l'influence rimbaldienne et des rythmes et rituels amérindiens. Admirateur d'Alexandre le Grand, Jim va même aller jusqu'à lui emprunter une attitude qui le symbolisera lui-même, la tête légèrement inclinée sur l'épaule gauche.

Jim est fasciné par le personnage central de *Sur*

la route, Dean Moriarty, inspiré du compagnon de route hédoniste de Jack Kerouac, Neal Cassady, auquel il s'identifie jusqu'à imiter son rire sardonique. La dernière phrase du roman semble le hanter : « Alors je pense à Dean Moriarty, je pense même au Vieux Dean Moriarty, le père que nous n'avons jamais trouvé, je pense à Dean Moriarty[9]. » Un peu à l'image de Jim Morrison durant toute sa vie, en quête du *père introuvable*. Ce roman, qui paraît en cette année 1957, va profondément marquer les esprits de toute une génération.

Morrison et Manzarek lisent à peu près au même moment ce livre durant leur adolescence, l'un en Floride, l'autre dans l'Illinois. Sans Kerouac et son incontournable *Sur la route*, il n'y aurait jamais eu les Doors, soulignera même l'organiste. Liberté, spiritualité et cérébralité. Le jeune Jim fréquente assidûment les librairies, et tout particulièrement City Lights Books sur Columbus Avenue, la boutique de l'emblématique poète Lawrence Ferlinghetti, ainsi que le quartier des beatniks (les précurseurs de la contre-culture et de la contestation dans les années 1950, des anticonformistes en révolte contre une société matérialiste et souvent corrompue), à North Beach où, avec son ami Fud, il écoute du jazz et du rhythm'n'blues. L'adolescent commence alors à griffonner quelques notes dans des calepins. Son imagination vagabonde. L'écrivain naît en lui.

Durant quelques mois, Jim s'essaie au piano, mais il n'est pas suffisamment discipliné pour persévérer. Au sein des Doors, il se contentera parfois d'agiter des maracas ou de jouer de l'harmonica (notamment sur « Back Door Man »). Il se passionne un temps pour le dessin, accumulant les œuvres scabreuses où se mêlent sexe et scatologie.

Comme Janis Joplin au même âge, Jim se forge un ricanement sarcastique qui agace passablement son entourage. Les rassemblements familiaux ou sociaux lui deviennent franchement insupportables. Il s'isole tout en imposant déjà un certain charisme au lycée, notamment par ses déconcertantes déclarations publiques. Il lie amitié avec Fud Ford, camarade de classe avec lequel il boit quelques premiers verres d'alcool, à commencer par du gin pris dans une bouteille paternelle et remplacé par de l'eau. Surtout, il dévore le magazine satirique *Mad*, à l'humour morbide, au sujet duquel Patti Smith dira qu'après *Mad* les drogues n'étaient rien. Les deux malicieux garçons font les quatre cents coups. Gags téléphoniques et plaisanteries scatologiques. Mais ils écoutent aussi les disques du pianiste et chanteur satirique Tom Lehrer, dont Jim apprécie les textes grinçants et d'une grande finesse d'observation.

Mais début janvier 1959, le couple Morrison doit plier bagage pour la dixième fois depuis la naissance de Jim, cette fois pour rejoindre le nord de la Virginie et la ville d'Alexandria, sur la côte Est. Ce port de 90 000 habitants, à l'époque, proche d'Arlington (où est nommé le militaire) et de Washington, est situé sur la rive ouest du Potomac, fleuve constituant une sorte de barrière entre les deux cités. Arrivé avant les siens fin décembre, Jim ressent à nouveau une profonde impression de déracinement, d'autant qu'il se sent désormais viscéralement attaché à la Californie et à la côte Ouest. Dans la fiche biographique qu'il remplira pour le label Elektra, il précisera qu'il est d'abord un Américain, ensuite un Californien, enfin un habitant de Los Angeles. « Nous sommes de l'Ouest. Je voudrais tout concevoir comme une invitation à aller vers l'Ouest. Le crépuscule. La nuit. La mer. C'est la fin. Rien de ce qui va dans le sens de cette image n'est inutile. Le monde que nous suggérons est un nouvel Ouest sauvage. Un monde mauvais et sensuel. Étrange et obsédant, le chemin du soleil[10]... »

Les cours ne reprenant qu'en février, Jim est accueilli plusieurs semaines chez son copain Jeff Morehouse qu'il retrouve après trois années. Les garçons sont alors âgés de 15 ans.

La période Alexandria, d'une durée de deux ans, sera la plus longue dans sa continuité pour le jeune Morrison, jusqu'à ses 18 ans. Ces deux années sont fondamentales pour la formation du jeune homme qui va y affirmer sa personnalité. Jeff constate que Jim a changé. Plus renfermé, il semble moins porté à fréquenter les autres et entend affirmer une indépendance forcenée. Le critique controversé Albert Goldman, qui travailla à une biographie, restée inachevée, de Morrison avant de disparaître en 1994, laisse entendre que Jim, enfant, aurait été victime de harcèlement par un homme. Ayant rapporté les faits à sa mère, celle-ci ne l'aurait pas cru, et Jim aurait vécu cette réaction comme une véritable trahison. Personne ne semble toutefois posséder de sources fiables à ce sujet.

Alors que les finances familiales et la discipline sont surtout du ressort d'une mère pointilleuse, aussi responsable que culpabilisatrice, le jeune Jim se moque ouvertement de ce militaire de père, ce « visiteur » qui, en dépit de ses médailles et de son grade, n'est jamais qu'« une mauviette qui se laisse castrer par sa femme » et « le type juste bon à sortir les poubelles[11] ». Mais cet apparent dédain masque surtout le ressentiment d'un adolescent envers un père *absent éternel*.

La nouvelle demeure est située au 310 Woodland Avenue, sur une colline boisée du côté du Jefferson Park. L'endroit est plutôt chic, habité par des militaires haut gradés, des diplomates et une faune occupant des professions libérales. Surprenant une conversation dans le quartier, Jim apprend que la nouvelle maison familiale est considérée par certains comme hantée. Un an plus tôt, la dépressive Betty Howard s'y est suicidée à l'âge de 43 ans, en se tirant une balle dans la poitrine. Jim, « pour le simple plaisir d'éprouver les vibrations[12] », va insister auprès de sa mère pour occuper la chambre maudite, située au sous-sol. Basse de plafond et faiblement éclairée, cette large pièce possède le formidable avantage d'avoir une porte donnant sur l'extérieur. Elle va vite devenir le monde retranché de l'adolescent, son espace de liberté, son bastion antiparental. Dans ce laboratoire d'idées, il va se débarrasser des œillères (selon son propre terme) de l'enfance pour forger sa personnalité adulte. Équipée d'un poste de radio (sur lequel il aime écouter Elvis Presley, Bo Diddley et Joan Baez), d'un tourne-disque, d'un jeu de fléchettes et d'un petit réfrigérateur, cet antre est décoré de ses propres dessins, collages ou peintures à l'huile, mais aussi d'une reproduction du *Nu descendant un escalier* de Marcel Duchamp. Jim se lasse toutefois de ses œuvres graphiques. Il les détruit régulièrement, conscient que ce mode d'expression ne représente pas la voie à suivre. Il n'en reste d'ailleurs que de rares exemples.

Randy Maney, un copain de l'époque, se souvient que Morrison ne parlait pratiquement jamais de musique, même s'il lui arrivait d'écouter des disques de *negro spirituals*. Soudain lassé de la compagnie de ses amis, il menaçait de chasser les moins rapides à coups de fléchettes. Capable de tenir un siège de solitude pendant plusieurs semaines de lecture effrénée, il arrive à Jim de quitter subrepticement la maison, tel un lézard, sans que nul ne semble le remarquer. Le voisinage immédiat, au courant des détails du suicide de Betty Howard, considère le jeune garçon avec effroi, le critique pour sa façon de se complaire en un lieu maudit, le dernier endroit à choisir pour s'installer quand, selon eux, on est sain d'esprit.

Clara Morrison reste une discrète mère au foyer, tandis que son mari, promu capitaine de vaisseau, est assigné au Pentagone, à Washington. Comme l'ambition lui vient de devenir amiral dans l'US Navy, il entend désormais qu'aucun obstacle ne vienne ralentir sa progression. L'éducation dispensée à ses enfants se fait de plus en plus sévère, même s'il privilégie sa carrière à son rôle de père. L'adolescent entre alors en rébellion contre l'autorité paternelle et militaire, s'intéressant aux notions de chaos et de désordre, comme le souligne son camarade de classe Jim Merrill :

> Ce type était la personnification même du cran. Il ne laissait ni le système de discipline, ni les personnes chargées d'établir les règles changer son comportement. Il était le seul à en savoir suffisamment pour se lever et railler ses supérieurs, se moquer d'eux et les remettre à leur place. Il commençait à sérieusement se rebeller contre tout l'*establishment*, et je lui sais gré de m'avoir ouvert les yeux en ce sens. [...] Il était un peu barré, mais surtout pas fou. Je pense qu'il testait les limites, et c'est la raison pour laquelle il était aussi déterminé à ne jamais suivre son père ni les autres. Je n'ai jamais plus rencontré quelqu'un comme lui. Jamais[13].

Concernant sa mère, chargée de contrôler son travail scolaire, Jim lui reproche de s'intéresser à ses notes dans l'unique but de briller à bon compte devant ses partenaires de bridge. Comme ses amis de l'époque le confirment, le sujet tabou demeure les parents. Il n'en parle jamais, et ceux qui viennent lui rendre visite ne semblent pas remarquer de conflit apparent entre l'adolescent et les siens. Il est vrai que les disputes familiales sont rarement exposées aux yeux des visiteurs, comme si, sous les regards étrangers, une certaine trêve semble s'imposer… Jeff Morehouse précise cependant que lorsque sa famille venait déjeuner ou dîner chez les Morrison, Jim avait tendance à rester dans sa planque aussi longtemps que possible. Il ne daignait monter que lorsqu'on l'appelait avec insistance, cherchant visiblement à éviter tout contact parental. Et ceux-ci, d'ailleurs, ne semblent pas trop venir le déranger dans son domaine. En fait, chacun reste plutôt indifférent, satisfait du statu quo. Stan Durkee se souvient d'une discussion, un matin, alors qu'avec d'autres amis il passe prendre Jim en voiture pour l'emmener en cours :

> Il nous a dit que parfois il passait des semaines sans pratiquement voir ses parents. Je me souviens même qu'il a précisé ne pas leur avoir parlé depuis un bon moment. C'était probablement en réponse à une de nos questions, mais nous avons trouvé ça plutôt choquant. Nous savions qu'il logeait au sous-sol, avec son entrée privée, et ça nous paraissait crédible[14].

L'adolescent, découvrant les voluptés de la solitude et de l'indépendance, ne s'isole pas seulement de sa famille. Il s'écarte aussi volontiers de ses camarades. Principalement pour lire, écrire ou dessiner. Et Durkee de renchérir : « Pour moi, il n'était proche que d'un petit nombre, et j'ai même des raisons de penser qu'il n'était en fait proche de personne. »

Le 2 février 1959, Jim intègre l'austère lycée George Washington d'Alexandria, au début du second semestre. L'édifice aux sinistres couloirs ressemble à une caricature de bâtiment officiel d'un pays de l'Est. L'établissement de 1 500 élèves, comme d'ailleurs les hôtels et les restaurants des alentours, pratique encore le principe de la ségrégation raciale, dans une ville ne comportant à l'époque que 10 % environ de population noire. Le premier lycéen de couleur ne sera d'ailleurs admis qu'en septembre 1961. Témoin du racisme et de la ségrégation, Jim observe une bourgeoisie blanche odieusement arrogante dans ses certitudes.

Malgré son changement d'école en cours d'année, l'adolescent a le mérite de rester à un excellent niveau scolaire. Sans se forcer outre mesure, il obtient une moyenne de 88,32 sur 100 et est nommé à deux reprises au tableau d'honneur. Lors d'un test scolaire, son Q.I. est évalué à 149 (seuls 2 % d'une population normalement distribuée atteignent ou dépassent un quotient de 130). Jim a en outre tendance à défier les professeurs et à tester leurs connaissances, prenant un réel plaisir à les coincer sur leurs lacunes pour épater ses camarades, notamment en littérature et en histoire. Un seul de ses professeurs semble le passionner, un certain Deucalion Gregory, qui enseigne l'anglais et avec lequel il discute brillamment, notamment à propos de James Joyce. Souvent épaté par les comptes rendus de son élève, le professeur déclare un matin qu'il n'y a qu'une seule personne dans cette classe qui ait non seulement lu, mais surtout compris, *Ulysse* de Joyce. Et bien sûr, chacun devine qu'il s'agit de Jim Morrison, l'élève que le maître sollicite le plus souvent en cours.

Alors considéré comme un reclus à la vie presque clandestine, l'adolescent passe des heures occupé à lire James Baldwin et une foule d'autres auteurs, ou à peindre et à dessiner. Il continue surtout à griffonner des pensées et des citations glanées au fil de ses lectures, ainsi que des croquis dans des carnets à spirale qu'il fourre dans ses poches. On le voit fréquenter assidûment la bibliothèque d'Alexandria, sur King Street, mais il erre aussi le long des docks sur les rives du Potomac. Il se rend à la Bibliothèque du Congrès, à la recherche de traités des XVIe et XVIIe siècles abordant la démonologie.

Afin de choquer sa famille, il achète des habits

défraîchis dans la boutique du surplus de l'Armée du Salut, afin de se donner un aspect beatnik. Il porte souvent un pantalon kaki, des chaussures décontractées Hush Puppies et une veste bleue froissée. Le reste de son argent de poche est consacré à l'achat de livres. Un soir, alors que ses parents reçoivent des militaires du Pentagone à dîner, Jim, excédé par l'atmosphère, sort se procurer des chaînes. Après les avoir cadenassées d'un arbre à l'autre, de chaque côté de l'allée menant à la maison, il crée la perturbation chez les invités, empêchés de repartir en voiture. Dissimulé derrière un bosquet, l'adolescent observe la scène, hilare.

Sa première petite amie répertoriée, Tandy Martin, lui est présentée par Jeff Morehouse. Cette quasi-voisine sera d'ailleurs son unique liaison féminine durant les deux années passées à Alexandria. Jim lui confie vouloir devenir peintre ou écrivain, et lui dédie un poème intitulé « She Dances in a Ring of Fire ». Cette petite brune vive, aux talents artistiques affirmés, est fan de Stan Getz et passionnée de littérature. Jim vient la draguer plusieurs soirs de suite en jetant des graviers sur la fenêtre de sa chambre. Future épouse du peintre et cinéaste new-yorkais Jim Brodey, Tandy lui fait découvrir les clubs folk des alentours. Des lieux où il arrive à la gamine de chanter ses propres créations et de jouer de la guitare. Un jour, tous deux se promènent dans un parc et parviennent devant une statue représentant un homme nu. Jim met alors la jeune fille au défi de donner à la bouche minérale le baiser le plus baveux dont elle est capable. Comme

Tandy s'exécute, Jim part d'un énorme éclat de rire qui la blesse profondément. Toujours cette manie perverse de placer les gens, même les plus proches, dans des situations inconfortables, pour le simple plaisir d'observer leurs réactions. La mère de Tandy apprécie si peu Jim qu'elle le juge contagieux comme un lépreux et presse sa fille de ne plus le fréquenter. Tandy raconte volontiers à des copines qu'il arrive à son ami de rester enfermé deux ou trois jours de suite dans son repaire, à écrire des poèmes. Victime de sautes d'humeur, Jim se montre cependant jaloux de Jim Merrill avec lequel Tandy fricote à l'occasion, mais de façon toute platonique, comme ce dernier le reconnaîtra.

Parfois, Jim laisse entrer des copains comme Bob Hemphill et les surprend souvent par ses réactions. Catégorique, ce dernier raconte qu'un jour, tandis qu'ils sont plusieurs assis à parler littérature, Jim soudain s'emporte, disant que tous doivent penser au suicide. Et uniquement à ça. Comme, en dépit de leur étonnement, ses camarades obtempèrent aussitôt, Jim est ravi. Ainsi, selon lui, à l'avenir, quelqu'un pourra toujours écrire que ces garçons étaient fascinés par le suicide. Puis il replonge le nez dans les pages de son livre.

Seul réfractaire à passer son permis de conduire dès l'âge légal de 15 ans, Jim effectue chaque week-end ce qu'il appelle des « expéditions » en bus jusqu'à Washington. Dépourvue de gratte-ciel, la capitale fédérale est une ville singulière avec son paysage urbain aéré et ses nombreux parcs. Siège du Congrès américain, le Capitole est le bâtiment le plus élevé de la cité. Tandy Martin fait découvrir à son ami l'impressionnante Corcoran Gallery of Art, située en face de la Maison Blanche. Ce musée dispose à la fois d'une fascinante collection d'art américain et de tableaux de Titien, de Rembrandt, d'Edgar Degas, de Claude Monet et de Pablo Picasso.

Une agglomération toute proche, Chester, fait toujours parler d'elle grâce à un certain Bill Haley. Quatre ans plus tôt, en 1955, avec son groupe, les Comets, le chanteur et guitariste a signé le tube « (We're Gonna) Rock Around the Clock ». Un morceau imparable qui a, en quelque sorte, signé l'acte de naissance du rock'n'roll blanc. Jim Morrison reconnaîtra que l'explosion de cette musique a coïncidé, à son adolescence, avec son éveil à la conscience.

Encore emporté par sa frénésie de lecture, Jim fréquente les librairies d'occasion de Dupont Circle, le quartier spécialisé de Washington, où il consacre la majeure partie de son argent à se constituer une imposante bibliothèque où figureront des livres de Nietzsche, Kafka, Camus, T.S. Eliot, William Blake, William Burroughs, Jack Kerouac, Norman Mailer, Kenneth Patchen, Ezra Pound, Beckett, Rimbaud... Mais aussi les œuvres autobiographiques du naturaliste révolté James T. Farrell, notamment la trilogie *Studs Lonigan* où il est essentiellement question d'autodestruction. Dans la pièce, on voit aussi traîner des livres de Norman O. Brown (auteur d'*Éros et Thanatos*, et l'un des principaux théoriciens de la révolution sexuelle bientôt prisée des hippies) et de Colin Wilson (auteur de *The Outsider* — *L'Homme en dehors* —, livre qui popularise la philosophie existentialiste dans les pays anglophones).

Le frère de Jim, chargé de remplir les cartons de livres lors du départ familial d'Alexandria, en a répertorié près de mille. Jim est marqué par la lecture des auteurs proches de la Beat Generation — Allen Ginsberg, Lawrence Ferlinghetti, John Clelon Holmes, Kenneth Rexroth, Kenneth Patchen... —, tel le livre autobiographique de Jack Kerouac, *The Town and the City (Avant la route)*, son premier roman publié, qui précède *On the Road (Sur la route)*, dont un des personnages, Francis Martin, un être solitaire, lui aussi lecteur de Nietzsche, rompt avec sa famille et s'exile à Paris... Ce détail prémonitoire pourrait bien s'être ancré dans l'imaginaire du jeune Morrison. Dans son poème « Walks in D.C. », Jim fait directement allusion à la chasse aux livres dans les rues de Washington, « magie des livres et des poètes ».

Par contre, la discothèque de Jim reste famélique, son budget étant avant tout consacré à l'achat de livres. Ses camarades n'ont guère le souvenir de l'avoir vu des disques sous le bras. Cela dit, parfois accompagné de Tandy, l'adolescent fait la découverte des *coffeehouses* à l'atmosphère électrique, notamment le sanctuaire beat Coffee 'n Confusion, où l'adolescent assiste à des lectures de poésie. Intimidé, il participe même à l'une d'elles, en 1960, face à de sages lycéens disséminés parmi des beatniks ébouriffés. Il s'agit de la toute première prestation publique de Jim Morrison, où le jeune homme lit une mouture initiale de « Horse Latitudes ». Ce poème aux accents surréalistes lui est inspiré par une illustration représentant des chevaux jetés en mer des Sargasses, au XVIe siècle, à partir du pont d'un galion espagnol immobilisé dans le pot au noir (zone de brume opaque située près de l'équateur, considérée comme maléfique par les anciens navigateurs). Afin de poursuivre sa route, le bateau doit se délester de sa cargaison destinée au Nouveau Monde.

Jim et Tandy fréquentent aussi le restaurant Harrigan et la galerie Corcoran, et surtout des salles d'art et d'essai comme le Richmond Theatre où le garçon fait la découverte des films d'Eisenstein (qui compara l'art de la mise en scène à la pratique du chamanisme) et des réalisateurs de la Nouvelle Vague, particulièrement François Truffaut dont il rebat les oreilles de son ami Jim Merrill. Le jeune Morrison est particulièrement marqué par *Les 400 Coups*, long-métrage où Paris et un enfant rebelle tiennent les rôles principaux. Les films français contribuent à lui inculquer une fascination pour la capitale du pays, Ville Lumière à ses yeux. Le cinéma l'attire à tel point qu'il réalise un court-métrage inachevé pour le lycée, intitulé *Pinman*. L'idée d'étudier l'art cinématographique fait alors son chemin. Ce film en super-8, hélas disparu, avait pour sujet principal un flipper (métaphore de la vie aléatoire), avec notamment deux de ses camarades de classe, Bob Hemphill et John Huetter, ainsi que Randy Maney dans le rôle principal. Jim est enthousiasmé par la technique nouvelle de la caméra à l'épaule. Il précisera bientôt que le cinéma lui semble procéder d'une tradition de sorcellerie, d'une histoire des ombres, d'une certaine croyance en la magie. Les films lui semblent une intéressante tentative d'accaparer une fausse éternité.

En revanche, la musique et le chant restent globalement absents de ses préoccupations artistiques, même s'il écoute volontiers la radio et quelques disques. Aucun de ses amis de l'époque ne se souvient de l'avoir vu danser. Jeff Morehouse en témoigne :

> Ce fut un véritable choc pour moi quand il est devenu musicien car, durant tout le temps où je l'ai fréquenté, je ne l'ai jamais entendu chanter la moindre note. Sauf lorsque nous étions lycéens à Alexandria. Là, je l'ai juste entendu fredonner dans la bibliothèque municipale, ce qui suffisait d'ailleurs à rendre dingue la bibliothécaire[15].

La ville d'Alexandria verra toutefois éclore des artistes rock marquants des sixties, avec deux futurs membres de The Mamas and the Papas (John Phillips et la plus que plantureuse Ellen Naomi Cohen, connue sous le nom de Mama Cass Elliot) et la caricature hippie Phil « Scott McKenzie » Blondheim, littéralement englouti par le succès de son tube planétaire de juin 1967, « San Francisco (Be Sure to Wear Some Flowers in Your Hair) ».

Durant l'été 1959, en rôdant à Washington avec ses amis Jim Merrill, Randy Maney, Jeff Morehouse et John Huetter, Jim fait la découverte de clubs de jazz enfumés où des musiciens comme John Eaton, Stuff Smith ou même Sonny Stitt et Thelonious Monk se produisent sur scène. Au Mayfair et au Bohemian Caverns, dans une ambiance très beat, les adolescents s'initient ainsi au jazz, mais aussi à la bière — même s'ils n'ont pas encore l'âge requis —, tandis que Jim devient rapidement un habitué du Matt Kane's Bit O'Ireland, un pub irlandais situé sur la 13ᵉ Rue. S'y produisent des artistes traditionnels comme les Clancy Brothers ou les Belfast Bards. C'est l'occasion pour Jim de découvrir la musique de ses origines irlandaises. Jim Merrill sera le tout premier à témoigner avoir observé Jim chanter en public, reprenant en chœur certaines chansons. Jim accompagne aussi sa petite amie Tandy au Silver Dollar ou au Ben Bow. Là, sur une scène ouverte, des chanteurs folk peuvent librement s'exprimer. Des témoignages plus confus attestent que Jim aurait fréquenté une sorte d'auberge pour routiers, la Log Tavern. L'adolescent y serait venu plusieurs fois seul en fin de semaine, en 1960, pour écouter le groupe local, Ronnie and the Offbeats, qui s'y produisit de l'été 1959 à 1961, interprétant un étrange mélange de boogie, de jazz et de blues louisianais, avec des reprises de Jimmy Reed, Bo Diddley et John Lee Hooker. Leur vocaliste Ron MacDonald a joué très jeune avec Jack Casady et Jorma Kaukonen, futurs membres du Jefferson Airplane. Ces troublantes convergences peuvent avoir plus tard influencé Jim Morrison dans l'élaboration de la musique des Doors. Le chanteur de Ronnie and the Offbeats a ainsi plusieurs fois témoigné qu'il avait été troublé, à l'écoute des disques des Doors, par certaines ressemblances avec leurs parties vocales et divers arrangements de clavier. Ces analogies lui semblent trop proches pour relever de la simple coïncidence, notamment sur le titre « Break on Through (To the Other Side) ».

Jim affirme maintenant sa personnalité par des espiègleries en cascade qui amusent ses camarades et exaspèrent les adultes. Ces plaisanteries, souvent douteuses, lui confèrent une réputation de clown ou de bouffon, mais aussi une aura certaine. Diverses anecdotes ont été rapportées par ses anciens copains concernant ses extravagants prétextes pour excuser ses fréquents retards. Un jour, alors qu'il entre, essoufflé, en plein cours, il prétend que des bohémiens l'ont agressé et dépouillé. Une autre fois, afin de se faire pardonner une incartade, il affirme qu'on doit l'opérer au plus vite d'une tumeur au cerveau. Les prétendus décès dans la parentèle finissent par prendre des proportions absurdes. Avec lui, on sort vite de l'ordinaire scolaire et familial. Même si son frère Andy a toujours pris soin de préciser que la plupart des grands frères infligent ce type de traitement à leur cadet, et qu'il ne s'est jamais senti traumatisé par ces sévices espiègles. Andy souligne même que Jim l'a poussé à la lecture et l'emmenait volontiers en ville, autant dans les librairies qu'au zoo. Parfois, Jim rédige les devoirs de son frère, Andy voyant aussitôt sa moyenne grimper en flèche.

Jim arbore souvent un petit sourire en coin, une sorte de moue ironique, cynique à l'occasion. Et quand il dodeline légèrement de la tête, cela signifie pour ses copains qu'il se prépare à une des facéties dont il a le secret. Ses cheveux bruns restent encore courts, lui frôlant à peine les oreilles, même s'ils sont jugés trop ébouriffés aux yeux de sa famille rigoriste. Les photos de classe de l'époque sont édifiantes : tous les garçons, sans exception, bénéficient d'une coupe bien dégagée autour des oreilles et nettement rasée sur la nuque, et chacun porte la cravate. En cours, Jim met lui aussi des chemises bien boutonnées et porte des jeans en velours côtelé. Même s'il n'en change pas souvent, ce qui irrite tout autant sa mère que ses professeurs. Il a tendance à éviter les activités parascolaires ou conventionnelles et adopte une tenue désinvolte en cours, rarement assis correctement, souvent affalé ici ou là, l'air affligé. En dehors de l'établissement scolaire, il a souvent un aspect débraillé. Indolent, il marche d'un pas traînant, les mains dans les poches. Par espièglerie, il lui arrive un jour de dissimuler du poisson pourri dans un bus pour observer la réaction des passagers. Une autre fois, il aborde des gens, leur demandant abruptement des choses insensées, comme leur avis au sujet des éléphants. L'étude du comportement collectif devient une nouvelle passion. Leader d'un étroit cercle de jeunes intellectuels au vocabulaire affecté, Jim parle volontiers de ses camarades comme étant ses « disciples ». Mais il est surtout un leader ombrageux au charisme inquiétant. Ses proches de l'époque se souviennent que tous se sont mis à tourner autour de lui, vu qu'il représentait « un centre ». Son camarade Bill Thomas l'a plusieurs fois entendu affirmer qu'un jour il serait célèbre, sans toutefois préciser dans quel domaine. Jim garde alors la manie de tester les réactions de ceux qui l'entourent, prenant même des risques inconsidérés, parfois au péril de sa vie.

Partenaires de Jim au tennis et au *touch football*, Bill Thomas et Randy Maney, eux aussi fils de militaires, l'accompagnent un jour pour une partie de golf à Hains Point. En silence, Jim s'écarte du groupe d'adolescents et grimpe sur l'étroite balustrade qui borde le bassin de rétention. Et là, à leur stupéfaction, pour épater la galerie, il entreprend un angoissant numéro d'équilibriste au-dessus des eaux menaçantes du Potomac. S'il tombe dans le fleuve, il disparaît à coup sûr. Il n'existe aucun moyen de regagner la rive à cet endroit. Ce numéro d'acrobatie va progressivement se transformer en manie tout au long de sa courte vie. Une fois adulte, Jim intensifiera ce jeu risqué. Ce jour-là, à Hains Point, la moue aux lèvres, il tente cette pratique pour observer cliniquement la réaction de ses camarades, mais aussi pour tromper tout sentiment de sécurité, pour défier la mort. Tout comme Bob Dylan, Jim Morrison ressent la désagréable impression de n'être pas né chez les parents qui lui conviennent. Juste un froid constat. Une pesante malchance.

En juillet 1961, en dépit des véhémentes menaces paternelles, Jim décide de sécher la cérémonie de remise des diplômes. Ce type de célébration en grande pompe, menée avec un sinistre entrain par le révérend Obie Harrup et la fanfare du lycée George Washington, lui est insupportable. Avec son ironie coutumière, il déclare aux responsables scolaires que, « malheureusement », ce jour-là il sera en déplacement au Brésil ! Le diplôme doit donc être posté à l'adresse familiale, la chose est ressentie comme une humiliation. Ce simple incident contribue à accentuer la rupture entre l'adolescent et ses géniteurs, déconcertés.

Le diplôme obtenu, l'heure est venue de quitter Washington. Jim ne prévient la douce Tandy que la veille de son départ, réclamant que celle-ci, forcément blessée, lui restitue les notes et poèmes qu'il lui a peu à peu confiés. Le jeune homme lui laisse par contre un autoportrait à l'huile sous les traits d'un roi du jeu d'échecs. Il quitte encore plus brusquement ses amis de l'époque, sans même leur dire adieu. Devenu célèbre, Jim reverra Tandy Martin, celle-ci se faisant même photographier en 1969 en compagnie d'une des plus sulfureuses maîtresses de Jim, Patricia Kennealy. Mais le chanteur adulé se montrera contrarié en apprenant que les deux femmes se fréquentent ; le mari de Tandy, par le plus grand des hasards, étant lui-même un ami du poète Jim Brodey. Morrison n'appréciera pas de mêler son présent de chanteur reconnu et son passé anonyme d'adolescent.

Excédés par le boycottage de la remise de prix par leur fils aîné, les époux Morrison l'inscrivent le lundi 21 août 1961 au très rigide institut universitaire de St. Petersburg, en Floride. Un établissement où le port du blazer et celui d'une large cravate à rayures rouges est exigé. Du coup, Jim est de retour dans son État de naissance, à Clearwater, chez ses grands-parents paternels. Des bigots à l'esprit étriqué que le jeune rebelle va prendre un malin plaisir à choquer. Paul et Caroline Morrison habitent toujours la maison en bois sur North Osceola Avenue que Jim a connue enfant. Entourée de palmiers et de palétuviers, la bâtisse jouit d'une magnifique vue sur la mer. Pour le jeune étudiant, l'endroit est paradisiaque avec ses plages de sable blanc et son climat subtropical inhabituel aux États-Unis. La station balnéaire et port de pêche fourmille de motels, de restaurants et d'attractions touristiques, notamment près de l'embarcadère où un grand nombre d'exposants, le soir, viennent vendre leurs produits. Mais les aïeuls paternels vont rapidement avoir à se plaindre de ce petit-fils fantasque et avare de confidences dont le comportement asocial les heurte, d'autant qu'il refuse de fréquenter l'église. La grand-mère de Jim témoignera de la haine que son petit-fils portait au conformisme :

> Il avait un point de vue étrange sur tout. [...] Il disait des choses sachant pertinemment qu'elles nous dérangeraient. C'est simple, nous ne le comprenions ni l'un ni l'autre. Il offrait des facettes si différentes, Jimmy. On en voyait une, on en apercevait une autre, on ne savait jamais vraiment ce qu'il pensait[16].

Jim en profite pour prendre une grande autonomie et résister aux marques de discipline. Il apprécie que ses grands-parents habitent si près d'une bibliothèque municipale, lieu qu'il fréquente assidûment. Sa boulimie de lecture se développant au détriment de ses cours, il se contente avec insouciance d'obtenir la moyenne. Il se prend alors de passion pour le *Journal* de Franz Kafka et pour les aphorismes de Friedrich Nietzsche dont il demande les *Œuvres complètes* pour son seizième anniversaire, en 1959. Poésie et philosophie l'aident à franchir cette étape délicate. Il s'inscrit en option « philosophie de la contestation », dont les cours lui permettent d'approfondir sa connaissance de Montaigne, Jean-Jacques Rousseau, Jean-Paul Sartre et David Hume, entre autres.

En Floride, il bénéficie, là aussi, d'une chambre avec porte donnant sur l'extérieur, si bien qu'il profite d'une réelle liberté de mouvement. La pièce est envahie de livres qui jonchent le sol, Jim se réservant un étroit passage entre les piles d'ouvrages, une sorte de sentier qui mène à la liberté. Son jeu préféré, lorsque de rares camarades viennent lui rendre visite dans sa chambre, consiste à leur lancer un défi. Fermant les yeux, il leur laisse ouvrir n'importe quel livre au hasard et se fait fort de reconnaître l'auteur et le titre de l'œuvre à la lecture d'un simple extrait. Épatant les visiteurs, jamais il n'est pris en défaut. Il défie également ses camarades au jeu du dictionnaire, leur enjoignant, là encore, d'ouvrir le volume au hasard et de lui demander le sens de mots en apparence obscurs. Et il en donne le plus souvent une définition convenable.

Jim lie amitié avec un nommé Phil Anderson. En sa compagnie, il se rend souvent sur la plage ou dans des fêtes, prenant l'habitude de boire de l'alcool et de se saouler. Souvent au chianti, faute de mieux. Lors des promenades, il agace encore ses amis en jouant à l'équilibriste sur les rambardes des balcons. Comme il prendra plus tard l'habitude de tituber tel un funambule au bord de la scène, au risque de se rompre le cou plusieurs mètres plus bas. Son grand plaisir reste de choquer les gens en adoptant une attitude excentrique ou périlleuse. Comme si veillait inéluctablement en lui « une appétence à ne pas vivre, à frôler la mort et à se détruire[17] ».

En décembre 1961, alors qu'il vient d'avoir 18 ans, Jim est contraint de s'inscrire pour le service militaire. Une formalité qui le révolte particulièrement, tant il se refuse à marcher sur les traces paternelles. Il en profite pour prendre une cuite mémorable, à tel point que l'un de ses oncles doit intervenir pour éviter le scandale.

Début 1962, Jim s'entiche des disques d'Elvis Presley et de son concurrent Ricky Nelson qu'il apprécie par ailleurs comme acteur dans *Rio Bravo* de Howard Hawks. Il se met à fréquenter la Contemporary Arts Coffeehouse and Gallery (renommée les Beaux-Arts après son départ de Floride), une bâtisse de deux étages sur Pinellas Park, faisant notamment office de café et de salle d'art et d'essai programmant souvent des films de la Nouvelle Vague. Jim apprécie la faune de l'endroit, principalement constituée d'artistes et d'étudiants décontractés qu'il voit comme des activistes beat auxquels il s'identifie. Le patron, Thomas Bruce Reese, un peintre et ancien danseur à l'homosexualité ostentatoire, est un curieux personnage ayant fréquenté Jack Kerouac, ce qui suffit amplement à épater le jeune Morrison. L'écrivain adulé habitera d'ailleurs St. Petersburg de l'été 1964 à sa mort le 21 octobre 1969. Reese, alors âgé de 35 ans, ne manque pas d'être attiré par le bel étudiant qu'il juge androgyne : « Tout le monde avait envie de coucher avec lui. Filles ou garçons, il les attirait tous[18]. »

Reese propose avec empressement au jeune homme de poser nu, ce que celui-ci refuse catégoriquement. Bien que Jim Morrison ait fait plus tard allusion à une vague expérience homosexuelle remontant à cette époque, il se montre avant tout attentif aux beautés féminines qui hantent les parages.

À la Contemporary Arts Coffeehouse and Gallery, au-delà de la découverte assidue des films d'avant-garde, Jim est avant tout intéressé par les concours de chansons folk et les soirées de lecture de poésie organisées le samedi. Il y est encouragé à faire de timides apparitions sur scène pour déclamer ses propres poèmes en s'accompagnant maladroitement à l'ukulélé. Avec plus ou moins de conviction, Jim songe alors à apprendre à jouer de la guitare, mais sa passion majeure, au-delà de la lecture, reste le cinéma. Il sent qu'il devrait plutôt orienter ses études en ce sens.

Les allusions à de prétendues aventures homosexuelles de Jim Morrison sont aussi rares qu'imprécises. Elles se limitent aux sous-entendus fanfarons de Thomas Bruce Reese, aux propos imprécis de Todd Schiffman, l'agent des Doors, et à une anecdote douteuse rapportée par l'avocat Max Fink au sujet d'un prétendu chantage. Chantage que l'efficace Max Fink aurait fait cesser grâce aux représailles musclées d'un homme de main. Mais les intimes de Jim Morrison sont formels : ils n'ont jamais relevé la moindre ambiguïté sexuelle chez leur ami, alors que les occasions ont été multiples. Frank Lisciandro, l'un des principaux compagnons de virée de Jim, réfute catégoriquement cette éventualité. On ne connaît ainsi aucun témoignage direct d'homme prétendant avoir eu de tels rapports avec Jim Morrison. Max Fink aurait également reçu une confidence de Jim Morrison, selon laquelle il aurait subi les attouchements d'un homme proche de la famille durant sa prime enfance. Une confidence jamais confirmée auprès de quiconque et à prendre avec la plus grande réserve.

En juillet 1962, Jim effectue une visite éclair

dans sa famille désormais installée en Californie, à Coronado, dans la banlieue de San Diego. De retour en Floride, où il doit intégrer la faculté de Tallahassee, Jim retrouve un copain, Chris Kallivokas. Tous deux traînent sur la plage de Clearwater, le long des eaux scintillantes de la baie de Tampa. Près du long ponton de bois caractéristique des lieux, ils font la connaissance de deux belles lycéennes, Mary Wilkin et Mary Frances Werbelow. Cette dernière est aussitôt séduite en voyant Jim, notamment par ses jambes.

Jim lui aussi est immédiatement attiré par cette Mary Frances, une brunette aux cheveux longs et à la taille de guêpe, tout juste âgée de 16 ans mais déjà délurée. Au-delà du superbe physique de l'aspirante danseuse, adepte des concours de beauté comme le Sun N Fun, Jim est fasciné par une qualité singulière de la jeune fille, à savoir son don pour des visions d'ordre spirituel. Jim sera le premier amour de Mary Frances, leur liaison durera trois ans. Leur ami commun Bryan Gates, bien des années plus tard, témoignera qu'il s'agit d'une des clés pour comprendre Jim puisqu'elle était l'amour de sa vie à cette époque. Durant ces trois ou quatre années, ils furent comme des âmes sœurs, et leur liaison sera aussi longue que celle qu'il vivra ensuite avec Pamela Courson. Jim va même jusqu'à présenter Mary à ses parents.

En sa présence, Jim change radicalement d'attitude et se montre sobre et prévenant. La gracile demoiselle Werbelow, qui suit des cours de danse au studio Fred Astaire, va lui inspirer le début de la chanson « The End » et le texte « The Crystal Ship ».

Lors de leur première rencontre, alors que Mary Wilkin et Chris flirtent de leur côté, Jim défie timidement Mary Frances au jeu des allumettes disposées en pyramide. Le perdant est celui à qui reste la dernière allumette. Mais Jim perd et doit respecter le gage : être l'esclave de la jeune fille pour la journée. Il lui en coûte d'abord de passer chez le coiffeur, et pour accepter pareil sacrifice, il faut qu'il ait sacrément le béguin ! Ensuite, il doit laver la Plymouth noire familiale surnommée « The Bomb ». Et, pour couronner le tout, Jim doit faire office de chauffeur pour emmener Mary Frances dans la voiture rutilante pour aller voir *West Side Story*. Il accompagne plus tard la belle au théâtre Francis Wilson pour assister à des répétitions qui tous deux les passionnent.

Les jeunes gens deviennent inséparables, écoutant régulièrement des disques de Ben E. King, Del Shannon et surtout Elvis Presley. Un de leurs jeux favoris consiste à se parler en vers rimés, Jim en profitant pour déclamer de mémoire de longs poèmes. Quand Jim conduit, Mary, sous la dictée, doit noter ses réflexions et ses pensées poétiques dans un carnet. Sous l'influence de son ami, Mary porte bientôt des lunettes noires et boit de l'alcool.

Le 30 août 1962, Jim passe sans problème son dernier examen. Il doit ensuite intégrer l'université d'État de Floride, la FSU, à Tallahassee, où il va rester jusqu'en décembre 1963. Grand nageur sur les plages de Floride, il pèse à peine plus de 60 kilos pour 1,82 mètre (5' 11.7"). Il vient souvent retrouver Mary Werbelow le week-end en stop. Pour lui, toujours imprégné par la lecture de *Sur la route* de Kerouac, ce périple de plus de 300 km marque le début d'une véritable fascination pour l'errance et les dangers de l'auto-stop. Il adresse aussi à la jeune fille des missives enflammées à son adresse de Nursery Road. Comme le père de Mary fait un scandale en interceptant une des lettres, Mary brûle toute leur correspondance. Jim est banni de la maison des Werbelow.

Après avoir passé une année à visionner des films à la Contemporary Arts Coffeehouse and Gallery, sa décision est prise : Jim choisit histoire de l'art, option théâtre. Avec notamment des cours sur la Renaissance. Il a déjà en projet de rejoindre l'UCLA (University of California, Los Angeles), en section cinéma, précisément nommée Theater Art Department. Comme les études sont moins onéreuses pour les enfants de militaires, et qu'il est aidé à la fois par ses parents et ses grands-parents, Jim n'a pas trop de soucis d'argent. Plus tard, il déclarera en fanfaronnant qu'il est surtout allé à l'université pour échapper à l'armée et ne pas se retrouver au Vietnam, où les États-Unis s'engagent dès 1964.

Jim s'installe dans une maison proche du campus qu'il coloue avec quatre autres garçons. À deux kilomètres de l'université, il partage une petite maison avec son copain de Clearwater, Chris Kallivokas, le frère de celui-ci, Nick, Bryan Gates et un certain Bowman. Cette communauté masculine est loin d'être composée de hippies ou de *beats* (terme signifiant les « cassés », les « paumés »). Deux des jeunes gens sont militaires, et Jim fait plutôt figure d'original avec ses disques d'Elvis Presley qu'il passe en boucle, le son au maximum, avec ses piles de livres bizarres et ses cheveux bouclés qui lui frôlent les oreilles. De plus, il ne montre aucune qualité requise pour la vie en collectivité, utilisant le frigidaire à sa guise pour puiser dans les réserves des autres. L'atmosphère devient vite conflictuelle et Jim prend tellement de plaisir à provoquer de menus drames dans la communauté qu'il en tient la liste dans un cahier à spirale. Il y ajoute ses commentaires sur les réactions de chacun des « insectes » qu'il observe à loisir. Son côté entomologiste... Son culot va même jusqu'à refuser de partager les frais de chauffage pour la simple et bonne raison que sa grand-mère vient de lui offrir une couverture chauffante !

Si Jim agace ses colocataires en leur parlant de la théorie de la manipulation des foules, il passe plusieurs fois aux actes. Histoire de vérifier ses thèses. Il le fait, entre autres, à la mi-temps d'un match de football américain, où il parvient à animer seul tout un coin du stade, à la stupéfaction de ses camarades. Mais, ayant dépassé les bornes, il est contraint de quitter l'enceinte bien avant la fin du match. Ses copains sont par ailleurs choqués par une nouvelle et dangereuse manie de Jim qui, tel un toréador du bitume, prend l'habitude de défier les voitures-taureaux sur la chaussée. Un rodéo mécanique dont il restera longtemps adepte. Partant du simple principe que les automobilistes provoqués *ne veulent pas* l'écraser... Ces prises de risque d'amateur d'émotions fortes sont loin d'être les seules. Morrison escalade toutes sortes de murs, joue les équilibristes sur les parapets des ponts d'autoroute, juste pour le frisson. Il multiplie les situations incongrues afin d'observer les réactions des passagers et celles du conducteur. Il les consigne dans ses carnets, se contentant de suivre ses cours avec une relative désinvolture.

À l'occasion d'une fête assez guindée, Jim, qui déteste les cravates, se trouve obligé d'en porter une. Pour tourner en dérision cette contrainte, il effectue toute une série de nœuds, jusqu'à finalement arborer une gidouillarde boule de tissu sous le menton. Chris Kallivokas témoigne avoir vu plusieurs fois Jim tomber en syncope sous l'effet de l'alcool à cette époque. Un nouveau problème pour le jeune homme, sauvé de situations scabreuses grâce à des colocataires finalement peu rancuniers. Pour Jim, la bouteille d'alcool va bientôt remplir le même office que la fiole de laudanum de Baudelaire dans son poème « La Chambre double » des *Petits Poèmes en prose*, le seul objet à sourire dans un monde étriqué et plein de dégoût. Un objet transitionnel apaisant, destiné à engourdir la douleur : « Une vieille et terrible amie : comme toutes les amies, hélas ! féconde en caresses et en traîtrises. » Toutefois, en décembre, excédés par les frasques et le manque d'enthousiasme de Jim face aux corvées collectives, les colocataires finissent par voter son éviction. Digne, le banni quitte les lieux dès le lendemain.

Jim erre alors, squattant ici ou là, louant finalement une caravane Airstream en aluminium près du campus. Il ne donne quasiment plus signe de vie, ni à ses parents, ni à ses grands-parents pourtant tout proches. Il se limite à une lettre par mois, le minimum requis pour *mériter* le chèque mensuel. Dans ses missives, il prend plaisir à affabuler, sidérant le cercle familial par le récit de ses aventures rocambolesques.

Pour Noël 1962, à l'invitation de Jeff Morehouse, Jim s'envole pour Los Angeles et y retrouve deux autres amis d'adolescence, John Huetter et Bob Hemphill. Ensemble, ils se rendent dans la nouvelle maison familiale de Jeff, à Los Altos, au sud de San Francisco, en l'absence des adultes. Jeff, John et Bob ont alors l'occasion de vérifier que Jim a développé un sérieux penchant pour la boisson.

John Huetter, après avoir entretenu une correspondance avec Morrison, est l'un des rares copains de la période lycéenne à garder le contact avec lui. Il reste frappé par le fait que Jim lui a plusieurs fois affirmé vouloir vivre telle une étoile filante. Une étoile aussi brillante qu'éphémère. Jim énoncera exactement la même chose deux ans plus tard à l'intention de Ray Manzarek :

Lors de notre première rencontre sur la plage, avant que le groupe existe et que John et Robby ne nous rejoignent, nous étions assis et, subitement, Jim me demande : « Jusqu'à quel âge penses-tu vivre ? » Je me suis dit : « Wooh... » et j'ai chiffré au hasard. Je lui ai répondu : « Jusqu'en 1987 ! » Et il m'a dit : « Pas moi, mec. Je me vois comme une étoile filante. Je vais... boom ! monter en flèche au plus haut des cieux et exploser. Tout le monde va faire : "Aaah... Regardez !!!" et tout sera terminé, je serai parti. » C'était un moment étrange[19].

Début 1963, à Tallahassee, Jim vient tout juste d'avoir 19 ans et vit loin des siens. En dépit du courroux maternel (et d'ailleurs avec l'objectif de se libérer de cette domination), il est bien décidé à concrétiser un vieux fantasme et à partir à l'aventure en quittant la Floride pour la Californie en auto-stop. Il entend traverser tout le pays d'une côte à l'autre. Pour lui, l'Ouest est un monde sensuel, étrange et obsédant, qui représente le chemin du soleil, *l'éveil*.

À l'université, où il s'inscrit en cours d'art dramatique, il suit avec une particulière assiduité l'option philosophie de la contestation, se passionnant surtout pour Nietzsche en qui il voit un « esprit frère » capable de bouleverser les idées reçues et les convenances. Il se méfie de plus en plus des religions établies, ainsi que des dogmes et des principes moraux. C'est également là qu'il développe son intérêt pour l'inconscient collectif, prenant comme livre de chevet l'ouvrage de Gustave Le Bon (1841-1931) intitulé *La Psychologie des foules*, publié en 1895. Un texte fondateur de la psychologie sociale ou collective. Jim est, en effet, fasciné par le phénomène selon lequel un ensemble de personnes distinctes, différentes d'origine, d'éducation, de croyance, du simple fait de leur réunion, se transforment en un être provisoire composé d'éléments hétérogènes, une entité douée d'une âme propre, un vaste individu collectif. L'auteur conclut de ses observations que la foule est toujours intellectuellement inférieure à l'homme isolé :

> Dès qu'un certain nombre d'êtres vivants sont réunis, qu'il s'agisse d'un troupeau d'animaux ou d'une foule d'hommes, ils se placent d'instinct sous l'autorité d'un chef, c'est-à-dire d'un meneur[20].

Devenu chanteur, Jim manifestera sur scène cette fascination, tentant d'agir à sa façon sur cet être collectif. Dans cet esprit, il se penche également sur les livres de David Riesman (*La Foule solitaire*, ouvrage qui s'intéresse à la société de consommation et à l'organisation des pouvoirs), Elias Canetti *(Masse et Puissance)*, Wilhelm Reich *(La Fonction de l'orgasme)*, Sigmund Freud, Melanie Klein et Carl Gustav Jung. Morrison surprend son professeur James Geschwender par l'étendue de ses connaissances. Ses congénères assistent, ébahis, à des joutes verbales de haut niveau entre les deux hommes. Rédigeant un mémoire, Jim affronte la conception jungienne d'un inconscient collectif et de névroses de groupe.

À l'Auditorium municipal de Clearwater, le 30 mars 1963, Mary Werbelow parvient en finale d'un concours de beauté devant plus d'un millier de spectateurs. Elle reste en compétition, confrontée à quatre autres jeunes femmes. En cas de victoire, elle s'ouvre la voie pour devenir Miss Floride. En tenue de toréador, pantalon collant vert, paillettes rouges et cape de satin jaune, elle danse une bossa-nova. Jim, qui vient fréquemment la retrouver le week-end, est présent dans la salle. Il doit consoler sa belle Mary qui termine, hélas, deuxième. Les parents de la jeune fille s'opposent alors à ce qu'elle suive Jim à Tallahassee pour le second semestre.

Jim part donc fin avril 1963 en auto-stop, accompagné par son copain Bryan Gates, tout juste diplômé. Pour cette aventure, il décide d'utiliser l'argent que sa mère lui a donné pour prendre l'avion et revenir à Coronado. Clara Morrison souhaite que son fils aîné revienne au plus vite en Californie pour retrouver son père qui doit bientôt accoster à San Diego. À partir du porte-avions *USS Bon Homme Richard*, surnommé le *Bonnie Dick*, Steve Morrison commande la flotte américaine depuis l'incident du golfe du Tonkin. Or Jim ne voit déjà pratiquement plus les siens depuis de longs mois. Il laissera entendre que son père l'a un jour poursuivi jusque dans la cuisine familiale, armé d'une batte de base-ball.

Pour Jim, l'idée consiste à se lancer dans un trip transcontinental à la Kerouac, projet qu'il rêve depuis longtemps de concrétiser, et de façon aussi intense que symbolique. Il fera clairement référence à cette expérience dans plusieurs de ses chansons et poèmes. Bryan et Jim prennent la route sac au dos, enchaînant les péripéties pendant une semaine. Ils passent par La Nouvelle-Orléans que Jim tient absolument à revoir et où il se fait agresser au couteau par une lesbienne jalouse qu'il drague sa compagne ; puis par la Louisiane où des taulards fraîchement libérés menacent de les tuer ; enfin par le Texas où ils se retrouvent, par le plus grand des hasards, hébergés à Johnson City, dans le ranch du futur président Lyndon B. Johnson.

Jim impose à son ami les bars et les hôtels les plus interlopes, vivant résolument comme dans ses livres beat. Tous deux font même un crochet par le Mexique, franchissant la frontière formée par le rio Bravo entre El Paso au Texas et Ciudad Juárez, ville située en plein désert de l'État de Chihuahua. La cité séduit Jim, notamment avec ses tavernes mal famées et ses bordels style western. Jim et Bryan partagent cette expérience périlleuse, le futur poète Morrison se forgeant alors le mythe du « tueur sur la route » qu'il utilisera dans les chansons « The End » et « Riders on the Storm », ainsi que dans le road-movie *HWY* tourné en partie sur les hauteurs proches de Palm Springs.

L'arrivée dans la maison familiale des Morrison à Coronado, tout près de San Diego, s'avère nettement moins exotique pour les deux apprentis routards. La mère de Jim, horrifiée par la pourtant relative longueur de cheveux de son fils, se montre extrêmement contrariée par ce périple qu'elle juge aussi insensé que périlleux. Mais comme le bateau paternel est retardé et encore loin d'accoster, les deux étudiants, toujours en désaccord avec Clara Morrison, traînent d'abord dans les tripots interlopes de San Diego avant de prendre le car pour Los Angeles où Jim entend bien s'inscrire à la fac contre l'avis parental. Comme les deux villes ne sont distantes que de 200 km, ils passent là trois semaines de totale liberté, hébergés chez les cousins de Bryan, fréquentant autant les bars les plus louches que les ciné-clubs les plus branchés. Jim se régale de cette ambiance jusqu'à son retour à San Diego où, comme sa mère le lui a demandé, il est venu accueillir au port de Longbeach un père qu'il n'a pratiquement plus revu depuis deux longues années.

Pour Jim, après ces semaines passées à Coronado, ce retour dans l'atmosphère familiale est un désenchantement. Le jeune homme a définitivement pris goût à la liberté et à l'indépendance, même s'il accepte de prendre l'avion pour repartir en Floride.

L'étudiant s'inscrit le 18 juin à l'université, limitant au minimum les modules et passant ses examens à la fin du mois d'août. Après s'être inscrit à un cours consacré à l'histoire médiévale européenne, il rédige un mémoire où il s'efforce de montrer que le peintre Jérôme Bosch a fait partie des adamites, des hérétiques nudistes et abstinents sexuels, inspirés par la nostalgie du jardin d'Éden. Si la démonstration de l'étudiant Morrison ne convainc pas totalement son professeur, Ralph Turner, celui-ci n'en reste pas moins médusé par la culture générale de l'élève.

Le lendemain de la fin des cours, le 28 août 1963, le militant pacifiste Martin Luther King prononce son fameux discours « I have a dream », sur le Mall de Washington, devant 250 000 manifestants. Les mots qu'il prononce ce jour-là vont grandement contribuer à arracher les Blancs au déni qui était « le péché de l'Amérique » : « Les Noirs languissent toujours dans les marges de la société américaine. [...] L'année 1963 n'est pas une fin, mais un début. L'Amérique ne connaîtra ni repos ni tranquillité tant que les Noirs ne jouiront pas pleinement de leurs droits civiques[21]. » Les fils des anciens esclaves et ceux des anciens propriétaires semblent enfin prêts à s'asseoir ensemble à la table de la fraternité. « Fraternité », un mot majeur dans la bouche de tous les hippies qui surgissent, et de tous ces jeunes en révolte contre la génération précédente. Comme tant d'autres, Jim prend conscience que le destin des Blancs ne peut pas ne pas être lié à celui de la population noire. Une population en droit de reprendre en chœur : « Enfin libres ! Enfin libres ! »

Alors que, concernant le départ pour le Vietnam, les Noirs et les plus défavorisés se retrouvent comme par hasard toujours en tête de liste...

Le 5 septembre, Jim quitte sa caravane de métal argenté pour la chambre 206 du modeste motel Cherokee. Il se réinscrit à l'université de Tallahassee, cette fois en histoire de l'art, option Renaissance, avec des cours d'initiation au théâtre. Il s'intéresse avant tout aux avant-gardes théâtrales du XXe siècle, à Bertolt Brecht en particulier, mais aussi à Sophocle et à son *Œdipe roi* dont il se souviendra lorsqu'il écrira les paroles de « The End ». Il prend aussi des cours en tant qu'acteur, ce qui le passionne. Sous le pseudonyme de Stanislas Boleslawski (en hommage croisé au grand acteur russe Konstantin Stanislavski et à Richard Boleslawski), Jim joue bientôt sur la scène universitaire de l'État de Floride, dans *The Dumb Waiter (Le Monte-plats)*. Cette pièce à deux rôles, adaptée du livre de Harold Pinter — prix Nobel de littérature 2005 —, est mise en scène par Sam Kilman. L'acteur Keith Carlson, qui donne la réplique à Jim Morrison (dans le rôle de Gus), est désemparé par le jeu de son partenaire qui interprète chaque fois son rôle de façon différente, rendant la situation incontrôlable. Dans cette pièce du « théâtre de la menace » qui contient tous les germes des mécanismes de pouvoir, aussi sombre que burlesque et écrite sous l'influence de Beckett, Ben et Gus sont deux tueurs à gages placés face à leur destin qui végètent dans l'attente d'une nouvelle mission. Il y est autant question de football (des clubs d'Aston Villa et de Tottenham) que d'*ormitha macarounada*, mais surtout d'une mystérieuse organisation. Cette autorité sans visage est une image critique de la société de consommation.

Toujours plus proches, Jim et Mary conviennent que la jeune fille viendra le retrouver en Californie dès janvier, lorsqu'il aura intégré le département d'art dramatique, à l'UCLA. C'est l'époque des projets de couple. Jim, qui s'est installé pour plusieurs semaines au Cherokee, fait transférer ses dossiers scolaires à Los Angeles et n'imagine plus d'autre option pour ses études. L'ambiance est aux fêtes arrosées au mauvais vin. Souvent ivre, Jim se fait arrêter le 28 septembre pour avoir dérobé une casquette dans un véhicule de police. Interpellé, il aggrave rapidement son cas au commissariat. Au-delà du vol de la fameuse casquette, il est accusé de rébellion et d'ivresse publique, et écope d'une amende de 50 dollars. Il s'agit de la toute première arrestation de James Douglas Morrison parmi la dizaine répertoriée dans le dossier 511 448 F du FBI. La photo anthropométrique, sur laquelle l'interpellé semble avoir bien du mal à garder les yeux ouverts, porte le numéro 90476. Jim se sort de ce mauvais pas grâce au soutien de son professeur, Ralph Turner, qui l'accompagne au tribunal après l'avoir traîné chez le coiffeur et lui avoir fait acheter une veste pour faire bonne figure devant les hommes de loi.

Le 22 novembre 1963, les États-Unis sont sous le choc de l'assassinat, à Dallas, du président John Fitzgerald Kennedy, élu seulement trois ans plus tôt. Jim est marqué par cet événement au point d'y faire allusion dans « Not to Touch the Earth » (« Dead president's corpse in the driver's car »), comme il le sera par l'assassinat du coupable présumé, Lee Harvey Oswald. Pourtant, le lendemain, c'est jour de fête chez les Morrison. Nommé capitaine de vaisseau en 1958, Steve prend les commandes de l'Essex-class *Bon Homme Richard* CV-31 dont le port d'attache se trouve à San Diego. Le gigantesque porte-avions, qui transporte plus de 3 000 hommes, est ainsi nommé en référence à *L'Almanach du Bon Homme Richard (Poor Richard's Almanack)*, ouvrage annuel que Benjamin Franklin commença de publier en 1732, sous le pseudonyme de Richard Saunders.

Pour l'heure, juste avant de quitter Tallahassee, Jim, qui fêtera bientôt ses 20 ans, est retenu pour figurer dans un court-métrage en noir et blanc commandité par l'université de l'État de Floride (la FSU, élégamment surnommée « Fucking Sorry University » par certains étudiants). Réalisé en 1963, intitulé *Toward a Greater University*, ce film sera produit en 1964. Il n'a été retrouvé qu'en 2004, soit plus de trente ans après la mort du chanteur, par James Madden, un archiviste en charge de visionner un millier de films de toute longueur provenant de la chaîne communautaire WFSU dépendant de l'université. Il est désormais répertorié dans les archives du patrimoine de l'État, dans la Florida Folklife Collection. En visionnant ce document anonyme parmi des centaines d'autres, Madden est intrigué par un visage qui lui paraît familier. Il regarde alors plusieurs fois le film au ralenti, avant de s'exclamer devant Jody Norman, le directeur du bureau des archives : « Oh ! mon Dieu, c'est Jim Morrison ! » La découverte est en effet de taille puisque ce film promotionnel, destiné aux relations publiques de l'université, contient les toutes premières images animées montrant Jim Morrison adulte. Le court-métrage est divisé en trois séquences. Durant la première, le jeune étudiant arrive devant une boîte aux lettres et ouvre une enveloppe. Une voix off stipule : « Nous avons le regret de vous informer que nous ne pourrons accepter votre candidature. » Jim fait alors une moue dépitée. Le plan suivant montre une sortie de cours sur le campus. Les étudiants affichent tous une allure des plus sages, cheveux encore bien dégagés derrière les oreilles et vêtements loin d'être rock'n'roll ! Enfin, dans la troisième séquence, Jim, lui aussi les oreilles bien visibles, se trouve dans un bureau de l'université pour un entretien avec un administrateur. Portant veste et cravate, il se présente comme un étudiant modèle. Quelques mois plus tard à peine, la mode vestimentaire des étudiants américains aura radicalement changé. Une révolution sociale couve. Prête à exploser. Même si elle sera essentiellement pacifiste.

Le guide du labyrinthe
(1964)

Sans musique la vie serait une erreur[1].

Friedrich Nietzsche

Un soir, j'ai assis la Beauté sur mes genoux. — Et je l'ai trouvée amère. — Et je l'ai injuriée[2].

Arthur Rimbaud

De retour en Californie début janvier, Jim se prépare pour le grand saut universitaire. L'atmosphère est tendue à la maison familiale où on s'oppose fermement aux projets du fils aîné. Mais Jim se montre d'une volonté inébranlable. Désormais, plus rien ne peut le faire dévier de son but. Afin de faire baisser la tension, il condescend à s'intéresser au travail de son père, promu capitaine (comme le fut celui de Rimbaud) de vaisseau, l'accompagnant même une fois en mer. Le porte-avions commandé par Steve Morrison, l'impressionnant *USS Bon Homme Richard*, effectue alors des manœuvres dans le Pacifique. Le capitaine se délecte d'y organiser des concours de pompes entre officiers. Mais Jim n'est aucunement récompensé de ce regain d'attention.

Son père fait convoquer le coiffeur de bord et ordonne une coupe réglementaire, dégageant largement les oreilles de son fils. Piégé, Jim subit en silence ce qu'il ressent comme une humiliation. Cette castration symbolique le marque de façon indélébile. Une semaine plus tard, une moue de mépris sur les lèvres, Jim quitte définitivement la banlieue de San Diego et efface toute attache familiale. Son destin l'attend.

En février, âgé de 20 ans, Jim s'inscrit au département cinéma de l'UCLA. Consacré aux arts dramatiques, ce département est confiné dans cinq baraquements typiques de l'immédiat après-guerre. L'un d'eux comporte une salle de projection dotée de tables de mixage rudimentaires. Combinant des enseignements en théâtre, cinéma et télévision, il est dirigé par Colin Young, futur fondateur de la renommée National Film School en Grande-Bretagne. L'atmosphère décontractée, voire bohème, s'apparente nettement plus à celle d'une école d'art qu'à celle d'une école de commerce pour l'industrie du cinéma, comme elle le deviendra par la suite sous la pression des studios hollywoodiens. Contrairement à la plupart des 20 000 étudiants de l'UCLA, ceux du secteur cinéma sont pratiquement aussi politisés et agités que les *rads*, les radicaux de l'université de Berkeley, proche de San Francisco. Il y est autant question de changer le monde que d'approfondir ses connaissances. Les cours ne se limitent plus au seul théâtre, ce qui satisfait Jim qui s'intéresse à la production cinématographique et télévisuelle.

L'enseignement est prodigué par des noms prestigieux du cinéma international, comme Stanley Kramer, Jean Renoir ou Josef von Sternberg, l'homme qui découvrit Marlene Dietrich, actrice dont Jim était amoureux. Parmi les élèves qui côtoient le nouvel arrivant, certains deviendront des valeurs sûres du cinéma américain, notamment Francis Ford Coppola qui, très tôt, sous l'égide de Roger Corman, réalise des films à petit budget, comme le thriller d'épouvante *Dementia 13*. En 1979, Coppola utilisera magistralement la musique des Doors (« The End ») pour son film *Apocalypse Now*, son opéra psychédélique inspiré de *Au cœur des ténèbres*, de Joseph Conrad. Un générique devenu légendaire, sur fond de ballet d'hélicoptères Huey UH-1 et de napalm enflammant la jungle et les rizières vietnamiennes. La musique du groupe est également utilisée dans les scènes de délire de l'acteur Martin Sheen dans son hôtel de Saigon. Quant au scénariste John Milius, il écrit son texte en écoutant le premier disque des Doors en boucle, à tel point que, rayé, il en devient inaudible. Curieusement, parmi d'autres disques rock qui marqueront les appelés, les coopératives de l'armée au Vietnam vont commander une grande quantité du premier album des Doors. C'est d'ailleurs ainsi qu'Oliver Stone et tant d'autres jeunes militaires découvrent la musique du groupe en Asie.

Jim s'installe dans un studio situé à proximité du campus, à Westwood. Il fréquente le quartier de Venice, celui des paumés et des marginaux, mais aussi des arrivistes souvent socialement favorisés. Le voici à son aise dans ce qui fut le centre névralgique de la Beat Generation dans les années 1950, pour devenir celui des hippies et des hédonistes dans les sixties. Pour arrondir ses finances, Jim travaille quelques heures par semaine à la bibliothèque Powell. Pour un foyer militaire comme celui des Morrison, ces études en cinéma ne représentent rien de bien sérieux. On reproche au fils de perdre son temps en futilités et de rater une belle carrière. Dans l'armée, par exemple...

Prendre des notes dans ses carnets devient pour Jim une véritable manie. Ses copains de fac sont pour la plupart de joyeux fêtards avec lesquels il va allègrement prendre l'habitude de boire, de fumer de la marijuana et, bientôt, d'absorber ce fameux LSD rendu populaire grâce aux activistes Timothy Leary, Richard Alpert ou Ken Kesey (l'auteur de *Vol au-dessus d'un nid de coucou*). Le but avoué est de découvrir de nouveaux champs de conscience, de se « désintoxiquer de la peur intérieure[3] », selon la formule de William Burroughs, le LSD provoquant dans le champ de vision des images inouïes aux couleurs fulgurantes. S'il transporte mentalement dans un autre monde, le produit n'est pas dépourvu de danger puisqu'il peut mener à l'état de panique, à la folie ou à la mort.

À Pâques, Jim et deux autres étudiants franchissent la frontière mexicaine dans le but de s'encanailler à Tijuana, ville proche de San Diego et très courue des militaires californiens en goguette. Alcool et bars à stripteaseuses. Dans la « Liverpool du Mexique », alors en pleine révolution rock, Jim découvre le redoutable Mike's Bar du Cubain expatrié Raúl « Socio » Villardel Crespo. Ce club de légende, toujours bondé et ouvert dix-huit heures par jour, est fréquenté par les grands musiciens mexicains de l'époque, de Carlos Santana jusqu'au groupe local de rhythm'n'blues Downbeats, en passant par la reine incontestée de l'endroit, la chanteuse soul Ginny Silva. Particulièrement réceptif, le public est épris de musique électrifiée. Cette sorte de Whisky à Go Go des cactus, chauffé à la tequila et à la bière locale, accueille jusqu'à six groupes différents chaque jour ; il disparaîtra dans un incendie en 1968, avant de connaître une nouvelle épopée comme discothèque.

Le trimestre suivant est franchement studieux pour l'étudiant Morrison, même s'il est souvent plongé dans ses lectures ou pendu au téléphone avec la belle Mary qui se morfond, là-bas, sur la côte Est, en Floride. Il commence aussi à fréquenter les alentours du quartier de Venice, à l'ouest de Los Angeles. Avec Venice Beach et Muscle Beach (portion de la précédente plage), sortes de *freak show* permanent en bordure du Pacifique. Les artistes, les hippies, les surfeurs, les bateleurs, frimeurs et bodybuilders de tout poil et tout âge se partagent alors ces plages. Sur ces lieux fétiches du cinéma hollywoodien et des séries télévisées, les Beach Boys apparaîtront en 1965 dans le film de William Witney, *The Girls on the Beach*.

Ce quartier excentrique, créé de toutes pièces en 1905 par le farfelu promoteur Abbot Kinney, dans une zone marécageuse asséchée, est une réplique kitch de la Venise européenne, palmiers en prime. Le long des 25 km de canaux (en grande partie rebouchés vingt ans plus tard !), on pouvait même louer d'authentiques gondoles importées d'Italie.

Mais le mégalomane fit faillite sans finaliser son projet pharaonique. Au milieu des années 1960, délaissé, ce quartier aux loyers modestes est fréquenté par la bohème artistique de Los Angeles. Cette faune branchée contre-culture remplace les beats des années 1950. Ce petit monde en marge squatte ou loue les bâtiments qui longent les canaux et la plage de sable blanc. Jim devient un habitué du Lucky U, une taverne mexicaine où s'alignent quelques tables de billard, située sur Santa Monica Boulevard, entre l'UCLA et cette plage de Venice qui deviendra un des lieux mythiques de Jim Morrison et de ses comparses, notamment Paul Ferrara et l'extravagant baratineur Felix Venable. On y boit, bien entendu, force bières.

Durant cet été 1964, Jim se rapproche un temps de son frère Andy, à San Diego. Il réussit même à l'entraîner, avec son parrain officier retraité de la marine, dans un curieux trip au Mexique. Le trio s'attarde d'abord à Ensenada, une station balnéaire donnant sur le Pacifique, proche de Tijuana, puis au-delà. Le voyage initiatique marquera le frère cadet :

> Jim m'a montré la vie du pays. Je buvais de la bière et il me trimbalait de bar en bar, s'expliquant en espagnol avec les Mexicains quand ils essayaient de nous arnaquer, bavardant avec les putes, se faisant courser par les chiens dans des ruelles. C'était grandiose[4] !

La politique américaine est alors agitée, autant à l'intérieur du pays que hors des frontières. Le 2 juillet, le président Lyndon B. Johnson a fini par signer le Civil Rights Act qui déclare illégale la discrimination reposant sur la race, la couleur, la religion, le sexe ou l'origine nationale. Il était temps, même si le chemin entre cette signature et la réalité au quotidien sera encore long à parcourir. Côté politique étrangère, le 7 août 1964 est resté une date fatidique dans l'histoire des États-Unis. Ce jour-là, le Congrès adopte la résolution sur le golfe du Tonkin, une décision qui permet au président Johnson d'engager massivement l'armée américaine dans le long conflit vietnamien qui coûtera la vie à plus de 50 000 soldats, sans parler des dizaines de milliers de mutilés ou de jeunes hommes définitivement traumatisés. Quant au père de Jim, il participe aux manœuvres au sud de la mer de Chine, sur son porte-avions l'*USS Bon Homme Richard.*

Au début de l'automne, au désespoir des siens, Mary Werbelow finit par quitter la Floride pour rejoindre Jim en Californie. Mais leur relation amoureuse se complique rapidement. Ils prennent chacun un appartement, tandis que Mary décroche un boulot au service radiographie du centre médical universitaire. Mais la belle louve brune, toujours passionnée de danse et déjà en quête d'un agent, est tentée de devenir go-go danseuse portant bottines et minijupe à franges. Elle est engagée chez Gazzarri, un restaurant-boîte de nuit où se produit alors Johnny Rivers, et où elle sera élue Miss Gazzarri's 1965. Jim s'emporte contre son manque d'ambition et se tourne vers ses amis du département cinéma de l'UCLA. La relation sentimentale entre Jim et Mary ira ainsi s'étiolant jusqu'à l'été suivant.

L'étudiant Morrison fréquente notamment Dennis Jakob, dit « la Fouine », un fin lettré connu pour être un maniaque de la table de montage. Fasciné par Eisenstein, Jakob travaillera en 1967 sur *The Trip* de Roger Corman, le célèbre film sur le LSD, avec Jack Nicholson. Plus tard, il secondera dans l'urgence son ami Francis Ford Coppola en tant que consultant créatif, puis comme chef monteur sur le tournage d'*Apocalypse Now*. Dennis se rendra sur le tournage en pleine jungle des Philippines avec un exemplaire du *Rameau d'or* de Frazer. Il convaincra Coppola que la mort de Kurtz (interprété par Marlon Brando) est à rapprocher de la mythologie, le personnage devant mourir à la façon d'une divinité païenne qu'il convient de tuer rituellement. Il donnera aussi un avis éclairé sur l'utilisation de « The End » au générique du film. Mais de retour aux États-Unis, frappé par la fièvre dingue, la *footica*, il frôlera la folie alors qu'il travaille au montage, brûlera une bobine et exigera de coucher avec la scénariste Melissa Mathison, la menaçant de brûler le reste de pellicule en sa possession en cas de refus de sa part. On finira toutefois par le ramener à la raison... L'histoire du cinéma tient parfois à peu de chose !

Avec son ami Dennis, Jim s'amuse à imaginer un duo de rock qui aurait eu pour nom The Doors : Opened and Closed. Il vagabonde encore à Santa Monica, dans le quartier de Venice, près de la plage, parmi les canaux brouillés et les colonnades écaillées. Le plus souvent, il dort sur le toit d'un bâtiment désaffecté dont Dennis Jakob est le gardien, sur Speedway Avenue. Sinon, il est hébergé chez l'une de ses conquêtes du moment, Carol Winter. Jim aime prendre de l'acide, rêver, dormir et noircir ses fameux carnets. Dans ce qu'il nomme lui-même une cité-plage fantôme, il prétend avoir rencontré l'Esprit de la musique. Une allusion directe à Dionysos et à Friedrich Nietzsche dans *Naissance de la tragédie*. Il entre alors dans une fièvre d'écriture, les textes de cette période devenant par la suite les premières chansons des Doors. Des chansons *littéraires*, souvent à contre-courant du style californien qui oscille alors entre compositions doucereuses et *protest songs*. Mais très tôt, la musique est présente dans la poésie de Morrison, celui-ci confiant cinq ans plus tard :

> Mon subconscient avait tout préparé. En fait, je n'y pensais pas vraiment. C'est arrivé, c'est tout. Je n'avais jamais chanté. Je n'y avais même jamais songé. Je pensais devenir écrivain ou sociologue, ou encore dramaturge. [...] Et puis, j'ai entendu un concert dans ma tête, tout un show avec un groupe et du chant et un public, un public important. Pour ces cinq ou six premières chansons que j'ai écrites, je prenais des notes, c'est tout, pour le fantastique concert de rock imaginaire qui se jouait dans ma tête. Une fois ces chansons transposées sur papier, il ne me restait plus qu'à les chanter[5]...

Au magazine *Beat Instrumental*, il confirmera qu'il n'avait encore jamais chanté... à l'exception de chants patriotiques à l'école. S'il rêve avant tout de déclamer ses poèmes en public, il prend rapidement conscience que la musique lui procure un sentiment de sécurité et qu'elle peut surtout agir comme un tremplin pour sa poésie. Ce qu'il explicitera dans une autre interview :

> Beaucoup de gens ne le savent pas, mais j'ai aussi écrit de nombreuses mélodies, et plus tard, tout ce qui en restait, c'était les mots, et une vague idée. À cette époque-là, quand j'entendais une chanson dans ma tête, je voyais un spectacle entier. [...] C'était comme une anticipation du futur[6].

Ses amis de l'époque, dont John Ptak, se souviennent que l'étudiant est impressionné par le film de Nicholas Ray, *La Fureur de vivre*, où le fils adolescent d'un clan aisé se trouve impliqué dans des actes de révolte et de violence. D'autant que le personnage principal se prénomme... Jim. L'étudiant fait notamment une fixation sur l'acteur James Dean, à commencer par sa tenue vestimentaire : jeans serrés, paquet de cigarettes enroulé dans une manche de T-shirt au niveau de l'épaule. Jim et Pamela, sa future compagne, iront d'ailleurs jusqu'à se recueillir dans le virage fatal où James Dean a trouvé la mort au volant de sa Porsche Spyder, à Cholame, en septembre 1955.

Durant cette période particulièrement créatrice pour Morrison, Dennis et Jim prennent régulièrement de l'acide et de la marijuana. Avide lui aussi de lecture, Dennis Jakob se lance souvent dans des discussions enflammées. Politiquement, c'est un révolté radical, amateur de phrases péremptoires, du genre : « Les comptables savent où est l'argent. Tuons-les et le système entier s'écroulera ! » Si le philosophe Friedrich Nietzsche les passionne tous deux, il en est de même de William Blake (1757-1827) dont certains vers tirés du *Mariage du Ciel et de l'Enfer* (Blake effectuant lui-même une satire de *Du Ciel et de l'Enfer* de Swedenborg) les marquent profondément. À tel point qu'ils contribuent à les confronter à une nouvelle appréhension du réel : « Si les portes de la perception étaient purifiées [s'ouvraient] toute chose / apparaîtrait à l'homme en sa vérité, infinie. / Car l'homme s'est renfermé sur lui-même, jusqu'à voir toute chose / À travers les fentes étroites de sa caverne. » Sous l'effet de l'acide, il est question d'ouvrir les portes de la perception pour aller voir de l'autre côté des apparences. Du côté de l'inconnu. À partir de cette citation placée en exergue de son livre, l'Anglais Aldous Huxley (mort d'une overdose de LSD à Los Angeles, en 1963), auteur du *Meilleur des mondes*, donne son titre à l'essai *Les Portes de la perception*, paru en 1954, où il décrit ses expériences avec la mescaline. Bien des années plus tard, avec sa chanson « My Blakean Year », Patti Smith rendra un double hommage à William Blake et Jim Morrison.

Jim fréquente également un excentrique moustachu du nom de John DeBella, lui aussi étudiant à l'UCLA. Ce cinéphile contribue à le mettre en rapport avec Ray Manzarek (dont le véritable nom, d'origine polonaise, s'orthographie Manczarek, l'organiste abandonnant le *c* dès la création des Doors). Gros lecteur lui-même, ce rat de bibliothèque se targue de dévorer près de deux cents livres par an. DeBella, joyeux drille musclé et séducteur, adepte de la méditation transcendantale et du yoga, est l'un des premiers à initier Jim au chamanisme. Auteur de sketches délirants, John deviendra par la suite une star de la radio, notamment comme animateur de l'émission « Morning Zoo » sur WMMR. Connu pour ses facéties, il est à l'origine de celle qui prétendit que fumer des peaux de banane séchées permet de « planer »... Plaisanterie qui lui fut inspirée par le tube de Donovan, « Mellow Yellow ». En 1967, il jouera de la batterie dans un *garage band* psychédélique du nom de Human Rice. Mais pour l'heure, il boit en compagnie de Jim au Lucky U et l'initie aux psychotropes en tout genre.

Les autres amis de l'UCLA sont le Français naturalisé américain Alain Ronay (qui connaît Jim depuis 1963), Paul Ferrara, Felix Venable, Michael C. Ford, Bill Kerby, Frank Lisciandro et Philip O'Leno. Ce dernier, fou d'Arthur Rimbaud, et surtout adepte de philosophie jungienne, partage avec Jim une passion pour le concept d'inconscient collectif et les images symboliques ; mythes, légendes et fétichisme. Ils constituent un groupuscule de rebelles qui rejettent le mirage hollywoodien. Tous sont portés vers le cinéma expérimental... sans oublier l'alcool et tout un panel de produits excitants. D'autant que les parents de Philip sont pharmaciens, ce qui peut parfois aider.

Jim passe beaucoup de temps à lire et à écrire en bibliothèque. Il rédige ses visions sur le cinéma, notamment une thèse sur l'esthétique cinématographique qui sera publiée dans son tout premier livre, *The Lords : Notes on Vision*. Kathy Lisciandro, épouse de Frank, se chargera de taper à la machine cet ensemble de textes.

Tous les étudiants proches de Jim sont fascinés par la Nouvelle Vague, à commencer par Jean-Luc Godard et François Truffaut, mais aussi par les films de Fellini (*Huit et demi* notamment), d'Antonioni (*L'Avventura* et *La Nuit*) et de John Cassavetes (*La Ballade des sans-espoir* et *Un enfant attend*). Jim et Ray apprécient par ailleurs les films de réalisateurs comme Akira Kurosawa ou Satyajit Ray.

Le 25 novembre 1964, après onze mois d'absence durant lesquels il a activement participé à l'incident du golfe du Tonkin, au large du Vietnam, George Stephen Morrison quitte le commandement du *Bon Homme Richard*. Le voici nommé à Londres, sous les ordres directs du commandant en chef des forces navales américaines en Europe. Mais auparavant, il obtient le droit de passer les vacances de Noël avec les siens, à Los Altos. Jim fait négligemment le détour, mais comme sa mère lui ordonne une fois encore de se faire couper les cheveux, c'en est trop. Il quitte aussitôt la maison familiale pour passer les fêtes chez son ami Jeff Morehouse. Il vient d'avoir 21 ans, et aucune compromission ne lui est désormais envisageable. Sans doute prend-il conscience qu'il voit ses parents pour la toute dernière fois.

Le blues de la Cité des Anges
(1965)

Le chemin de l'excès mène au palais de la Sagesse[1].

WILLIAM BLAKE

La désobéissance est la vertu originelle de l'homme. La désobéissance a permis le progrès — la désobéissance et la rébellion[2].

OSCAR WILDE

En ce mois de janvier 1965, les étudiants proches de Jim se retrouvent au Gypsy Wagon, un snack-roulotte ouvert sur un côté, avec des tables installées tout autour. Un lieu de discussions sans fin. Si de l'alcool est mélangé au Coca, puisque les boissons alcoolisées sont interdites à proximité des campus, les joints circulent sans le moindre problème.

L'opération « Rolling Thunder » (« Tonnerre roulant ») est déclenchée le 8 février par l'administration démocrate de Lyndon B. Johnson, en contradiction totale avec les engagements du président assassiné John Fitzgerald Kennedy. Les États-Unis ont décidé de bombarder massivement le Nord-Vietnam et de soutenir le Sud, le pays étant scindé en deux États depuis 1954. Un partage qui ne satisfait personne.

Les premiers obus sont largués le 2 mars, tandis que les marines débarquent quatre jours plus tard, concrétisant le début du conflit au sol. La République populaire de Chine et l'Union soviétique en profitent bien sûr pour contrecarrer les plans américains. La guerre froide bat son plein. Le but des Américains consiste avant tout à faire échec au communisme, quitte à s'engager dans un engrenage aventureux, avec l'utilisation du napalm, le largage de millions de tonnes d'explosifs et l'envoi de conscrits pas forcément en accord avec cette guerre. D'ici à la fin 1965, 185 000 soldats américains se retrouvent engagés en Asie. Pour la première fois, en mai, à Berkeley, des étudiants brûlent publiquement leur carte de conscription. De multiples manifestations contre cette guerre sont organisées à travers le monde et aux États-Unis mêmes, avec une marche de 40 000 manifestants qui convergent à Washington vers la Maison Blanche. Au final, il s'agira d'une monumentale erreur stratégique, qui aura entraîné une terrifiante hécatombe.

La situation politique intérieure des États-Unis nage elle aussi dans la contestation et la violence. Le 21 février, de retour d'un pèlerinage à La Mecque, le leader noir Malcolm X est assassiné à Harlem par un membre des Black Muslims, mouvement contestataire avec lequel il avait rompu peu auparavant. Dans les années 1960, la liste des leaders politiques ou syndicaux assassinés suffit à donner le vertige : John Fitzgerald Kennedy et Medgar Evers (1963), Malcolm X et Viola Liuzzo (1965), George Lincoln Rockwell (1967), Martin Luther King et Robert Kennedy (1968)... Une partie non négligeable de la jeunesse américaine se radicalise alors, ou prône le *peace and love* avec l'émergence du mouvement hippie.

C'est dans ce contexte que le chimiste Augustus Owsley Stanley III (1934-2011), petit-fils d'un gouverneur du Kentucky, crée son labo clandestin. Il se lance avec détermination dans la fabrication du LSD 25, le LysergSäureDiethylamid découvert en avril 1943 à Bâle par Albert Hofmann, dans les laboratoires Sandoz. Destiné à « libérer » le cerveau et accessoirement à entrebâiller « les portes de la perception », ce psychotrope hallucinogène restera légal en Californie jusqu'au 6 octobre 1966. Mais il a déjà fait des ravages (*bad trips* ou décès par overdose) dans les milieux beat des années 1950 et en fera d'autres dans les années 1960, notamment dans le milieu hippie. Devenu une sorte d'industriel de l'acide, mécène du groupe Grateful Dead à San Francisco, Owsley prospère et fait sa promotion en offrant des comprimés de son « produit miracle » à différents groupes psychédéliques. Il rencontrera Jim pour la première fois fin avril 1967, à Santa Barbara, à l'occasion d'un concert commun avec le Grateful Dead. Une fois les Doors devenus célèbres, il fournira plusieurs fois Jim Morrison en capsules de LSD. January Jansen, ami du chanteur, témoignera notamment avoir intercepté un de ces colis en décembre 1967, à l'occasion d'un concert des Doors au Winterland de San Francisco. Le lot en question est constitué de *purple haze*, doses violettes ainsi nommées en référence au titre de la chanson écrite par Jimi Hendrix le 17 décembre 1966, avec ces vers explicites : « *Purple haze all in my brain / Lately things just don't seem the same*[3] » (« De la brume violette envahit mon cerveau / Depuis les choses ne me semblent plus les mêmes »).

Mais pour l'heure, dans sa chambre située hors du campus, Jim placarde le poster central du magazine *Playboy*... pour que la playmate du mois lui serve de cible quand il joue aux fléchettes. Durant cette seconde année universitaire à Los Angeles, il suit un cours de production cinématographique auprès de Terry McCartney-Filgate, un intervenant extérieur, producteur canadien de films documentaires. McCartney-Filgate se souviendra d'un Jim Morrison peu communicatif.

En mai, les étudiants doivent présenter une réalisation personnelle produite dans les ateliers du Projet 170. Dans ces films, chacun fait office d'acteur ou de technicien, histoire de s'aguerrir. Ainsi John DeBella est-il cameraman dans celui de Jim. Comme bon nombre de ces travaux d'apprentis cinéastes, il restera inachevé. Ces brefs films sonorisés comptent bien sûr dans l'obtention du diplôme de fin d'études. Intitulé selon les jours *White Trash* ou *First Love*, le court-métrage de Morrison s'apparente à un clip surréaliste au scénario dépourvu de toute logique. Ambitieux, son auteur entend faire un film mettant en question l'acte même de filmer. Pour Morrison, une telle œuvre se doit d'être un poème spontané, mais il en néglige l'aspect technique et refuse de réparer les défauts de raccord, dus à des collages bâclés. Jim associe des scènes tournées à des images télévisées.

Le court-métrage montre une jeune femme (Elke, la petite amie de John DeBella) en slip, porte-jarretelles et soutien-gorge, se trémoussant sur un téléviseur diffusant les images d'un moine bouddhiste se faisant immoler, celles d'un rassemblement nazi sous l'Occupation et un extrait de film porno. L'exercice est tourné caméra à l'épaule chez Jim et dans la maison familiale de Phil O'Leno, où chacun boit et fume de l'herbe à satiété. Parmi les scènes chocs, la petite amie de DeBella lèche l'œil de son amant, comme pour le nettoyer des images qui l'ont souillé. La projection est organisée dans une salle du bâtiment 4F, pouvant tout au plus accueillir une cinquantaine d'étudiants. Gary Essert, futur fondateur de Filmex, fait alors office de projectionniste.

Terry McCartney-Filgate, professeur en charge des élèves les plus difficiles, se souviendra d'un étudiant « indiscipliné, narcissique et révolté », tandis que son camarade de cours Ray Manzarek lui laissera plutôt le souvenir d'un gourou pointilleux dispensant volontiers ses bons conseils autour de lui. Selon l'enseignant, ce film n'était pas forcément le plus choquant :

> Le nihilisme était plutôt répandu à l'époque, et les cinéastes ont tendance à s'inspirer les uns les autres. Je présume que Morrison avait vu *Triumph des Willens*[*4].

Curieusement, John Ptak se souviendra lui aussi d'un film « très allemand ». Les réactions des enseignants et des étudiants sont majoritairement hostiles face à une réalisation jugée scabreuse et méprisante vis-à-vis des règles enseignées. La pro-

---

* *Le Triomphe de la volonté* : film de propagande nazie de Leni Riefenstahl.

vocation fait mouche au-delà des espérances de son auteur. Sarcasmes et lazzis dominent les rares applaudissements autour de ce « produit d'un cerveau dégénéré », selon les propres termes d'un enseignant.

Responsable de cette épreuve pratique, Colin Young ne ressemble alors en rien au snob ricanant dépeint plus tard dans son film sur les Doors par Oliver Stone. Gary Essert se souvient d'ailleurs mot pour mot de sa réaction dès qu'on a rallumé la salle :

> Mr Mor-r-rison, une des premières choses que vous avez à apprendre pour faire des films, c'est à bien placer votre foutue pellicule dans le projecteur. Au suivant[5] !

Jim ne quitte pas rageusement la pièce, comme on l'a prétendu, mais s'enfonce dans son fauteuil, meurtri et silencieux, attendant la projection suivante.

Le producteur et directeur de la photographie Edgar Brokaw est alors un professeur excentrique, mais aux connaissances encyclopédiques dans son domaine. Il prend systématiquement la défense des étudiants, leur enseignant tout autant Miles Davis que John Cassavetes. Méprisant souverainement la bureaucratie, ce spécialiste de la culture des Indiens Dayak de Bornéo et Minangkabau de Sumatra est revenu enseigner à l'UCLA en 1961. Toujours prêt à dialoguer, il se montre un indéfectible allié pour l'étudiant Morrison. Selon J. Randal Johnson, scénariste du film d'Oliver Stone consacré aux Doors, il a été l'une des principales sources d'informations du long-métrage, bien qu'il ait été frappé de sénilité dès les années 1980.

Le scénariste Richard Blackburn, camarade de promotion de Jim, se souvient que le court-métrage cause du scandale a disparu des archives universitaires aussitôt que les Doors ont connu la célébrité, début 1967.

Affecté par le mauvais accueil fait à son film, Jim annonce à Edgar Brokaw d'abord, à Colin Young ensuite, qu'il quitte la faculté. Ce dernier le convainc toutefois d'attendre la fin du cursus universitaire, toute proche. Jim décrochera sa licence en arts cinématographiques en juin, se contentant d'attendre les résultats sur la plage de Venice. Il obtiendra une moyenne de B+, malgré son D pour son film, mais se désintéressera une fois encore du diplôme obtenu. Le document devra être posté au domicile familial...

En mai 1965, à l'UCLA, ses amis Alain Ronay et John DeBella sont à l'origine de la rencontre entre Jim Morrison et Ray Manzarek. Ray chante et joue de la guitare et des claviers dans un groupe de bal qui joue aussi dans des bars, nommé Rick and the Ravens, tendance surf et blues, en costume bleu électrique et cravate. Accompagné de ses deux frères, il se fait surnommer Screamin' Ray Daniels. Originaire de Chicago, dans l'Illinois, où il est né le 12 février 1939, déjà licencié en économie et habile joueur de basket-ball, il est plus âgé de quatre ans que Jim, ce qui suffira à lui conférer un rôle quasi paternel au sein du groupe. Musicien aguerri, il a étudié le piano classique avec un professeur européen dès l'âge de 8 ans. Sa rencontre avec le rock'n'roll se fait à l'écoute de Little Richard, Fats Domino et Jerry Lee Lewis, ses penchants le conduisant plutôt vers le blues de Muddy Waters, Howlin' Wolf et John Lee Hooker. Mais aussi vers Jimmy Reed et Otis Spann, son idole. Il vit auprès de Dorothy Aiko Fujikawa, une belle brune d'origine japonaise qu'il emploie dans ses trois courts-métrages (*Evergreen*, *Induction* et *Who I Am and Where I live*). Moins décontracté que Jim, il s'habille plus conventionnellement et fréquente le tout nouveau centre de méditation transcendantale de Maharishi Mahesh Yogi (1917-2008), fondateur du Mouvement de régénération spirituelle. Cet homme, qui est aussi le gourou des Beatles, propose d'ouvrir à chacun les portes de l'illumination. Le côté parfois austère de Ray le fera même surnommer « le croque-mort hip » dans un article de Richard Goldstein. Plus proche de Jim que les deux autres Doors, il jouera parfois le rôle du conciliateur entre les musiciens et le chanteur.

Ray invite Jim à venir écouter sa formation qui se produit le week-end au Turkey Joint West, un bouge situé à Santa Monica. Le groupe, spécialisé dans les reprises, possède un contrat léonin avec le label Aura. Il comprend son frère Rick à la guitare, son autre frère Jim au piano et à l'harmonica, et Vince Thomas à la batterie. Le 5 juin, à l'occasion d'un passage prévu en première partie de Sonny and Cher (qui se décommandent au dernier moment), Ray parvient à faire monter sur scène Morrison pour une reprise de « Louie, Louie », une scie incontournable du rhythm'n'blues composée par Richard Berry en 1956, et qui a triomphé dans les hits deux ans plus tôt grâce aux Kingsmen.

Un vendredi du même mois, Ray Manzarek fait appel à son nouvel ami pour lui demander un curieux service. Le quintet Rick and the Ravens est inscrit pour se produire au restaurant Ports O'Call, sur le front de mer, dans la marina de San Pedro, mais une clause contractuelle saugrenue impose la présence de six musiciens sur scène. L'idée est que Morrison rejoigne le groupe pour faire semblant de jouer sur une guitare non branchée. Le genre de supercherie qui amuse grandement Jim, qui ne joue d'aucun instrument, d'autant qu'il empoche, tout surpris, 25 dollars pour l'occasion !

La rupture semble consommée entre Jim et Mary Werbelow qui continue de passer des auditions en tant que go-go danseuse dans les clubs louches de Los Angeles. À vrai dire, ses prestations deviennent franchement déshabillées, ce qui a le don de contrarier Jim, à la fois jaloux et déçu par le chemin pris par sa presque compagne. Tandis que Mary, de son côté, ne croit guère aux projets musicaux de Jim, lui reprochant sans cesse son penchant pour les drogues. La belle échoue toutefois à faire carrière et part pour un *trip* de méditation en Inde, sur les traces du Maharishi. Elle écrira à Paul Ferrara, qui l'a aidée durant sa pitoyable carrière de mannequin, pour le prier de demander à Jim de lui envoyer d'urgence de l'argent. Elle se trouve dans un triste état dans un hôpital de fortune. Après lui avoir adressé une première fois de l'argent, comme en a été témoin Bryan Gates, Jim refuse de récidiver, comprenant que cette demande serait sans fin. Sans doute la mort dans l'âme, il reste sourd aux appels de son ancienne amoureuse.

En juillet, Ray et Dorothy s'installent sur Ocean Park, tandis que Jim continue d'expérimenter le LSD et d'errer dans les parages de Venice. Désœuvré et sans le sou, il ne sait trop quoi faire du diplôme qu'il a obtenu. Il vit aux crochets d'amis ou de rencontres fortuites, dormant à même la plage ou sur le toit d'un immeuble du quartier, au 14 Westminster Avenue. Jim continue de noter ses pensées et poèmes dans des carnets qu'il fourre dans la poche arrière de ses jeans, comme une ceinture de sécurité littéraire.

Cet été-là, Jim ressent comme un vertige de liberté. Après quinze années d'études, il se retrouve dans une expectative ouatée. C'est le moment de tous les possibles où il va bien falloir faire quelque chose de sa vie. Le cinéma ne lui paraît plus une priorité et il renonce au projet de se rendre à New York, comme il en avait parlé avec Ray. Il semble décidé à créer un groupe, ce qu'il confie à Sam Kilman, un ami venu de Floride pour passer quelques jours à Los Angeles. Il lui avoue même avoir déjà choisi le nom de la formation : The Doors. Alors qu'il n'est pas musicien, Jim a des mélodies en tête, où ses mots semblent facilement venir se caler.

En ce jeudi 8 juillet particulièrement ensoleillé, Ray a décidé de venir bronzer sur la plage de Santa Monica. Et le hasard, ce jour-là, va bien faire les choses. Jim flâne sur une bande de sable lorsque Ray, assis à méditer face à l'océan, croit reconnaître une silhouette familière à contre-jour. Esquivant d'une main les rayons du soleil, il réalise que c'est bien Jim Morrison qui avance dans sa direction. Il l'aborde alors et lui demande ce qu'il devient. Il le croyait parti pour New York, alors que Jim se retrouve coincé à Los Angeles, l'armée ayant constaté qu'il a achevé ses études. Aussi lui faut-il s'inscrire au plus vite et n'importe où à l'université. De toute façon, il se plaît trop dans le quartier artistique de Venice. En quelques mois, un phénomène étrange s'est produit au sein de la jeunesse du coin. Les cheveux se sont mis à pousser, les habitudes vestimentaires sont devenues plus décontractées et bariolées. Ça embaume le patchouli et on fume de l'herbe un peu partout alentour. Le LSD fait office de friandise sophistiquée, sans que les autorités se montrent menaçantes.

Jim s'agenouille sur le sable et avoue qu'il est surtout occupé à écrire des poèmes et des chansons. Intrigué, de sa voix grave et posée Ray lui demande de réciter quelques vers et reste stupéfait par le charisme de cette voix hésitante et presque timide. Spontanément, Ray pense à un murmure de Chet Baker. Non seulement Morrison lui révèle le poème « Moonlight Drive », mais il le fait en fredonnant un air, d'une voix traînante et nuancée : « *Let's swim to the moon / Let's climb through the tide / Penetrate the evening that the city sleeps to hide* » (« Allons nager jusqu'à la lune / Élevons-nous grâce à la marée / Pénétrons le soir où la ville dort pour se cacher. ») Durant toute la carrière des Doors, Jim procédera ainsi, fredonnant des poèmes aux musiciens, leur donnant la base des mélodies. Ray reste médusé par la fulgurance de ces paroles, par leur potentiel émotionnel et leur musicalité évidente. Il devine aussitôt les mélodies à développer et propose à Jim de travailler avec lui, subjugué par son magnétisme. Il n'avait encore jamais entendu des paroles de ce genre dans une chanson rock. Et il y a la beauté fulgurante de Jim sur cette plage ! Avec une gueule pareille et de tels textes, Ray réalise brusquement que Jim est destiné à devenir une star. Sauf que son ami, lui, ne semble pas en être conscient. Ainsi, une des premières choses qu'il trouve à dire, c'est qu'il va falloir trouver un chanteur. Il ne se voit encore que comme un simple parolier.

Sur le mode du défi amusé, les deux amis se lancent le défi de gagner un million de dollars. Ray est surtout convaincu de remporter un pari artistique : « J'ai réalisé qu'on pouvait injecter de la poésie au rock'n'roll, comme les beatniks l'avaient fait avec le jazz[6]. » Les Doors seront donc l'une des rares formations à tenter l'expérience rock et poésie. « La collision entre le punk *garage* et la poésie beat[7] », selon la formule de Barney Hoskyns.

Ray propose à Jim de venir habiter chez lui et sa compagne sur Fraser Street, dans leur deux pièces qui donne à la fois sur les toits victoriens de Venice et sur l'océan. Dans une salle insonorisée du département musique de l'UCLA, les deux jeunes gens fignolent leurs chansons tandis que Dorothy, pour assurer le quotidien, nettoie des bandes d'ordinateur dans une société de matériel informatique. Jim et Ray travaillent avec acharnement sur les premières chansons, peaufinant les mélodies au piano, même si la voix de l'apprenti chanteur reste hésitante. Ray pousse son ami à venir travailler au sein de Rick and the Ravens, mais le courant passe mal entre Jim l'introverti et le clan Manzarek. Les frères de Ray jugent les textes de Jim trop bizarres, voire incompréhensibles.

En dehors des répétitions, Ray et Jim pratiquent un jogging intensif en front de mer, à Muscle Beach. Ils font de la musculation dans cet ancien paradis du culturisme et de la frime tonique. Natation, anneaux, poutres, barre fixe et barres parallèles leur assurent une forme éblouissante. Manzarek se souvient de ces moments comme d'une expérience intense. La silhouette de Morrison s'affine. Il mange aussi peu qu'un ascète et limite sa consommation d'alcool. Il ne pèse bientôt plus que 66 kilos pour 1,82 mètre. Étonnamment, son corps restera sujet à de fortes variations de poids. Et ceci jusqu'à ses tout derniers jours. Les photos qui jalonnent son existence, observées avec minutie, sont à cet égard édifiantes. Se remémorant leur voyage au Maroc en 1971, quelques semaines à peine avant la mort de *son* Jim, Pamela Courson dira de son compagnon qu'il était si mince, *après avoir perdu tout ce poids*, et qu'il semblait comme *un homme neuf*.

Au fil des jours, Ray Manzarek prend de plus en plus conscience du potentiel de séduction de ce chanteur dont les cheveux longs et frisés accentuent le charme naturel. Mais cet été 1965 est loin d'être aussi paisible qu'il le laisse paraître. Du 11 au 16 août, des émeutes éclatent à Watts, le quartier noir de Los Angeles. Des véhicules militaires pénètrent en ville où 16 000 gardes nationaux se joignent aux policiers pour rétablir l'ordre. Le bilan est terrible. On dénombre une trentaine de morts et des blessés par centaines. Les militants pour la reconnaissance du peuple noir se radicalisent pour donner naissance aux Black Panthers. De violents affrontements surviennent dans des villes comme Chicago et Cleveland. La minorité amérindienne, elle aussi, exprime son droit au respect et à l'égalité, prenant d'assaut l'île d'Alcatraz dans la baie de San Francisco. Un exemple insurrectionnel qui réjouit Jim le chaman, particulièrement attaché à cette cause.

Autre phénomène naissant, les chemins de traverse de Tanger, Kaboul ou Katmandou s'ouvrent à des milliers d'Occidentaux en mal de philosophie zen, de spiritualité orientale et de paix intérieure. La méditation transcendantale devient en vogue en cette époque de crise spirituelle. Le magazine *Time* fait ainsi sa une avec une provocante question : « Dieu est-il mort ? »

Ray Manzarek, qui avoue chercher à revenir sur terre après avoir trop forcé sur l'acide, continue de fréquenter le cours de méditation transcendantale de Maharishi Mahesh Yogi. Un des buts est d'atteindre le nirvana instantané, l'illumination. Lors d'une conférence de Jerry Jarvis, directeur de Transcendental Meditation West, Ray fait la rencontre d'un batteur de Los Angeles âgé de 20 ans, étudiant en anthropologie, nommé John Paul Densmore, dont le père est architecte. Ce pur Californien, né le 1er décembre 1944, joue de la batterie depuis l'âge de 12 ans, après avoir été timbalier en uniforme et cravate dans la fanfare scolaire. Il est de retour à la maison familiale après une brève expérience dans une communauté hippie à Topanga Canyon. Passionné de jazz, il est influencé par le batteur Philly Joe Jones, grand maître du *rimshot*, technique qui consiste à frapper sèchement le cerclage de la caisse claire ou celui des fûts en même temps que la peau, à l'aide d'une seule baguette, afin d'obtenir un son incisif. Selon le fondateur du label Elektra, Jac Holzman, Densmore était « le meilleur batteur imaginable pour Jim Morrison[8] », notamment grâce à son fabuleux sens de l'improvisation venu du jazz. Il utilisera surtout le *rimshot* en concert, afin de marquer les zones d'improvisation lorsque son chanteur cherchait à produire un effet et freinait le cours d'un morceau.

Après s'être exprimé au sein de discrètes formations, John Densmore accepte l'idée de travailler avec les frères Manzarek et Jim Morrison. Juste pour voir et s'amuser, le rock constituant pour lui une relative nouveauté. Avec sa batterie Gretsch blanche modèle Catalina, puis sa Ludwig Super Classic Mod orange, il apportera au groupe un style profondément marqué par le jazz, ajoutant notamment d'impressionnants roulements de tom.

Mais Rick and the Ravens sont toujours sous contrat avec les disques Aura. Comme les premiers 45 tours sont passés inaperçus, Ray convainc le patron du modeste label de le laisser enregistrer une démo au lieu d'un nouveau disque. Ce qui libérerait le groupe et éviterait à Aura de s'aventurer financièrement dans la production, la fabrication et la promotion d'un *single* au potentiel très incertain. Soulagé, Dick Bock, propriétaire des studios World Pacific, dont dépendent les disques Aura, accepte la proposition.

Les trois frères Manzarek, avec John Densmore et Jim Morrison, pénètrent ainsi dans les studios World Pacific le jeudi 2 septembre 1965. Ils sont accompagnés à la basse par Patricia « Pat » Sullivan du groupe Patty and the Esquires, dont personne ne semblera se souvenir pendant des décennies. Les musiciens doivent profiter au mieux des trois heures d'enregistrement concédées par le label Aura. La formation parvient à bricoler une démo de six titres plus ou moins rodés, réunissant « Moonlight Drive », « Hello, I Love You », « Summer's Almost Gone », « My Eyes Have Seen You », « End of the Night » et « Go Insane ». Les disques Aura laissent aux musiciens trois exemplaires d'un *acetate*, des copies dites de sûreté. Aussi rares que fragiles (souvent gravés d'un seul côté, ils ne peuvent être lus qu'une vingtaine de fois), les *acetates* originels font partie des pièces les plus prisées des collectionneurs.

À la fois découragés et limités techniquement, les frères de Ray décident de quitter l'aventure pour retourner à la fac. Le trio Jim, John et Ray change le nom du groupe, qui s'appelle désormais The Doors. L'idée est de démarcher les labels de Los Angeles, mais l'enregistrement rudimentaire ne récolte que des refus plus ou moins polis chez Capitol, Decca, Liberty ou RCA. Même Lou Adler, chez Dunhill Records, se montre dédaigneux en leur présence, ne passant qu'une dizaine de secondes tout au plus à écouter chaque titre.

Toutefois, pour Jim, le pas est irrémédiablement franchi. Il écrit à ses parents momentanément installés à Londres pour les informer que sa licence en cinéma ne lui assurant aucun travail immédiat, il a décidé de se lancer en tant que chanteur dans un groupe de rock. Outré, son père lui fait une réponse blessante, lui rappelant que, enfant, il refusait de chanter les cantiques de Noël et qu'il a vite abandonné ses cours de piano, trop peu discipliné pour cette pratique. Et que, par la suite, il n'a manifesté aucun intérêt particulier pour la musique. Après quatre années à l'université, ce revirement paraît pur gâchis au militaire, qui ajoute que tout ceci n'est que tocade et fumisterie. Vexé que son père dédaigne ainsi sa nouvelle passion, Jim décide de ne plus jamais lui écrire, ni même de le revoir. Comme il l'écrira dans sa chanson « Wild Child », il devient l'enfant naturel, l'enfant sauvage, « enfant ni de ta mère, ni de ton père ».

Jim pénètre alors dans une autre réalité, une autre identité. Pour cette renaissance, il endosse la peau d'un nouveau personnage, *lui-même*, bien décidé à se jeter à fond dans l'aventure. Non sans prendre le risque de devenir un homme « privé d'axe central ».

En quête d'un nouveau guitariste, Ray et John se tournent vers un des participants à leur cours de méditation transcendantale. Densmore est son ami depuis le lycée et a déjà joué avec lui au sein des éphémères Psychedelic Rangers. Il sera par la suite difficile aux futurs Doors de réfuter l'étiquette rock psychédélique, alors qu'avant même leurs débuts deux d'entre eux jouaient dans une formation où le nom de groupe comprenait le terme « psychédélique », et que tous quatre, John Densmore compris (avec son ami pianiste Grant Johnson, il participe à un *acid test* dès l'automne 1964 dans une communauté hippie), ont déjà fait l'expérience du LSD !

Densmore se porte garant des qualités d'instrumentiste de ce jeune intellectuel venu d'une famille aisée du quartier chic de Pacific Palisades. Ce guitariste particulièrement placide et aux cheveux frisottés et presque crépus se nomme Robert Alan Krieger (alias Robby ou Robbie). La première rencontre avec Jim se solde par une conversation passionnée. Les quatre Doors sont enfin réunis. Le « cercle magique » a pris forme. Comme le précisera ultérieurement Morrison, les Doors sont à l'origine un groupe orienté vers le blues, avec une bonne dose de rock'n'roll, une pincée de jazz, un soupçon de musique classique et divers éléments pop.

Le groupe va longtemps fonctionner en deux binômes. D'un côté Jim et Ray, les étudiants de l'UCLA, d'un autre côté John et Robby, au look parfois hippie, ne serait-ce que dans certaines de leurs tenues vestimentaires bariolées. Ray servira souvent d'intermédiaire entre Jim et les deux autres Doors, à tel point qu'on dira de lui qu'il a été la glu qui aura permis au groupe de rester soudé.

Né à Los Angeles le 8 janvier 1946, Robert Alan Krieger n'est alors âgé que de 19 ans. Issu d'un milieu aisé où son père est conseiller financier et sa mère artiste peintre, lui aussi est étudiant, mais en physique et en psychologie. De formation classique, il admire Prokofiev dès sa prime enfance ; amateur de folk, il éprouve un sérieux penchant pour le flamenco qu'il pratique depuis l'âge de 15 ans. À l'occasion d'un voyage d'affaires à Madrid en 1963, son père, lui-même amateur de blues et de flamenco (Robby avoue avoir écouté en boucle ses disques espagnols), lui a offert une guitare sèche modèle « José Ramirez (*constructor de guitarras*) », achetée 200 dollars. Robby admire des instrumentistes comme Manitas de Plata et Andrès Segovia, mais surtout Sabicas, Mario Escudero et Carlos Montoya. La pratique de la guitare flamenco l'a habitué à jouer en *picking*, sans médiator, ce qui contribuera à lui donner un son spécifique dans la sphère rock. Il gardera les ongles longs à la main droite, jouant souvent en arpège ou avec le pouce et l'index. Pour les solos rapides, il jouera de l'index et du majeur. Ses riffs de guitare, souvent tournoyants, ont des accents à la fois ibériques et indiens. Adolescent, attiré par le blues (Blind Willie McTell, Robert Johnson, Mance Lipscomb), le folk (Bob Dylan est son favori avec Woody Guthrie, Ramblin' Jack Elliott et Bud & Travis) et le jazz (Pat Martino et surtout Stanley Jordan), il troque sa guitare classique contre une Gibson Melody Maker qu'il remplacera ensuite par une Gibson SG Special, après avoir vu Chuck Berry en concert :

> J'ai continué alors à jouer du flamenco, tout en me branchant sur l'électrique, que je n'ai plus vraiment lâché depuis. Du coup, ma manière de jouer a sans doute été influencée par ces deux éducations radicalement opposées[9].

Krieger utilisera des pédales wah-wah et Fuzz Tone. Fin technicien, il se montre particulièrement habile au *bottleneck*, ce dont raffole Morrison. Cette technique de bluesman, à l'origine produite par le glissement d'un goulot de bouteille brisé (dans lequel on passe un auriculaire) sur les cordes d'une guitare, réclame beaucoup de feeling et permet des effets sensuels. Ses autres références avouées sont Kenny Burrell, Albert King, Wes Montgomery et Django Reinhardt. Il apprécie aussi Mike Bloomfield et Paul Butterfield, mais sans s'en inspirer particulièrement. D'apparence lunaire sur scène, il jouera le plus souvent comme déconnecté du reste du groupe, l'air absent. Avant les Doors, il a joué au sein de deux groupes restés méconnus, dont les Black Bay Chamberpot Terriers et les Clouds.

À partir de ce moment, l'affaire devient sérieuse, comme le souligne Manzarek : « Cette année-là, nous fûmes visités d'une intense énergie[10]. » Les musiciens répètent au moins trois après-midi par semaine, à Santa Monica chez l'ami Hank Olguin, puis dans une dépendance de la villa familiale des Krieger, qui possèdent un excellent piano. Jim et Robby passent aussi deux semaines ensemble à perfectionner des chansons. Le week-end, la formation apparaît parfois dans des fêtes ou des bars. L'important est de pratiquer, de progresser. Encore emprunté sur scène, Jim bouge peu et tourne fréquemment le dos au public. Il prend la manie de se blottir contre le pied du micro et de s'y frotter l'entrejambe. Ray doit parfois venir à la rescousse au chant. Le groupe a pris l'habitude de répéter en se mettant en cercle.

Jim fréquente alors la blonde et sensible Katie Miller, étudiante aux Beaux-Arts, qui l'entretient généreusement, ainsi qu'une autre amie, Rosanna White. Un jour, John Densmore surprend Jim dans l'un de ses jeux cruels, menaçant Rosanna avec un couteau de cuisine. Cet épisode va provoquer une grande défiance vis-à-vis du chanteur de la part du batteur. Il avouera plus tard que Jim lui faisait peur et que, lorsqu'il l'a connu, il a perdu son innocence. Certaines des paroles de chansons lui font d'ailleurs penser que son partenaire est proche de la folie, comme « Go Insane (A Little Game) ». Jim lui apparaîtra cependant par la suite comme une sorte de « héros métamorphique[11] » dont l'audace et l'énergie ont électrisé la meute.

Au début de l'automne 1965, le groupe novice commence à traîner du côté des clubs situés le long du Sunset Strip, encore appelé le Strip (la bande). Cette portion du célèbre boulevard, située entre Beverly Hills et Hollywood Ouest, sera considérée à la fin des années 1960 et au début des années 1970 comme le haut lieu de la vie nocturne et musicale de Los Angeles.

Jim reste sous le choc de sa lecture de *An American Dream* de Norman Mailer, livre dans lequel le porte-parole de la Nouvelle Gauche s'attaque avec fougue à la société de consommation. En 1969, il déclarera au magazine *Rolling Stone*, fondé deux ans plus tôt par Ralph Gleason et Jann Wenner, que ce livre est un des meilleurs romans de la décennie. Mailer y rend le mode de vie consumériste américain et son totalitarisme responsables des névroses de l'homme moderne et des abus de pouvoir. Lorsque Mailer briguera le poste de maire de New

York en 1969, Jim, accompagné à la guitare par Robby Krieger, le soutiendra lors d'une lecture publique. Difficile de ne pas faire le rapprochement entre le titre du roman et celui de la série de poèmes de Morrison, *An American Prayer*...

Dans une revue spécialisée, Jim et Ray remarquent un article consacré à un certain Billy James. Engagé comme dénicheur de talents chez CBS, belle gueule savamment mal rasée, ce dernier a côtoyé Bob Dylan et les Byrds, et son look est résolument rock. On décide ainsi de venir chez CBS pour « coincer » celui que Clive Davis, le patron du label, jugera comme le seul cadre de Columbia à avoir vraiment senti les changements en cours.

Billy accepte d'écouter la démo et, deux jours plus tard, Joan Wilson, son assistante, téléphone pour convoquer les musiciens. Si Billy James se montre convaincu de leur talent, il lui reste à persuader un producteur chez CBS. Même si son pouvoir est limité, il parvient à proposer un contrat de cinq ans et demi, bien sûr totalement à l'avantage de la compagnie, avec une période probatoire de six mois. La société s'engage à réaliser quatre disques, dont deux au minimum seront commercialisés. Si le contrat ne propose aucune avance, Billy James annonce que CBS vient d'acquérir la société Vox, fabricante d'instruments de musique, et qu'il se fait fort d'obtenir du matériel pour le groupe. Ray bondit sur l'occasion et demande un orgue Vox Continental, celui d'Alan Price au sein des Animals. Les Doors passent dès le lendemain chez Vox pour retirer l'instrument, plus une guitare pour

Robby et deux amplis Royalton. Merci Billy James ! Tout va donc pour le mieux, si ce n'est que bientôt plus personne ne s'occupe de ces débutants chez CBS. Même si Bob Dylan, entendant par hasard « Moonlight Drive » dans un bureau, séduit par les paroles, conseille de suivre de près ces inconnus.

Au milieu des sixties, le disque devient une industrie. Les dépenses des 18-24 ans approchent les 40 milliards de dollars annuels. Dotés d'un pouvoir d'achat conséquent, les baby-boomers se forgent une culture spécifique que certains vont habilement exploiter. Leur « révolution » parle de libération sexuelle et de féminisme. Leurs valeurs tournent autour du respect des droits civiques et de la dénonciation de la guerre au Vietnam. Le pari fait sur la plage de Venice est encore loin d'être gagné… Il manque toujours un million de dollars mais, question prestige, CBS est le label phare, celui de Bob Dylan, dont Jim appréciera particulièrement l'album introspectif *John Wesley Harding*, à un moment où l'artiste, isolé à Woodstock après son grave accident de moto, se montre agacé par son envahissante notoriété. Jim est sensible à l'intérêt que Dylan porte aux mythes américains, notamment à celui du vagabond solitaire qu'il va bientôt lui-même développer. À tel point qu'il recopie des paroles de Dylan dans son carnet de notes.

Pamela Susan Courson et Jim Morrison se croisent pour la première fois à l'occasion d'une soirée organisée au Los Angeles City College. Les témoins sont January Jensen, le modiste qui taillera sur mesure le costume de cuir noir de Jim, et la styliste

Mirandi Babitz. Jim et Pamela se retrouveront plus tard au London Fog, le club des véritables débuts des Doors, où s'amorcera vraiment leur relation sentimentale. January se souvient que Jim, après avoir repéré Pamela dans l'assistance, n'a pas osé l'aborder. Il demande à une amie de Pamela de les présenter l'un à l'autre. Née le 22 décembre 1945 à Weed, au nord de la Californie, à la frontière de l'Oregon, cette gracile rousse aux longs cheveux raides, au nez délicat et aux yeux lavande, toujours habillée avec goût, se distingue par sa peau laiteuse comme de la porcelaine, constellée de taches de son. Une beauté que Jerry Hopkins a qualifiée de presque translucide, radiante, tandis que, selon Paul Ferrara, elle laissait une impression angélique. Jim est frappé par la beauté fragile de cette jeune femme de 18 ans qui suscite l'irrépressible envie de prendre soin d'elle et de la protéger.

L'année s'achève dans une relative morosité. Avec un contrat sans garanties, mais avec du bon matériel... Les Doors tentent alors de jouer dans des clubs comme le Galaxy ou le Bido Lito, mais on se méfie de ce groupe qui prétend jouer sans bassiste et dont le chanteur se présente pieds nus et dos au public. Les auditions tournent court, même si les Doors donnent leur premier véritable concert au Pioneer Club Boat Ride, le 5 novembre, sur le bateau d'un club privé. L'actualité non plus n'est pas des plus réjouissantes. Près de 200 000 soldats américains sont déjà présents au Vietnam, tandis que la société américaine se prépare à de violents remous.

En route vers le chaos
(1966)

> *N'acceptez aucun compromis. Vous êtes tout ce que vous avez*[1].
>
> Janis Joplin

> *Êtes-vous un homme d'imagination, êtes-vous poète, goûtez encore à ceci, et les barrières du possible disparaîtront ; les champs de l'infini vont s'ouvrir, vous vous promènerez, libre de cœur, libre d'esprit, dans le domaine sans bornes de la rêverie*[2].
>
> Alexandre Dumas

À la mi-janvier, Jim Morrison décide de se rendre en voiture au Mexique, en compagnie de Felix Venable et Phil O'Leno. Déjà sous acide, le trio ne franchit même pas la frontière et reste côté Arizona. Dans un motel, Jim brûle symboliquement le dernier chèque reçu de ses parents. Felix le baratineur, passionné de culture amérindienne, entretient l'intérêt de Jim pour le chamanisme. Les amis s'aventurent dans le vaste désert de Sonora, réputé pour ses cactus géants saguaro, ses coyotes et ses lézards à queue zébrée. Un lieu propice à l'étude du ciel et des astres. Chacun espère y être initié dans les esprits grâce à la mescaline, la substance active du cactus peyotl, utilisée lors de nombreux rituels amérindiens. L'idée est de rencontrer de « vrais » Indiens avec lesquels mastiquer ce satané peyotl. Ou du moins, en ce qui concerne Jim, de trouver un modèle chamanique, par exemple Quetzalcóatl, le serpent à plumes, seigneur des éclipses et des ténèbres. Les trois explorateurs en reviendront dans un triste état, rapportant des récits incohérents, sans doute dus aux champignons sacrés. L'amitié entre Jim et Phil en pâtira, O'Leno ayant été largué en cours de route après s'être battu avec son compagnon d'aventures.

À leur retour à Los Angeles, Felix Venable et Jim sont exténués, le corps et le visage couverts de coups, suite à de mauvaises rencontres. Le père de Phil, un avocat teigneux, fait arrêter Jim afin qu'il s'explique sur la disparition de son fils. En fait, sur un caprice, Phil a effectué un long détour par New York. Morrison s'en tire sans dommages, son amie Carol Winter payant la caution avant même que le fils O'Leno ne réapparaisse. À cette occasion, Manzarek découvre une nouvelle facette de Jim lorsqu'il lui conseille, suite à l'incident du désert de Sonora, de se faire couper les cheveux. Sujet traumatique pour Jim qui se sent de nouveau humilié, comme après son passage chez le coiffeur sur le bateau de son père : « Ne me dis jamais ce que je dois faire, Ray ! Ne me refais jamais ça ! Personne ne me dit ce que je dois faire. Personne[3] ! » Ray est confronté pour la première fois au dédoublement de personnalité de Jim qui, furieux, le quitte en claquant la porte.

Chaque jour, à la télévision, les jeunes Américains

peuvent voir des sacs mortuaires rapatriés par dizaines du Vietnam. Une motivation certaine pour prolonger ses études et retarder son incorporation... Appelé au conseil de révision, Jim se gave d'amphétamines, au point de ne pas dormir pendant une semaine. Véritable zombie, il se fait immédiatement réformer par des responsables militaires qui ne veulent pas de drogués dans leurs rangs. Histoire d'assurer le coup, Jim se dit aussi homosexuel. Inutile d'insister, l'armée n'est jamais pressée d'accueillir pareille recrue.

Suscitant encore la méfiance du fait qu'ils se présentent sans bassiste, les Doors décrochent cependant leurs premiers engagements dans des clubs, dont le London Fog, fin février. Ils ont enfin trouvé la parade pour remplacer leur bassiste fantôme... Un objet. Un instrument. Dans un bar, posé comme par hasard sur un orgue identique au sien, Ray a remarqué un clavier-basse Fender Rhodes. L'illumination est immédiate, foudroyante, à la grande différence de celle recherchée dans le cours de méditation du yogi ! Mais l'illumination coûte 250 dollars... Un problème en apparence insurmontable pour un groupe sans le sou. La solution vient des parents Krieger qui acceptent de prêter la somme à leur fils, à condition que lui et ses amis soient capables d'enregistrer au moins un succès. Le premier morceau que les Doors tentent ensuite en répétition est « Light My Fire ». Les musiciens ne le savent pas encore, mais le souci du remboursement est déjà effacé. Ils viennent de trouver le secret de leur réussite. La formation se présente comme un groupe du quartier de

Venice. Si le patron du London Fog, Jesse James, se prétend un descendant du célèbre hors-la-loi, il est surtout préoccupé par le cancer qui le ronge. Sur un malentendu, il engage le groupe qui, pour l'audition, fait rappliquer ses amis de la fac et ceux des cours de méditation. Impressionné par l'affluence, Jesse James signe le contrat d'embauche, sauf que les amis ne reviendront que de façon épisodique...

Les Doors jouent cinq sets par soir, de 21 heures à 2 heures du matin, avec un quart d'heure de pause entre chaque prestation. On leur accorde un seul jour de repos hebdomadaire. Tout ça pour cinq maigres dollars en semaine, et dix autres le vendredi et le samedi. Quand la recette le permet... Mais ils ont mis le pied sur le Strip et, pour eux, c'est l'essentiel. Pendant trois mois, sur une scène exiguë et face à de rares traînards ou désaxés, les Doors vont à la fois perfectionner leur son et leur jeu de scène, trouvant là une vraie cohésion. L'apparente timidité du chanteur commence à se muer en force provocatrice. En plus de leurs propres compositions, les Doors reprennent quelques morceaux de bluesmen, mais aussi des Rolling Stones, d'Otis Redding et de James Brown. Une go-go danseuse à l'avantageuse poitrine, Rhonda Lane, se trémousse en tenue sexy, dans une cage suspendue au plafond. Un certain George est le barman, le portier se prénomme Sam, et la serveuse Suzie. Un personnel pléthorique pour une assistance clairsemée.

Jim perd peu à peu ses inhibitions, ose enfin affronter le public de face, même si celui-ci se limite souvent à une cinquantaine de personnes. De soir en soir, les morceaux se transforment, s'allongent pour devenir chacun « une rivière de sons hypnotiques », selon l'expression de Morrison qui ajoute :

> Je puise dans les vibrations venues des musiciens — et du public — pour les suivre là où elles me mènent. C'est l'envoûtement de la musique qui me plonge dans cet... état d'esprit. Grâce à elle, je suis libre de laisser mon subconscient parler, prendre la direction qu'il désire[4].

Sa voix prend de l'épaisseur, tandis que la formation complète son répertoire naissant avec divers blues, dont « Little Red Rooster » et surtout « Back Door Man ». Morrison apprécie particulièrement les paroles à double sens de ce standard du Chicago Blues. Dû à Willie Dixon, le morceau a été magnifié par Howlin' Wolf : « Je passe par-derrière / Les hommes ne savent pas / Mais les petites comprennent... » Une allusion à la porte par laquelle s'enfuient les amants, mais aussi à la sodomie. La pratique favorite de Jim selon la plupart de ses conquêtes féminines, mais que Pamela n'apprécie pas particulièrement. À tel point qu'elle ira un jour jusqu'à coudre un cœur de soie criard sur le jean de son amant, précisément placé au niveau de l'anus...

En fait, le lieu en vogue à Hollywood se trouve moins de cent mètres plus haut, à l'angle du Strip et de San Vicente Boulevard. La discothèque a pour nom le Whisky à Go Go. Le groupe Love, dont le premier album est annoncé chez Elektra pour le printemps, y fait sensation. Jac Holzman, directeur du label, dira à leur sujet : « Dès les toutes premières secondes de "Hey Joe" [une version antérieure à celle de Jimi Hendrix], j'ai su que c'était le groupe de rock que je cherchais[5]. » Les Doors les admirent, les envient, d'autant qu'ils n'ont que rarement l'argent nécessaire pour pénétrer dans le club. Durant leurs pauses au London Fog, les quatre piquent un sprint au Whisky à Go Go. Avec un peu de chance, ils entrevoient parfois le groupe résident ou une autre formation programmée. Les portiers se moquent gentiment de ceux qu'ils considèrent avec dédain comme un groupe de troisième zone, celui du bas de la rue.

Il arrive que Pamela Courson vienne rôder au London Fog, comme elle le fait dans les autres clubs du Sunset Strip, ne sachant trop quoi faire de sa vie. Pour l'instant, avec son amie Mirandi Babitz, elle suit distraitement des cours au Los Angeles City College. Sinon, elle pose de temps à autre comme mannequin pour des revues. Le premier à venir tourner autour de Pamela est John Densmore, qui la courtise en vain, la voyant comme une « petite sauvageonne angélique[6] ». Il cesse d'ailleurs d'insister dès qu'il remarque l'intérêt que Jim porte soudain à la belle rousse. Celle qu'il se souvient avoir déjà croisée dans une fête. Le début de la liaison entre le chanteur et Pamela est torride, fusionnel. Dès le lendemain de leur première vraie rencontre, ils sont l'un à l'autre pour toujours, même s'ils continuent de vivre des liaisons séparées. À tel point que Morrison avouera qu'avec Pamela il avait eu l'impression de faire l'amour pour la première fois.

Ray Manzarek particularise le son des Doors grâce au clavier-basse Fender Rhodes (plus tard remplacé par un orgue Gibson G-101) sur lequel il joue de la main gauche, les yeux clos, le dos voûté et la tête penchée. De l'autre main, il joue des accords et des solos sur l'orgue électronique Vox Continental aux accents d'harmonium. Cet instrument est aussi utilisé avec un certain bonheur par les Seeds et le groupe de Chicanos du Michigan, Question Mark & the Mysterians, notamment sur son tube « 96 Tears ». Le mélange de lignes de basse répétitives et de solos aux accents parfois indiens crée un bruissement envoûtant : « Ma main gauche est finalement devenue le bassiste des Doors[7]. »

Au fil des semaines, le répertoire s'étoffe, entre reprises et créations collectives. L'esprit de groupe est tel que, selon une proposition de Morrison, il est décidé que toutes les compositions seront signées collectivement « The Doors », même si le chanteur écrit la quasi-totalité des textes. Les revenus du groupe seront donc répartis en quatre parts égales, les décisions importantes devant être prises à l'unanimité et non à la majorité.

Jim prend plus d'assurance, étalonne sa voix mi-ténor, mi-baryton à laquelle il donne de l'ampleur. La scène lui permet de s'extérioriser sans retenue, grâce, dit-il, au masque de comédien qui le protège. Toujours sans domicile fixe, il squatte ici ou là chez des amis ou des filles. Et les bonnes âmes ne manquent pas dans ce contexte. Mais il connaît désormais cette superbe rousse aux longs cheveux raidis au fer, réapparue comme par miracle.

Jim le chaman est particulièrement intéressé lorsqu'il apprend que la belle aux cheveux de feu est née près du mont Shasta, une montagne sacrée des Indiens sous laquelle le Peuple Lézard aurait voué un culte à l'animal et conçu une vaste cité souterraine afin de se protéger des menaces venues des cieux. Lui aussi officier dans la marine, le père de Pamela, « Corky », a été décoré pour ses actes de bravoure durant la Seconde Guerre mondiale. Ce commandant bombardier de réserve est désormais proviseur de lycée dans le comté d'Orange. Pamela, qui comme Jim a souffert de fréquents déménagements, a abandonné ses études artistiques et erre ici ou là, en rupture familiale. L'entente avec son entourage scolaire, qui la considérait comme de la mauvaise graine, n'a guère été reluisante. Charlene Enzler, une amie d'enfance, considère que Pamela apparaissait comme la première beatnik du comté d'Orange. Elle fréquentait le Rendezvous, un dancing peu recommandable où se réunissaient les jeunes affranchis du coin pour écouter des groupes de musique surf. Pamela a abandonné sans regret ses études, vite attirée par la cosmopolite Los Angeles et son doux climat, même si la ville est déjà sillonnée de centaines de kilomètres d'autoroutes. Dans la Cité des Anges, elle a retrouvé sa sœur Penny qui, elle aussi, mène une existence hasardeuse. Pamela se montre passionnée par la culture littéraire de Jim, notamment par ses connaissances en poésie et philosophie. Elle est flattée d'avoir le privilège de lire les carnets de son nouvel amant. Le goût sincère de Pamela pour ses poèmes sera déterminant aux yeux de Jim.

Si Pam, comme on l'appelle le plus souvent, devient sa régulière, Jim partage désormais un appartement avec Phil O'Leno et ne peut s'empêcher de papillonner parmi les premières admiratrices des Doors. Avec l'apparition de la pilule et la légalisation de l'avortement, l'époque est à l'amour libre et aux libertés assumées. Dès le début, leur liaison s'annonce des plus tourmentées. Pamela passe bientôt la majeure partie de son temps à attendre Jim, ignorant où il a pu disparaître pendant plusieurs jours, menant une vie de bohème, sans domicile fixe, parfois seul ou en compagnie de maîtresses ou de fêtards. Certaines de ces amitiés le poussent de temps à autre dans le désert de Mojave où se lèvent les vents chauds et secs de Santa Ana. Jim ne possède pratiquement rien sinon des livres et quelques vêtements, et surtout pas de voiture. Il emprunte systématiquement celles de ses amis ou en loue une, généralement chez Cahuenga Auto.

En avril, la situation du groupe stagne. Le London Fog ne représente décidément pas une planche de salut et les revenus demeurent insignifiants. Les promesses de CBS sont restées lettre morte et les Doors apprennent qu'ils sont placés sur une liste de groupes à sacrifier. Dépité, Jim insiste en personne pour que les Doors soient libérés de leur contrat, même s'ils auraient tout intérêt à attendre trois mois afin de profiter d'un dédit de 1 000 dollars. La maison de disques s'empresse de leur rendre leur liberté, mais le moral en prend un sérieux coup. Aucune perspective encourageante ne se fait jour, d'autant que le samedi 7 mai ils sont mis à la porte du London Fog guetté par la faillite.

Au moment où tout semble perdu, alors même que la bande pourrait décider de tout abandonner, la chance va brusquement revenir. Pour les Doors, le miracle a nom Ronnie Haran. Cette blonde sexy est la programmatrice du prestigieux club voisin, le Whisky à Go Go, situé au 8901 Sunset Boulevard. Comme on peut le voir sur les photos d'époque, l'orthographe exacte du club est peinte à même les murs intérieurs et au fronton de la façade, avec la lettre *à* accentuée à la française, et sans tiret à Go Go. La locution adverbiale *à gogo* provient en fait de l'ancien français *gogue* qui signifie *réjouissance*. Les Américains ont souvent effacé l'accent grave sur le *à* et divisé en deux le mot *gogo*.

Ronnie succombe aussitôt en voyant les Doors sur scène. Elle se penche sur leur cas et laisse entrevoir la possibilité d'effectuer un remplacement au Whisky à Go Go. C'est Paul Ferrara, complice de Jim et Ray à l'UCLA, devenu photographe pour l'agence Gamma, qui est parvenu à attirer Ronnie au London Fog. En fait, la jeune femme a surtout eu le coup de foudre pour le chanteur, à tel point que celui-ci emménage quelque temps chez elle. Ronnie en profite pour prendre en charge le relookage de celui qui « manquait de tout ». Comme elle ne porte jamais de soutien-gorge, pratique qui ne se répandra que sous l'influence du mouvement hippie, Jim s'inspire de son exemple pour ne plus porter de sous-vêtement sur scène.

Toujours en mal d'argent, les Doors se produisent ici ou là, quand l'occasion se présente. Un soir, au Ciro, alors que les instrumentistes finissent de préparer leur matériel sur scène, un perturbateur les invective. Alerté par Billy James, resté fidèle aux Doors en dépit de l'échec chez CBS, l'acteur Kim Fowley, présent dans le public, reste interloqué :

« Vous êtes horribles ! Vous ne savez même pas jouer ! Vous êtes de la merde ! Vous ne savez pas boire, vous ne savez pas penser, vous ne savez pas vous battre, vous ne savez pas baiser[8] ! » Le provocateur n'est autre que Jim Morrison lui-même, l'air agressif selon le témoin. Sauf que le chanteur, rendu hilare par sa plaisanterie, rejoint ses musiciens angoissés alors qu'ils entament leur premier morceau. Pour Jim, son intervention vise à atténuer la division entre acteurs et spectateurs. Fowley se dit aussitôt : « Bon sang, ces types-là vont être intéressants ! »

Le Whisky à Go Go a ouvert ses portes le 11 janvier 1964. Jadis flic dans la brigade des mœurs de Chicago, Elmer Valentine en est le fondateur. Il a pour associés Phil Tanzini, Mario Magliori, Shelly Davis et l'avocat Theodore Flier. Le concept du club a été élaboré par le Français Paul Pacini, propriétaire de l'Alcazar de Paris, que Valentine a rencontré à l'occasion d'un voyage en France. Il est troublant de constater que ce même Paul Pacini est alors le propriétaire de l'Alcazar et du Rock and Roll Circus à Paris, futur lieu d'infortune pour Jim Morrison en 1971 ! Et que le Rock and Roll Circus prit ensuite le nom de Whisky à Go Go…

Jane Mansfield est venue danser au Whisky à Go Go en 1964, arborant un vertigineux décolleté. L'éclosion de la scène rock de Los Angeles coïncide avec l'ouverture du club. Introduit par Lou Adler, Johnny Rivers en fut la première révélation, son album *Johnny Rivers at the Whisky à Go Go* remportant un succès international grâce au titre « John

Lee Hooker ». Pour la première fois, on y voit des adultes danser sur de la musique rock. Faisant discothèque, le club se distingue par une animation des plus sexy, vite adoptée par les boîtes des alentours. De superbes *go-go girls* dansent dans des cages de verre placées sur une plate-forme au-dessus de la piste. L'une d'elles, Linda Bateman, a été danseuse nue au Magic Mushroom. À l'origine, la création de cette attraction est involontaire. Lors des célèbres shows de Johnny Rivers, la DJ du club, Patty Brockhurst, en minijupe et bottillons blancs, ne pouvait s'empêcher de se trémousser dans sa cabine située au-dessus des clients. Le public finit par réclamer ce qu'il prenait pour une animation. Ainsi naquit la notion de *go-go girl* ou de *go-go dancer*, à partir du nom du célèbre lieu. Puis le club ouvrit des franchises dans diverses villes.

Des tables rondes où se consume une bougie sont réparties dans cette salle où l'on peut boire, fumer et danser face au groupe qui joue sur scène. Diversifié, le public comprend à la fois des hippies aux longs cheveux et de jeunes gens chic en chemisette à carreaux, ainsi que des acteurs et actrices comme Steve McQueen, Warren Beatty, Julie Christie, Gina Lollobrigida et Natalie Wood. Les vestes à franges le disputent ainsi aux blazers et aux cravates, tandis que les premières minijupes frôlent de stricts tailleurs. En un an ou deux à peine, le style de la clientèle a radicalement changé. Paul Kantner, du Jefferson Airplane, se souvient ainsi de deux concerts au même endroit, à deux ans d'intervalle. Pour le premier, tous les étudiants avaient les cheveux courts et portaient cravate, les filles se montraient en robes de bal et socquettes, tandis que pour le second les cheveux avaient poussé, les tenues vestimentaires avaient radicalement changé, et tout le monde ou presque semblait sous acide. Les corps se sont dénudés, les esprits se sont libérés dans de nouveaux champs de conscience. La révolution psychédélique est passée par là, modérant un temps les ego pour créer un élan collectif vers quelque chose de plus grand que soi.

Ronnie, qui a le béguin pour Jim, laisse entendre aux Doors que le Whisky à Go Go cherche un groupe résident pour assurer les premières parties des formations invitées. Les conditions sont nettement plus intéressantes qu'au London Fog, avec seulement deux sets par soir, et surtout une rémunération au tarif syndical. Près de 500 dollars par semaine à diviser en quatre parts égales. Les Doors se présentent le lundi 9 mai pour une audition publique, en présence des gérants, Elmer Valentine et Phil Tanzini. Une fois les responsables convaincus, les Doors font mine d'hésiter avant de rappliquer ventre à terre le lundi 23 mai pour jouer en première partie de Captain Beefheart and the Magic Band et de Buffalo Springfield. Avec leur répertoire d'une quinzaine de titres, ils vont rester à l'affiche une bonne partie de l'été, même si Elmer Valentine n'apprécie guère les invectives du chanteur qu'il juge souvent ordurières. Il est plusieurs fois tenté de les mettre à la porte, mais Ronnie surgit toujours pour plaider en leur faveur. Le club faisant bientôt salle comble et fidélisant un public, le groupe est sauvé. Lorsque Jim surgit en retard au premier set, généralement saoul ou défoncé, les Doors se muent en trio de jazz. Deux morceaux sont ainsi joués en introduction, « Latin Bullshit #2 », d'après une composition de Gil Evans, et une version plutôt spéciale de « Summertime », qui dévie en improvisation sur « My Favorite Things » de John Coltrane. Les Doors se produisent en première partie d'artistes ou de formations comme Love, Them, les Animals d'Eric Burdon, les Turtles, Frank Zappa et les Mothers of Invention, le Paul Butterfield Blues Band ou les Seeds, et même d'un des groupes les plus populaires au Mexique, Los Locos.

Sous contrat avec Elektra et en pleine ascension sur les scènes de Los Angeles, Love est une formation multiraciale (une singularité au milieu des années 1960) et baroque par son style, à la fois *garage*, blues, soul, jazz et psychédélique. Adepte du LSD et de l'héroïne, son leader dépressif Arthur Lee est une sorte de *freak* métis originaire de Memphis. À son tour, Lee devient un fervent supporter des Doors, les deux formations partageant une estime réciproque. Durant plusieurs mois, les chanteurs seront presque voisins sur les hauteurs de Hollywood, à Laurel Canyon. Jim passera s'asseoir sur le perron d'Arthur, où il arrive aux deux hommes de parler autant de John Coltrane que de magie noire.

Au Whisky à Go Go, le spectacle est à la fois dans la salle et sur le trottoir. Les files s'allongent dans l'espoir de pouvoir écouter les Doors. Avant l'avènement des festivals et des grandes salles, le cœur de la création musicale est encore concentré dans les petits clubs à dimension humaine. On commence à tourner autour des Doors, comme le producteur Terry Melcher, proche des Beach Boys et des Turtles, ou l'inquiétant Charles Manson. Jim rend d'ailleurs visite à de belles adeptes du gourou sanguinaire dans sa communauté de Benedict Canyon. Manson y reçoit une élite branchée où l'on peut remarquer Dennis Wilson, Phil Kaufman ou Neil Young. Intéressé par la signature des Doors pour son propre label, Frank Zappa vante à plusieurs reprises la musique du groupe sur les ondes des radios locales.

Du 3 au 29 mai, le Velvet Underground de Lou Reed et John Cale se déplace à Los Angeles. Les New-Yorkais sont engagés pour une série de représentations au Trip, un night-club appartenant aux propriétaires du Whisky à Go Go. Mais l'établissement est vite fermé par un shérif ombrageux, suite à des plaintes pour tapage nocturne. Le Velvet n'y joue finalement que moins d'une semaine. De toute façon, l'accueil de la presse est des plus réservés. Les journalistes critiquent la musique trop « destructrice » de ces musiciens en permanence sous méthédrine. Le public branché de Los Angeles juge la démarche artistique trop froide et sophistiquée, voire prétentieuse. Le Velvet et son entourage s'habillent surtout en cuir noir, tandis que les Californiens sont plutôt portés vers les couleurs vives de l'amour libre. La chanteuse Cher déclare au sujet du Velvet : « Ça ne remplacera rien, sauf peut-être le suicide[9]. » L'incompréhension reste grande entre le rock de la côte Est et celui de la côte Ouest. Paul Morrissey, le cinéaste complice de Warhol, parle du Trip comme de « la merde hippie pathétique », et surnomme le Fillmore Auditorium de San Francisco le « Swillmore Auditorium » (jeu de mots entre *fill*, « remplir », et *swill*, « pâtée pour chien »). Même s'il est davantage homme d'affaires que hippie, Bill Graham, son propriétaire, répond en qualifiant les musiciens du Velvet de « dégoûtants microbes new-yorkais ». Mais dans la salle, Jim Morrison se montre intéressé par cette musique aux références à la fois perverses, urbaines et littéraires. Accompagné de son assistant, le styliste Gerard Malanga, en pantalon de cuir noir, Andy Warhol, le maître à penser du pop art, est venu de New York pour une offensive artistique sur la côte Ouest. Il expose ses *Silver Clouds (Nuages argentés)* à la Ferus Gallery, sur La Cienaga, et fait projeter ses films. Il propose aussi son spectacle multimédia *The Exploding Plastic Inevitable* avec le Velvet Underground, groupe dont il se veut le catalyseur et qu'il a inscrit dans son projet artistique global. Il affirmera plus tard que le chanteur des Doors, qui avait vu ses films à l'UCLA, semblait « fasciné » par cet esthétisme baudelairien. En fait, par leur côté sombre, les Doors seront souvent considérés comme le pendant West Coast du Velvet Underground. Les Doors et le Velvet, deux groupes qui symbolisent chacun leur cité. Leurs premiers albums sortiront d'ailleurs à deux mois d'intervalle à peine. La troupe d'Andy Warhol loge d'abord au motel Tropicana, un des refuges plus ou moins secrets de Jim, avant de se rabattre sur le Chateau Marmont (surnommé « The Castle ») qui jadis accueillit Greta Garbo, Marilyn Monroe ou Francis Scott Fitzgerald, mais qui désormais héberge surtout le gratin du rock. Jim est alors introduit dans le cercle d'Andy Warhol.

Le 2 juin, une étrange rencontre a lieu au Whisky à Go Go. Jim fait la connaissance de son homonyme irlandais Van Morrison. Le meilleur des bluesmen blancs, de l'avis général des Doors, se produit là deux semaines avec Them, son groupe originaire de Belfast. Les deux hommes vont sympathiser autour de leur patronyme commun, de leurs origines irlandaises, de leur celtitude, de leur profond penchant pour la bouteille et, surtout, de leur amour partagé pour le blues et la poésie. Le dernier soir de leur programmation commune, le 18 juin, les Doors rejoignent les Irlandais sur scène pour une monstrueuse jam-session avec deux joueurs de clavier et deux batteurs. Ensemble, ils interprètent notamment le « In the Midnight Hour » de Wilson Pickett pendant vingt-cinq minutes, et le fameux « Gloria » pendant vingt minutes. Ces longues versions enflammées n'ont hélas pas été enregistrées (Densmore posséderait toutefois une K7...). Krieger reconnaîtra que le plus excitant des nombreux groupes avec lesquels les Doors ont joué au Whisky est assurément Them.

Les musiciens et producteurs de la nouvelle scène rock et folk alors en pleine éclosion psychédélique se réfugient en dehors de Los Angeles, souvent dans les collines isolées de Laurel Canyon, sorte de maison commune aux portes toujours ouvertes. On y rencontre certains membres des groupes Love ou Three Dog Night, de The Mamas and the Papas ou des Byrds, ainsi que des musiciens comme Frank Zappa et Stephen Stills, ou encore la chanteuse

Joni Mitchell. L'usage intensif des drogues (LSD, benzédrine, cocaïne, héroïne, etc.) ne va pas tarder à y provoquer des drames. Au milieu des années 1960, les connaissances sur les risques encourus sont encore sommaires. Les exemples célèbres de morts tragiques vont s'accumuler en fin de décennie et au début des années 1970.

La consommation d'alcool de Jim Morrison est déjà inquiétante. Il fume aussi beaucoup d'herbe, qu'il achète au kilo, et prend toujours autant de LSD. Lorsqu'il lui arrive de rater le premier set de la soirée, les autres Doors sont parfois obligés d'aller l'extirper de ses brumes au motel tout proche. Plutôt férus de méditation, les instrumentistes ne le suivent pas aussi loin dans ses excès et ses extravagances. Ils tentent même de faire pression sur lui afin qu'il se modère, mais ses réactions colériques, ou son indifférence, instaurent progressivement une sorte de pacte tacite, une pesante loi du silence. Ce déni du « problème » est dû au fait qu'ils ont absolument *besoin* de leur imprévisible chanteur. John Densmore manifeste toutefois son incompréhension face à l'attitude de son partenaire :

> Il voulait réellement sortir de lui-même, aller chaque fois jusqu'au bout, aussi loin que possible. Allez savoir ! Je n'ai jamais compris, parce que je venais du côté hindou de la métaphysique, du côté lumineux. Tandis que lui était toujours plongé dans Nietzsche, dans le sens-de-toute-chose et l'exploration existentielle[10].

Les provocations scéniques des Doors leur valent d'être rappelés à l'ordre. Cette musique, dominée par les claviers et inspirée par les livres et le cinéma, ne sonne décidément comme aucune autre. Et puis il y a ces paroles qui sont de la vraie littérature, des poèmes bien plus que de simples chansons. Pour leur auteur, la chanson est primitive et dépend du rythme, alors que le poème peut aller où il veut. Le chanteur a en grande partie vaincu sa timidité. Félin, effronté et provocateur, il joue avec le public, se déhanche de façon suggestive, se frotte lascivement l'entrejambe contre le trépied du micro. Il s'écroule brusquement sur scène pour se tordre de douleur ou de rage, comme s'il était pris de convulsions. Il jette des cigarettes allumées dans les premiers rangs. Ce qui n'empêche pas culottes et soutiens-gorge de pleuvoir autour de lui. Souvent, lors des passages les plus intenses, les yeux fermés, gémissant ou extatique tel un saint Sébastien transpercé de flèches, il fait monter la tension jusqu'au paroxysme. Défiant un auditoire à la curiosité morbide, il tente de le faire sortir de sa passivité de spectateur, voire de simple consommateur. C'est durant ces quelques mois que les Doors rodent les chansons qui constitueront l'essentiel de leurs deux premiers disques. D'où l'impressionnante unité de ton et d'atmosphère qui s'en dégagera :

Nous avions joué toutes ces chansons chaque soir pendant presque un an dans des clubs. Nous débordions de fraîcheur et d'énergie. Nous étions unis[11].

Morrison interrompt certains morceaux par de longs silences. Ces rémissions peuvent durer plusieurs minutes, avant une reprise instrumentale percutante :

Je sais toujours le moment exact où intervenir. Ça excite tout le monde. On sait très bien ce qui se passe. Les gens se mettent à avoir peur, et la peur est très excitante. Ils adorent avoir peur. C'est comme l'instant avant l'orgasme. Tout le monde veut ça. C'est une expérience limite[12].

Une part importante du talent de Morrison consiste à provoquer des situations d'une profonde intensité, grâce à sa voix et au personnage théâtral qu'il parvient à créer, entraînant le public dans le scénario qui se trame dans son esprit. Les concerts deviennent ainsi pour lui une véritable question de vie ou de mort, voire des séances de spiritisme destinées à invoquer puis chasser les mauvais esprits. Une tentative pour attirer les spectateurs dans son monde intérieur, mêlant les concepts de poésie, de théâtre antique et de performance.

La période de dèche étant *a priori* effacée, les attitudes changent. Chacun gagne en confiance. La cohabitation familiale s'achève pour Robby et John qui partagent désormais un appartement à Laurel Canyon. Ray et Dorothy sont dans leur logement qui donne directement sur la plage, un lieu idéal pour répéter. Quant à Jim, il a temporairement emménagé chez Ronnie Haran. Très motivée, cette dernière joue les imprésarios de charme, invitant producteurs et journalistes à découvrir le prodige qui se produit au Whisky à Go Go.

Trentenaire entreprenant, Jac Holzman, le jeune président fondateur d'Elektra, s'est implanté à Greenwich Village, le haut lieu de l'underground new-yorkais depuis les années 1950. Pour lui, publier de la musique est une véritable vocation. Encore étudiant, âgé de 19 ans, avec 600 dollars en poche, il a créé Elektra, un bastion de la musique folk auquel il vient d'adjoindre le label de musique classique Nonesuch. Ce grand échalas aux montures de lunettes en écaille s'est très vite constitué un superbe catalogue de musique traditionnelle (Jean Ritchie, Tom Paley), de blues (Sonny Terry, Josh White) et surtout de folk (Woody Guthrie, Tom Paxton, Phil Ochs, Tom Rush, Dave Van Ronk, Judy Collins). Holzman commence depuis peu à se tourner vers le rock avec le groupe Love, mais aussi avec le Paul Butterfield Blues Band, les Lovin' Spoonful, Clear Light (juste après le premier album des Doors) et l'inclassable Tim Buckley (père de Jeff), « l'ange damné » à la voix à quatre octaves. Avant la fin des années 1970, le label soutiendra également Nico, MC5 et les Stooges. Mais pour l'heure, sa stratégie consiste à s'implanter durablement sur la côte Ouest.

Un beau soir de mai, Ronnie Haran s'arrange pour passer chercher Jac Holzman à l'aéroport de Los Angeles. Le patron d'Elektra arrive de New York à 23 heures, éreinté, mais Ronnie parvient à le traîner jusqu'au Whisky à Go Go dans sa décapotable blanche. Habile stratège, elle lui propose de venir écouter le groupe Love, les poulains du label Elektra. Mais une fois sur place, Ronnie insiste pour que Jac voie un groupe encore méconnu et excitant : les Doors. Fatigué, Holzman assiste sans enthousiasme à la prestation de cette bande d'intellos dont sa femme Nina lui a cependant déjà parlé avec enthousiasme. À peine remarque-t-il le physique avantageux du chanteur, avant de presser Ronnie de le raccompagner à son hôtel.

Mais le plus insistant n'est autre qu'Arthur Lee. « Tu dois les regarder comme si tu n'avais jamais rien vu avant eux[13] ! », proclame-t-il. Jac prend note, même s'il commence à se méfier de cet artiste qu'il ne considère plus tout à fait de ce monde : persuadé d'être un nouveau et flamboyant Mick Jagger noir, Lee fait en effet une consommation impressionnante de LSD… La générosité de ce métis lui sera finalement préjudiciable dans sa propre maison de disques, les Doors supplantant irrévocablement sa formation. Se souvenant plus tard de ses conversations avec Arthur, Jim dira que Love n'avait aucune envie de passer son temps sur les routes, en tournée, ni de subir la pression permanente du show-biz. Ce que confirme le producteur David Anderle :

> Quand je suis arrivé chez Elektra, c'était le fief de Love. Mais, très vite, c'est devenu celui des Doors. Cela n'a rien à voir avec le fait que les Doors étaient tous blancs, contrairement à ce qui a parfois été suggéré. C'est juste que l'explosion de ce phénomène a été absolument fulgurante[14].

Et que Love a eu le don de se saborder aux portes de la gloire, se délitant, refusant de jouer à Monterey et s'enfonçant irrémédiablement dans les drogues et les excès :

> À mon avis, Love risque de se retrouver bientôt sur les listes noires de l'industrie du disque, plutôt que dans le « petit livre rouge* » auquel ils veulent si désespérément appartenir[15].

* Allusion à leur hit « My Little Red Book ».

Jac Holzman revient plusieurs soirs de suite au Whisky à Go Go. D'abord dubitatif, il se forge peu à peu son idée jusqu'à ressentir l'évidence. Il demande alors à son producteur fétiche Paul Rothchild de rappliquer au plus vite de New York, afin de superviser cette bande dont la notoriété ne dépasse guère l'agglomération de Los Angeles. Après un séjour de sept mois en prison pour une sombre affaire de marijuana, produit dont il se montre friand, Rothchild est devenu directeur musical chez Elektra. Suite à une première prestation chaotique des Doors, où Jim passe son temps à draguer les filles du premier rang, le producteur assiste à la mi-août à ce qu'il jugera ensuite comme l'un des meilleurs sets qu'il ait entendus de sa vie, toutes formations confondues.

Venu du New Jersey, âgé de 31 ans, Paul Rothchild travaille depuis trois années déjà pour le label Elektra. Fils d'une chanteuse d'opéra et d'un homme d'affaires cultivé, il a d'abord baigné dans la musique classique avant de se frotter à la scène folk de Boston et à l'ambiance folk et jazz de Greenwich Village, à New York. D'abord disquaire, il est débauché en 1963 par Jac Holzman au label Prestige, pour lequel il a déjà produit plusieurs albums. En juillet 1965, il était à la console lors du fameux passage historique de Bob Dylan au Newport Folk Festival :

> Pour moi, cette nuit-là, à Newport, était limpide comme du cristal. C'était la fin d'une époque et le début d'une autre. Il n'y a aucun précédent historique. Il s'agissait d'un festival folklorique, d'une fête populaire, et même si ce n'était pas vraiment du blues, cette musique a pris une dimension franchement électrique[16].

De nature opiniâtre et totalement immergé dans son travail, d'une grande culture, Paul aime se lier avec les musiciens, à tel point que les artistes le considèrent volontiers comme l'un d'entre eux. Pour Elektra, Rothchild a déjà enregistré des albums de Tom Rush, Tom Paxton et Tim Buckley, ainsi que de l'excellent Paul Butterfield Blues Band, la première formation électrique sur laquelle il a travaillé. Son collègue Mark Abramson se souvient de cette découverte :

> Je lui donnais un coup de main au studio, et je n'en savais guère plus que lui. Ils jouaient super fort et personne chez Elektra n'avait encore jamais fait ça. Techniquement, ça nous flanquait une peur bleue. Nous avons dû tâtonner pour parvenir à enregistrer aussi fort[17].

Jac Holzman, qui n'espérait pas atteindre les 20 000 ventes, constate qu'en trois semaines celles de l'album *Paul Butterfield Blues Band* dépassent déjà les 60 000 exemplaires. Le patron d'Elektra décroche lui-même son téléphone pour appeler une série de disquaires et comprend vite qu'il se trouve au seuil d'une nouvelle ère musicale. Il existe désormais une musique électrique qui n'est pas non plus du rock'n'roll standard. Ce que confirme Paul Rothchild :

> Des Blancs jouaient de la musique noire. Butterfield a été le premier après Elvis à le faire avec succès. Tout au long des années 1960 et 1970, je n'ai pas rencontré un seul guitariste qui n'ait été influencé par cet album. Le Butterfield Blues Band a ouvert une nouvelle voie pour la musique américaine. Il a

placé le blues électrique dans la musique populaire et a permis à des centaines d'artistes américains de jouer de la musique électrique[18].

Gros fumeur de la meilleure herbe mexicaine, Paul Rothchild est un spécialiste dans l'art de rouler des joints. Raffiné mais autoritaire et méticuleux, il a aussitôt perçu le potentiel de Jim Morrison en le voyant sur scène au Whisky à Go Go. Il dira même à son sujet qu'il était un Bing Crosby rock'n'roll, le premier crooner d'une nouvelle ère, voire le premier vrai crooner depuis Frank Sinatra, mais en nettement plus psychédélique. Il regrettera que Jim s'esquinte peu à peu la voix en abusant des drogues et de l'alcool. Sinatra, de son côté, agacé par certaines ressemblances vocales décelées chez Morrison, s'emporte un jour devant un de ses domestiques, allant jusqu'à souhaiter que Jim périsse dans un accident. Le chanteur exprime d'ailleurs un souverain mépris pour la musique rock :

> Bidon, nocif, écrit et joué par des crétins, destiné à tous les délinquants de la planète, le rock'n'roll est la forme d'expression la plus brutale, la plus laide, la plus dégénérée et la plus vicieuse que j'ai eu le malheur d'entendre[19].

Il est vrai que Sinatra préférait nettement Claude François à Frank Zappa...

À l'écoute de la surprenante adaptation d'« Alabama Song », un extrait de l'opéra de 1930 *Grandeur et décadence de la ville de Mahagonny*, de Bertolt Brecht et Kurt Weill, Holzman lui aussi est convaincu du potentiel hors norme des Doors. Sans compter qu'une version incandescente de « Light My

Fire », morceau à la fois inspiré par le « Dis Here » du pianiste de jazz Bobby Timmons et le « Olé » de John Coltrane, l'a laissé pantois. Il est fermement décidé à intégrer le groupe à son catalogue.

De leur côté, les Doors possèdent un atout supplémentaire avec leur répertoire peaufiné soir après soir dans l'atmosphère surchauffée des clubs de Los Angeles. Un répertoire suffisant pour leur assurer l'enregistrement de deux albums. D'autant que le patron d'Elektra semble décidé à leur laisser toute liberté artistique sous l'égide de Paul Rothchild, mais à condition d'éviter toute obscénité sur le disque, le label risquant sinon de perdre sa licence. La bande des quatre se sent spontanément en confiance. Alors pourquoi hésiter, même si l'offre financière n'est pas alléchante ? Le 18 août, les Doors donnent leur accord. Pour Ray Manzarek, Holzman s'apparente soudain à une sorte de Diaghilev pour Nijinski et Stravinsky. Rien de moins !

Jac Holzman fait donc préparer un contrat provisoire pour la mise sur le marché de trois albums minimum, avec une avance de 5 000 dollars et 5 % de droits sur les ventes brutes. Ainsi qu'un contrat d'édition pour les paroles et la musique, où le groupe se voit octroyer 75 % des droits radiophoniques. Tous les frais d'enregistrement restant à la charge du label. Si ce n'est encore le Pérou, on s'en approche !

Riche de son catalogue respecté, Elektra commence tout juste à s'implanter sur la côte Ouest, prenant des bureaux au 962 North La Cienega Boulevard. Féru de mythologie grecque, à laquelle les allusions fourmillent dans ses textes, Jim apprécie le nom de sa maison de disques, qui évoque la tragédie du même nom de Sophocle* (difficile de ne pas penser aux paroles vengeresses de la chanson « The End » !). En psychanalyse, le complexe d'Électre (pendant du complexe d'Œdipe développé par Sigmund Freud à partir de sa lecture d'une autre tragédie de Sophocle, *Œdipe roi*) est un concept théorique de Carl Gustav Jung, que Jim Morrison n'ignorait pas.

Autant le contrat de CBS paraissait retors, autant celui d'Elektra semble donner toute garantie. La méticuleuse Ronnie Haran entraîne illico les quatre Doors chez un ami avocat, Al Schlesinger, avant que les parents Krieger ne poussent finalement le groupe à opter pour celui de la famille, l'avisé Max Fink, spécialisé en droit pénal. Ce personnage de stricte apparence, mais qui fume cigare sur cigare, roule en Rolls et ne néglige aucune nouba, est appelé à jouer un rôle central dans l'histoire des Doors. Comprenant que son influence sur le groupe touche à sa fin, Ronnie Haran prend ses distances, mal récompensée de ses efforts décisifs pour sortir le groupe de l'anonymat.

Jim, peu apte à se fixer durablement auprès d'une femme, peu soucieux du concept de domicile fixe (« Je suis si seul maintenant / À la recherche d'un foyer / Dans chaque endroit où je vais / Je suis l'homme de liberté / Et c'est bien là ma chance », chantera-t-il sur « The Universal Mind »), est expulsé de l'appartement de Ronnie, lassée par son sans-

---

* La princesse de Mycène, Électre, y décide avec son frère Oreste que ce dernier tuera leur mère Clytemnestre, coupable d'avoir assassiné son mari Agamemnon à son retour de la guerre de Troie.

gêne et ses trips quotidiens à l'herbe et au LSD. En la quittant, Jim lui aurait dit, comme pour s'excuser, que de toute façon, d'ici deux ans, il serait mort. Selon Ronnie, cette obsession pour la mort rendait Morrison incapable d'agir avec modération. Mais l'heure de Pamela Courson est venue. Suite à l'intermède Ronnie Haran, Jim se tourne « définitivement » vers la belle rousse de la montagne sacrée.

Le chanteur continue de se couper du monde au Tropicana, sur Santa Monica Boulevard, un motel sans prétention proche du Whisky à Go Go. L'établissement est connu pour sa piscine à fond noir, vide la majeure partie de l'année. Le point de repli favori de Jim est la chambre 101, qu'il loue sur de longues périodes. Tom Waits, Iggy Pop, Alice Cooper et Ed Sanders, entre autres, partageront le même lieu. Par intermittence, Jim fréquente également l'hôtel des stars désœuvrées, le Chateau Marmont, au 8221 Sunset Boulevard. Il échoue souvent là ivre, après avoir erré toute la nuit dans Los Angeles. Il compartimente de plus en plus ses fréquentations. Ses proches ne connaissant souvent que quelques bribes de ses activités et un nombre restreint de ses relations.

Le 21 août, au Whisky à Go Go, sous LSD, Morrison introduit des paroles toujours plus explicites en interprétant « The End ». Originellement simple allusion à sa rupture avec Mary Werbelow, la chanson n'a cessé d'évoluer pour se transformer en une longue évocation psychopathologique où le chanteur règle ses comptes avec ses parents. Morrison la décrit lui-même comme un labyrinthe, un casse-tête à résoudre. Il y est de plus en plus précisément question du meurtre du père et du viol de la mère. On se rapproche là du théâtre-rock. Emphase et catharsis. Le morceau s'étire sur douze minutes et comporte une véritable scénographie, avec ses moments de calme, ses moments de fureur où Morrison entre littéralement en transe. C'est notamment autour de ce morceau qu'il perfectionne son jeu de scène face à un public tantôt stupéfié, tantôt captivé. Le groupe s'y entend pour créer une atmosphère hypnotique, avec des accents de guitare orientalisante et de tabla, jusqu'à une sorte de cri primal, final chaotique et apothéose du morceau. Un hurlement halluciné. Jim psalmodie ses paroles d'une voix de tragédie (« Le tueur s'est levé avant l'aube / Il a chaussé ses bottes, / Il a pris un masque dans la galerie antique / Et il a longé le corridor », avant de monter jusqu'au cri infernal, presque insoutenable : « Il est parvenu enfin... jusqu'au bout du couloir / Il est arrivé à la porte / Et il a regardé dans la chambre, / "Père ?" / "Oui, fils ?" / "Je veux te tuer / Mère... je veux te baiser !" » Dans son monologue incantatoire, il fait directement allusion à ses parents :

J'avais cette formule magique... C'était comme pénétrer de force dans mon subconscient. J'étais étendu, là, et je répétais : « Baise la mère. Tue le père. Baise la mère. Tue le père. »[20]

Ce soir-là, en fin de show, lorsque le groupe commence à interpréter « The End », les danseurs se figent et la salle retient son souffle, jusqu'au paroxysme : « Père, je veux te tuer ! Mère, je veux te baiser ! » Inceste et parricide. On n'avait encore jamais entendu pareilles paroles de chanson sur scène. Le public se remet à danser, cette fois avec frénésie. Un Œdipe dionysiaque mène alors sa danse chamanique dans une chorégraphie d'inspiration amérindienne. Outré et traitant Jim de pervers, de dépravé et de malade, loin de partager le trip œdipien de Morrison, Phil Tanzini entre dans une colère noire et éjecte les Doors, les traitant de débiles et de hippies au cerveau carrément grillé par leur herbe. Ce à quoi Morrison rétorque calmement qu'ils ne sont pas des hippies, mais des artistes. Astucieusement, Robby Krieger demande si le groupe est viré le soir même. Conscient du succès croissant du groupe et de la difficulté à le remplacer au pied levé, Tanzini réfléchit un instant et répond que leur licenciement prend effet en fin de semaine. Mais de toute façon, cela n'a plus guère d'importance depuis que Jac Holzman et Paul Rothchild ont quitté les lieux quelques jours plus tôt.

Contrairement à Phil Tanzini, Jac Holzman est impressionné par les bonnes manières et le discours posé de Jim Morrison : « Son éducation se voyait plus qu'il ne l'aurait voulu, à mon sens, s'il s'en était rendu compte[21]. »

Les répétitions pour Elektra débutent le 24 août au studio A des Sunset Sound Recorders de Hollywood, dans des conditions proches du *live*. Ces studios équipés en quatre-pistes, possession de Tutti Camarata, directeur des enregistrements musicaux pour Walt Disney, sont alors les plus modernes de Californie. Jim Morrison est particulièrement fier de chanter dans le même micro que son idole Frank Sinatra, un Telefunken U47 conçu par Georg Neumann et surnommé « le Telly ». Les prises se limitent souvent à deux ou trois pour chaque morceau, étant donné que le groupe est rodé et cherche simplement à s'assurer qu'il ne peut plus faire mieux. Il est vrai aussi que le label n'entend pas passer un temps démesuré à produire ce premier album signé par des inconnus, ce que confirme le chanteur :

> On paie pour la production d'un album. C'est déduit des droits d'auteur. Tu ne fais aucun bénéfice tant que les frais d'enregistrement ne sont pas remboursés. Si bien que le groupe, comme Elektra, prenait un risque. C'est donc allé très vite, autant pour des raisons économiques que du fait que nous étions prêts[22].

L'enregistrement officiel ne dure en effet que dix jours. Les musiciens jouent les morceaux depuis deux ans sur scène et les possèdent à fond. Densmore, Krieger et Manzarek ont maintes fois rappelé qu'il n'y avait plus qu'à appuyer sur le bouton et à enregistrer ! Pour casser l'ambiance néon des studios, les Doors cherchent à créer une atmosphère singulière en disposant des bougies et des bâtons d'encens. Pour quelques soutiens à la guitare basse, Paul Rothchild fait appel à Larry Knechtel, qui maîtrise également les claviers et l'harmonica. Bref, une pointure, un *session man* utilisé par Phil Spector pour son fameux *Wall of sound*. Cet excellent instrumentiste a notamment joué avec Duane Eddy, les Byrds ou les Beach Boys (sur *Pet Sounds*),

Simon and Garfunkel (sur « Bridge Over Troubled Water ») et Elvis Presley. « The End » est ainsi enregistré en deux prises, dans une atmosphère de magie. De coléreuse, la voix du chanteur se fait âpre et envoûtante. Saisi de frissons, Rothchild se penche vers Botnick pour lui susurrer de bien prendre conscience que c'est une page de l'histoire du rock qui s'écrit là, sous leurs yeux. Bruce en prend effectivement conscience, avouant plus tard que les techniciens se surprenaient parfois dans le rôle de spectateurs tant ils étaient envoûtés. « Light My Fire », composé par Robby Krieger, semble ressortir de l'ensemble, mais ce morceau de sept minutes, en dépit de son potentiel évident, est trop long pour le saucissonnage millimétré des radios AM, celles qui créent les tubes. On renonce donc à en faire un 45 tours. Même si certaines radios n'hésitent pas à passer un album entier à l'antenne, le format convenu pour le matraquage radio tourne autour de trois minutes trente. Hors de ce carcan, nul salut. D'autant que le label Elektra n'est jusque-là connu qu'en tant qu'éditeur de 33 tours. Il ne possède pas l'infrastructure nécessaire pour ce marché spécifique qui réclame le harcèlement des radios, des clubs et d'une presse spécialisée tournée vers les jeunes. Bruce Botnick précisera plus tard :

> On a trouvé le son dès le premier jour, et après on n'a plus touché à rien. Tout était enregistré *live*. On n'a même pas rajouté d'effets par la suite. Même les ralentissements de la bande magnétique sur la voix ont été faits sur le vif[23].

Imprégné du son folk propre à Elektra, particulièrement soigné et harmonieux, Bruce affirme qu'à l'époque, en entendant une chanson à la radio, il pouvait deviner s'il avait affaire à un disque Elektra, Columbia, Atlantic ou Warner. Il était même possible de repérer le type de console utilisée et le son de la pièce où la chanson avait été enregistrée, puisque chaque label possédait sa propre console fabriquée pour le studio, comme ce fut le cas pour Abbey Road en Angleterre. Lors de la remastérisation de l'ensemble des albums des Doors, près de quarante ans plus tard, Botnick fera une étonnante découverte. Le premier album du groupe n'aurait jamais été entendu à la bonne vitesse ! Il a été enregistré en léger ralenti, en raison d'un défaut du magnétophone Ampex & Scully.

Dès les enregistrements initiaux, sous LSD et sous l'effet de l'alcool, Jim se livre à des frasques restées célèbres, comme balancer un téléviseur contre la paroi vitrée de la régie, quand il surprend Botnick occupé à suivre une partie de base-ball entre les Dodgers de Los Angeles et les Giants de San Francisco ; ou encore lorsqu'il s'amuse à louvoyer entre les voitures lancées sur le Strip. Une autre nuit, il revient seul au studio après avoir franchi un haut portail et forcé l'entrée. Défoncé, persuadé que le studio prend feu alors qu'il ne voit que la lueur d'une ampoule rouge de sécurité, Jim s'empare d'un extincteur et asperge les instruments et la console de mixage. Alerté par Billie Winters, la fille qui accompagne Jim cette nuit-là, Paul Rothchild arrive en catastrophe pour tenter de le sortir de cette mésaventure. Mais, dans le feu de l'action, le chanteur a laissé une de ses bottes fichée dans la clôture de protection. Dès le lendemain, Paul est convoqué afin de dénoncer le propriétaire de la botte. Il se tourne ensuite vers Elektra pour transmettre l'addition. Jac Holzman tique un peu, mais le studio est vite remis en état à ses frais. Suite à cet incident, Jim feignit de tout avoir oublié et nia l'affaire. Mais de ce jour, Rothchild considéra Morrison comme un authentique schizophrène « chimique ».

Enthousiasmé par la qualité des enregistrements, Elektra décide d'envoyer son groupe sur la côte Est, lui réservant des chambres au très modeste hôtel Henry Hudson. Le but est double. Il faut signer le contrat officiel et faire connaître la formation devant une poignée de gens influents, journalistes, connaisseurs et célébrités sélectionnées. Il est essentiel de préparer la sortie de l'album de l'autre côté du pays, tout à l'opposé de Los Angeles. Ainsi, le lundi 31 octobre, pour Halloween, une soirée est-elle organisée au très branché Ondine de Manhattan, un night-club situé près du Queensboro Bridge. Des concerts y sont donnés tout au long du mois de novembre, tous bondés, les Doors donnant jusqu'à cinq sets par soir. Steve Harris, responsable de la promotion chez Elektra, est chargé de suivre l'affaire, et notamment d'embaucher une brochette de filles ravissantes, chargées de jouer les hystériques autour du groupe. Il reste subjugué :

> Même s'il n'avait su que réciter l'annuaire, ce type aurait vendu des millions de disques ! Il avait une telle façon de bouger, de regarder, de s'élancer. Il était superbe, magnétique. Il

en était conscient et savait exploiter ses qualités. Je sais qu'il a fini par détester le fait d'incarner un sex-symbol, mais au début, il recherchait l'adulation[24].

Une adulation que le chanteur finira effectivement par ne plus supporter, jusqu'à épaissir physiquement et se laisser pousser une barbe qui le rend méconnaissable. Mais pour l'heure, les Doors font sensation à New York, et c'est accompagné de la superbe groupie noire Devon Wilson, future conquête de Jimi Hendrix, que Jim Morrison s'éclipse. Dès le second soir, Andy Warhol et son assistant, Gerard Malanga, entourés de leur cour de zombies speedés de la Factory, sont de la partie. Warhol en personne raconte :

Gerard jeta un coup d'œil à Jim Morrison vêtu comme lui d'un pantalon noir moulant et s'énerva : « Il m'a piqué mon look ! », criait-il, scandalisé. C'était assez vrai, Jim avait dû prendre l'idée à Gerard en le voyant en mai à Los Angeles, au Trip. Les filles étaient dingues de Jim Morrison. La rumeur se répandit très vite qu'il y avait un groupe de rock avec un chanteur très mignon et très sexy[25].

La presse new-yorkaise est conquise. Les éclatés psychédéliques de Los Angeles se frottent aux snobs sophistiqués de la glaciale Factory du « pape du pop art ». Mais la glace abrite en son centre une braise européenne, la fatale Nico, à la longue chevelure blonde. Née Christa Pavolsky (patronyme qu'elle change en Päffgen, celui de sa mère) à Cologne, Nico, âgée de 27 ans, a notamment été mannequin à Paris pour la maison Chanel et a fait la couverture de *Vogue*. Elle a joué avec Marcello

Mastroianni dans *La Dolce Vita* de Fellini en 1959 (mais aussi en 1962 avec Darry Cowl, Serge Gainsbourg et Francis Blanche dans *Strip-Tease* de Jacques Poitrenaud !) et a eu des liaisons avec Alain Delon et Brian Jones. Elle vient d'intégrer la Factory et doit apparaître dans plusieurs films d'Andy Warhol qui l'impose comme chanteuse sur le premier album du Velvet Underground. Jim est vite séduit par cette beauté intimidante à la voix basse et profonde. Quant à Andy Warhol, il est troublé par la sauvagerie raffinée de ce jeune Californien qui se délecte des cocktails à la vodka de l'Ondine :

> Il buvait sur place toute la nuit, devenant graduellement ivre, jusqu'à se rendre totalement inconscient. Les filles se jetaient sur lui et le branlaient tant qu'il était là. [...] Jim devait en principe être la star de mon premier film pornographique, il m'avait donné son accord pour venir avec une fille et la baiser face à la caméra, mais le moment venu, il ne s'est jamais pointé[26].

Eric Emerson, danseur et acteur pour Andy Warhol, contribue à sa façon au bon séjour newyorkais du chanteur des Doors :

> Je faisais des trucs comme offrir n'importe quelle femme qui était avec moi à Jim Morrison, à l'Ondine, de telle sorte que je pouvais l'imaginer avoir du plaisir au-dessus de ma tête, ce qui créait un rapport entre Jim et moi, simplement, comme regarder des gens que tu aimes faire l'amour[27].

Jim est ainsi intronisé à la Factory, le célèbre atelier d'Andy Warhol où grouille le New York marginal le plus tape-à-l'œil. Andy supplie Jim de le laisser filmer ses ébats torrides avec Nico, notamment des fellations réputées d'anthologie. En vain. Comme pour le film explicite de Warhol qui devait s'intituler... *Fuck*. Pour se dédouaner, Jim se fera remplacer par son ami comédien Tom Baker : « Le manager de Jim a expliqué à Andy qu'il était impossible de le faire jouer dans son film porno, mais Tom est un bon ami de Jim à Los Angeles, et il veut bien jouer à sa place[28]. » Warhol utilisera en effet Tom Baker nu dans deux de ses films où apparaît Nico, *I, A Man* et *Imitation of Christ*.

À l'automne, contribuant à souder l'équipe, Paul Rothchild invite les Doors sur ses terres du New Jersey. Mal récompensé, le producteur va surtout avoir l'occasion de se mesurer au côté sombre et provocateur du chanteur. Jim s'amuse toute la soirée à séduire sa femme. Grand seigneur, mais navré, Rothchild joue l'indifférent et observe son poulain d'un œil neuf.

Le groupe et la maison de disques préparent le lancement du premier album dont le concept de pochette est « emprunté » à un groupe brésilien. Sur quelques rares photos, la formation pose en costume et cravate *so british*, un look forcé et vite abandonné. Pour l'heure, on se penche avant tout sur le logo (créé par William S. Harvey) du groupe et le choix des photos de pochette. Pour le premier 45 tours, le choix se porte sur « Break on Through (To the Other Side) », en atténuant les paroles du refrain afin de ne pas rebuter les stations radio les plus prudes. « *She gets high / She gets high / She gets high* » se transforme en « *She gets / She gets / She gets* ». Ce morceau aux accents jazzy et bossa-nova, inspiré d'un album commun de Stan Getz et João Gilberto, s'impose comme le véritable manifeste des Doors. Il y est question de franchir les portes pour s'évader de l'autre côté. Paul Rothchild et Bruce Botnick se consacrent au mixage final à New York, surexcités à l'idée de tenir entre leurs mains une véritable bombe musicale. S'il n'a fallu que deux semaines de studio aux Doors à Los Angeles, Paul et Bruce en utilisent cinq pour le mixage à New York. La confiance a résolument gagné le groupe. John Densmore est convaincu que la combinaison savante entre un amateur de mots, un bluesman de Chicago, un guitariste d'influence flamenco et un batteur fondu de jazz ne peut que donner un résultat détonant. Rothchild dira quant à lui n'avoir jamais vu Jim Morrison sans un livre. En fait, le chanteur des Doors se pense toujours avant tout comme un poète plutôt que comme une star du rock. Il considère ses paroles de chansons comme de la poésie mise en musique.

Jim s'habitue à cette ville tentaculaire qu'il découvre lors de longues promenades. Il visite autant les bars que les librairies et les bouquinistes de la 4e Avenue. Le 15 novembre 1966, les Doors signent enfin officiellement leur contrat avec Elektra. Ils s'engagent pour sept albums sur cinq ans. Décidé à mettre le paquet côté promotion, Jac Holzman loue un immense panneau publicitaire illuminé sur le Strip de Los Angeles. Une grande première dans l'industrie du disque qui commence tout juste à exploiter un marché de masse. Le panneau affiche la photo du groupe par Guy Webster, responsable des clichés de couverture de l'album, avec le slogan :

« *The Doors. Break on through with an electrifying album* » (« Les Doors. Évadez-vous avec un disque électrisant »). Une campagne de presse vient appuyer l'audacieuse initiative. Fin novembre, le cinéaste Mark Abramson réalise un film promotionnel destiné à soutenir le 45 tours « Break on Through (To the Other Side) ». Filmé à Venice, ce clip va contribuer à faire connaître le groupe dans tout le pays. Comme l'album des Doors est le seul prévu au planning d'Elektra en janvier 1967, l'ensemble du personnel a pour mission de se consacrer exclusivement à ce nouveau produit. Les musiciens convainquent sans peine la direction de centrer la promotion autour de l'image de leur chanteur. Au recto de la pochette, son visage occupe la moitié du visuel.

De retour à Los Angeles fin novembre, Jim et Pamela concrétisent leur liaison avec la location d'un petit appartement à flanc de colline, à Laurel Canyon, sur Rothdell Trail. Jim fête son vingt-troisième anniversaire avec Pamela, en amoureux. Cette époque va rester comme l'une des plus paisibles pour le couple, même si, pour Morrison, la notion d'emménagement et d'engagement reste toujours aussi floue. D'autant que l'époque prône l'amour libre, l'opposant à la conception traditionnelle de la fidélité dans le couple. Cela dit, Pamela commence parfois à se faire appeler Mme Morrison, fantasme qu'elle gardera toute sa courte vie. Jim écrit alors la chanson « Love Street », en référence à ce lieu paisible. Hormis des cageots de livres et quelques vêtements (destinés à passer par la fenêtre lors d'homériques scènes de ménage), le chanteur ne possède pratiquement rien. Et il ne lui paraît pas évident de devoir rentrer chaque soir à la maison... Son goût pour la solitude est souvent le plus fort, et il lui arrive d'échouer, ivre mort, dans les endroits les plus improbables. Pamela doit donc admettre qu'il sera surtout question d'union libre. Une idée qu'elle finit bientôt par adopter. Après les escapades de l'un ou l'autre, en dépit de déchirements en série, tous deux finissent par se retrouver, comme aimantés par un même destin.

Si Jim cherche rarement à dissimuler ses aventures, Pam finit par prendre des amants, par vengeance ou désœuvrement, voire simplement pour susciter la jalousie chez son homme. Elle a connu l'un d'entre eux, le jeune acteur Tom Baker, avant même de rencontrer Morrison. Mais Tom devient un redoutable compagnon de beuverie pour Jim. Les deux hommes partagent un sérieux penchant pour le théâtre, le cinéma et la poésie. Fils de militaire lui aussi, l'acteur, d'origine new-yorkaise, a notamment collaboré avec Norman Mailer sur l'adaptation scénique du roman *The Deer Park*, et a travaillé avec Michael McClure. Il sera fait allusion à l'amitié orageuse du trio Tom, Jim et Pamela dans la pièce de Jay Jeff Jones intitulée *The King Lizard*, montée à Los Angeles en 1991.

Pam est initiée à l'héroïne alors qu'elle commence à frayer avec un Français de 23 ans qui fréquente soi-disant l'UCLA. Derrière ses bonnes manières, le comte Jean de Breteuil n'est en fait qu'un dealer sans scrupules. Étant donné sa phobie des aiguilles, Jim supporte difficilement la nouvelle manie de sa compagne. Il préfère la cocaïne. Quant au comte, il ne connaît rien à son sujet, sinon qu'il gravite autour d'une petite coterie d'expatriés proche du consulat de France où il semble avoir ses entrées. La valise diplomatique pourrait avoir des doubles fonds… Le jeune aristocrate cherche à fréquenter le monde clinquant de Hollywood, autant le milieu du cinéma que celui de la musique. Son approvisionnement aisé en drogues lui en facilite l'accès.

Lorsque Jim est convoqué dans les bureaux de sa maison de disques, Billy James lui tend une fiche biographique. Ce dernier a en effet quitté CBS pour s'occuper de l'implantation d'Elektra sur la côte Ouest. Le label prépare activement la promotion de son nouveau groupe et, selon l'usage, fait remplir un document à chacun des artistes. Les questions sont d'une platitude toute administrative. Jim joue le jeu, non sans malice, affirmant que sa couleur préférée est le bleu turquoise et que son ambition est de devenir réalisateur. Mais en remplissant ces lignes, le chanteur accomplit un geste aussi symbolique que déterminant. Il coupe le cordon familial et déclare brusquement qu'il est orphelin. Il envisage même de prendre un pseudonyme, James Phoenix (l'oiseau fabuleux qui renaît de ses cendres), ce dont Ray Manzarek le dissuade. Par cet acte radical envers ses parents, le chanteur rompt avec son passé et ses origines, comme avec le concept d'autorité. Il est un homme nouveau, un *autre* confronté à un destin implacable. Il gagne une indépendance sans nuance, convaincu d'être définitivement seul face au monde, et que nul désormais ne pourra lui venir en aide. Une sorte de vertige le gagne. Par la suite, il tentera d'atténuer la portée de ce geste symbolique, prétendant qu'il cherchait à éviter d'impliquer ses parents et de compromettre la carrière de son père.

Suzanne Helms recueille en sténo la biographie de chaque musicien. Dans la sienne, Jim affirme se sentir tel un arc tendu pendant vingt-deux ans et qu'on lâche d'un coup. Comme il le répétera en 1971 dans le *Los Angeles Free Press*, Jim cite ses trois groupes préférés du moment, les Beach Boys, les Kinks et Love. Ses chanteurs de prédilection : « Je ne suis pas un nouvel Elvis, même s'il est mon second chanteur favori. Frank Sinatra reste mon préféré[29]. »

Jim a découvert Frank Sinatra — numéro 1 cette année-là avec son plus grand succès, « Strangers in the Night » — très tôt dans son enfance, sa mère mettant souvent des disques du crooner. Quand une chanson d'Elvis passait à la radio, il réclamait aussitôt le silence autour de lui. Les Doors reprendront ainsi sur scène le « Mystery Train » de Junior Parker et Sam Phillips (lui-même inspiré du « Worried Man Blues » de la Carter Family), rendu célèbre par Elvis dès 1955. Le disc-jockey Rodney Bingenheimer se souvient que chaque fois qu'il rencontrait Morrison en ville, Jim lui parlait immanquablement d'Elvis, exprimant à plusieurs reprises son souhait de devenir un crooner, mais un crooner rock, loin de l'image surannée des Dean Martin ou Frank Sinatra. Ce qui apparaît nettement sur des morceaux comme « Moonlight Drive », « The Crystal Ship », « Blue Sunday », « You're Lost Little

Girl », « Tell All the People », « Wishful Sinful », « Ship of Fools » ou « Yes, the River Knows ». Son acteur favori est Jack Palance, qui vient de jouer dans *Le Mépris* de Jean-Luc Godard et *Les Professionnels* de Richard Brooks, et son actrice préférée est Sarah Miles. Il l'a adorée dans le tout récent *The Servant*, de Joseph Losey, il pourra la voir l'année suivante dans *Blow Up* de Michelangelo Antonioni.

Tandis que le service promotion d'Elektra s'active, les Doors se produisent deux week-ends de suite en décembre sur la scène du très intime Sea Witch, sur Sunset Boulevard. Jim travaille sérieusement son look et se rend sur Fairfax Avenue, au salon de Jay Sebring, coiffeur star et coiffeur des stars à Hollywood. Lorsque Sebring lui demande à qui il souhaite plus ou moins ressembler, Jim lui tend une photo représentant une statue d'Alexandre le Grand. Sebring va l'utiliser pour forger la célèbre coupe Jim Morrison, avec ses mèches de crinière frisées.

Fin 1966, alors que Jim et Pamela passent les fêtes retirés dans un motel de Palm Springs, dans le désert du Colorado, à 200 km de Los Angeles, la guerre s'intensifie au Vietnam. Près de 400 000 soldats américains sont déjà engagés en Asie du Sud-Est.

L'autre côté du miroir
(1967)

> *Visions ! présages ! hallucinations ! miracles ! extases ! emportés par le fleuve Amérique*[1] *!*
>
> ALLEN GINSBERG

> *Tu ne songes qu'à dévorer ton bonheur ; c'est pourquoi il t'échappe ; il ne tient pas à être dévoré par toi*[2].
>
> WILHELM REICH

L'avancement de l'officier Steve Morrison aurait pu être freiné cette année-là. Le père de Jim s'oppose en effet à la ligne officielle et propose une prompte réponse économique et militaire contre Israël, suite à l'attaque d'un navire de reconnaissance américain, l'*USS Liberty*. Cette attaque perpétrée suite à une « erreur d'identification » au large de la péninsule du Sinaï, pendant la guerre des Six Jours, fait trente-quatre morts. L'analyse de Steve Morrison est en désaccord avec la réponse adoptée par le Département d'État. Il accuse Israël d'avoir détruit un navire qui le dérangeait et d'avoir cherché à provoquer l'entrée en guerre des États-Unis contre l'Égypte et la Syrie. Ce qui aurait encore accru l'assistance américaine lors de la guerre des Six Jours.

Le dimanche 1er janvier, les Doors font leur première apparition télévisée sur KTLA-TV Channel 5, mais en play-back. Ils viennent promouvoir leur tout premier *single*. Produit par Dick Clark, le show est animé par Casey Kasem. Le mercredi suivant, paraissent simultanément le premier album éponyme des Doors et le 45 tours manifeste, « Break on Through (To the Other Side) », qui explicite l'origine du nom du groupe et sa démarche philosophique. En face B est ajouté le titre « End of the Night », inspiré par le *Voyage au bout de la nuit* de Louis-Ferdinand Céline. Ces disques sortent opportunément au moment même où le *Times Magazine* s'apprête à nommer « Homme de l'année »... la génération des moins de 20 ans. Une génération en attente de nouveaux messages politiques et spirituels.

Le label Elektra diffuse alors le dossier de presse où figure une brève biographie de chacun des musiciens, avec ses marottes et passe-temps favoris. Morrison contrôle attentivement son message, comme il le confirmera en 1971 avec cette phrase désormais fameuse :

> J'ai toujours été attiré par tout ce qui parlait de révolte contre l'autorité. Celui qui se réconcilie avec l'autorité se met à en faire partie. J'aime les idées qui parlent de détruire ou de renverser l'ordre établi. Je m'intéresse à tout ce qui traite de la révolte, du désordre, du chaos, et surtout aux activités qui semblent n'avoir aucun sens[3].

Comme le succès se limite dans un premier temps à la côte Ouest, le groupe se lance dans une tournée qui va le mener à sillonner un an durant les États-Unis. Une tournée aussi longue que désordonnée.

Sur l'insistance personnelle de Jac Holzman auprès de Bill Graham, les Doors commencent en force le vendredi 6 janvier, s'attaquant frontalement à la scène psychédélique, politisée et fédératrice de San Francisco. Pour un groupe inconnu de Los Angeles, se produire au Fillmore Auditorium, le temple du Grateful Dead et du Jefferson Airplane, est un pari osé. Six cents kilomètres séparent les deux villes, mais bien davantage question mentalité. Un groupe comme les Doors pourrait représenter l'esprit individualiste, mercantile (rien d'étonnant à ce que l'industrie du disque se soit concentrée à Los Angeles plutôt qu'à San Francisco !) et de compétition de la Cité des Anges. Tout de noir vêtu, Jim Morrison contraste avec le code vestimentaire hippie, coloré et fantaisiste. Étonnamment, les Doors sont adoptés et se produisent encore trois fois dans la baie en janvier. L'efficace et passionné Bill Graham se montre enthousiaste :

J'étais très fan de Morrison. Bien sûr, la célébrité lui est montée à la tête et ça l'a affecté au point de ne plus parvenir à la gérer. Au départ, il voulait devenir réalisateur, écrivain et poète. Et puis, du jour au lendemain, le monde entier s'est mis à l'adorer. Il a été le premier sex-symbol masculin du rock. Lui, Janis et Jimi sont devenus des leaders malgré eux, avec toute la pression que ça implique. Des esclaves de l'idolâtrie. [...] Cette façon de bouger le corps... C'était aussi peu calculé que lorsqu'une panthère grimpe dans un arbre, ou qu'un cobra s'enroule autour de votre jambe. C'était tout à fait naturel. Pour moi, c'était lui le meilleur. C'était la star absolue — il avait le look qu'il fallait, la voix qu'il fallait, et les chansons qu'il fallait. Jim, c'était à la fois James Dean et Marlon Brando.

Quelle beauté, quelle voix, quelles chansons incroyables ! Et surtout, jamais le moindre sous-vêtement. Ah, ça ! il n'avait pas froid aux yeux[4].

Et pourtant, Jim n'a pas toujours épargné Graham, oubliant un jour d'assurer un concert car il était resté à Sacramento pour visionner trois fois de suite le film *Casablanca* ; le blessant un autre jour en lui expédiant son micro en pleine face. La stratégie de Jac Holzman va donc s'avérer payante. Si les Doors se présentent d'abord sur scène à San Francisco en première partie de l'éphémère Sopwith Camel et des Young Rascals, ils vont vite se retrouver en tête d'affiche.

La troupe s'installe au Swiss American Hotel, en pleine éclosion du mouvement hippie, pour s'afficher dans un lieu qui accueille autant les concerts de rock, de blues et de jazz que les lectures de poésie (Lawrence Ferlinghetti, Allen Ginsberg, Andrei Voznesensky), les récitals les plus variés, comme celui du satiriste Lenny Bruce, condamné pour propos outrageants sur scène, décédé deux ans plus tôt, dont Jim reste un fan au point d'aller se recueillir sur sa tombe. Les Doors assistent même à l'historique Great Human Be-In du samedi 14 janvier 1967, considéré comme la journée fondatrice du mouvement hippie. Le rassemblement réunit plus de 20 000 membres des communautés et tribus de la baie, sur le terrain de polo du Golden Gate Park. Avec le Grateful Dead et Jefferson Airplane, mais aussi les poètes Gary Snider, Richard Brautigan, Leonore Kandel ou Michael McClure, ainsi que l'activiste conférencier Timothy Leary, le « prophète de l'acide », le « Socrate de la défonce ». Sans oublier Owsley Stanley III, l'homme qui distribue ce jour-là plusieurs milliers de doses d'acide au public rassemblé. La plupart des participants sont photographiés portant des habits bariolés et de clinquants colifichets, pour se démarquer des costumes stricts et des cols-cravates. Les cheveux se portent longs afin de bien se distinguer d'une génération vieillissante et réactionnaire à la nuque rasée.

Bien que leur musique, issue de la scène de Los Angeles, se différencie de celle des groupes de la baie, les Doors sont bien accueillis. Des morceaux comme « The End », aux accents de guitare orientaux et qui s'étire comme un raga, et « Light My Fire » font sensation. Leur musique peut logiquement être qualifiée de psychédélique. Si Robby Krieger et John Densmore adoptent volontiers des vêtements et des attitudes hippies, cela n'est pratiquement jamais le cas pour Jim et Ray. Bill Graham est resté marqué par le chanteur :

Quand Morrison était sur scène et que vous observiez le public, vous pouviez constater qu'il s'agissait de quelqu'un de très rare. Parmi tous les artistes que j'ai vus défiler dans ma salle, je n'en retiens que quatre ou cinq de son intensité. Otis Redding. Peut-être Jimi Hendrix. Et côté féminin, seule Ava Gardner, serpent entre tous, panthère entre toutes. Plus que tout autre, elle possédait ce que Jim Morrison représentait. Ça transpirait d'eux, comme une vapeur venue de nulle part. Jim avait ça, une sensualité animale[5].

On réclame autant les Doors sur la scène hippie de San Francisco (au Fillmore, au Matrix et à l'Avallon Ballroom) que sur celle de Los Angeles (chez

Gazzarri, au Hullabaloo et au Ciro), mais aussi sur la côte Est, à New York (à l'Ondine, au Village Theatre et au Steve Paul's Scene), et dans les coins les plus reculés du pays. Digby Diehl, dans *Newsweek*, note qu'il est difficile de savoir quelle âme Morrison cherche à sauver en concert, la sienne ou celle de son public. Un feu intérieur dévore le chanteur, comme si l'expérience de la scène le révélait à lui-même.

Pour l'un des concerts new-yorkais à l'Ondine, en janvier, une spectatrice attentive remarque la sensualité de Jim Morrison dans ses habits de cuir moulant, sur l'étroite scène du club. Ce pantalon est si serré qu'il met ostensiblement en valeur les attributs sexuels du chanteur. La jeune femme, née en 1946 à New York, se nomme Patricia Kennealy (en réalité Patricia Kennely). Elle est appelée à jouer un rôle non négligeable dans la vie de Jim. Les paroles des chansons, surtout, l'impressionnent, avec leur charge de mythologie, de symbolisme, de mystère et de pure poésie.

Début février, chez Gazzarri, autre club du Sunset Boulevard, l'influent critique Richard Goldstein voit pour la première fois les Doors et reste marqué par leur musique. Devenu l'un de leurs indéfectibles alliés, il contribue à leur faire conquérir New York. Il qualifie notamment leur musique de pop joycéenne, voyant en Jim un chaman sexuel, un « symbole phallique ambulant » capable de faire toutes les positions du Kama Sutra rien qu'avec ses lèvres. Exalté, il écrit même, dans *Village Voice* : « Les Doors commencent là où les Rolling Stones abandonnent[6]. » Et à propos de « The End » :

« Quiconque conteste la notion de littérature rock devrait méditer sur cette chanson. »

Les anciens amis de lycée et de collège se montrent tous surpris, sinon choqués, en découvrant leur camarade Jim Morrison chanteur dans un groupe de rock. Jim Merrill l'aurait d'ailleurs plutôt imaginé devenir une sorte de *serial killer*, tandis que Patricia Madison le voyait en savant fou, ébouriffé. Tous sont étonnés par ses cheveux longs, libres et bouclés, et par son look si sexy.

À la mi-mars, à New York, Jim croise Tandy Martin, son amour d'adolescence. Il se montre chaleureux et prévenant, allant jusqu'à la faire inviter à dîner chez Jac Holzman. Tandy est choquée par la quantité d'alcool absorbée par Jim, qui avoue par ailleurs à Pamela que, s'il boit autant, c'est pour lutter contre ses crises d'insomnie et ses cauchemars récurrents, et que chaque gorgée est une chance de béatitude. Il lui révèle ce jour-là avoir perdu certains de ses carnets, et en avoir brûlé d'autres alors qu'il était sous acide. En fait, il précisera plus tard avoir jeté ces carnets à la fin de ses études :

Il n'y a rien au monde que je préférerais encore posséder que ces deux ou trois carnets perdus. J'ai même songé un temps à me faire hypnotiser ou à prendre du penthotal pour me remémorer ces poèmes, parce que j'écrivais tous les soirs dans ces carnets. Mais peut-être que si je ne les avais pas jetés, je n'aurais jamais écrit quoi que ce soit d'original, parce qu'il s'agissait d'une accumulation de choses que j'avais lues ou entendues, comme des citations extraites de certains bouquins. Je pense que si je ne m'en étais pas débarrassé, jamais je ne me serais senti libre[7].

Il confesse aussi à Tandy qu'il hésite à consulter un psychanalyste, comme on le lui a conseillé. Puis il invite la jeune femme à un concert à l'Ondine, le lundi 13 mars, où le groupe a fidélisé un public.

Les premières réactions des auditeurs de stations AM sont sans équivoque. Avec « Light My Fire », le groupe tient un hit qui s'annonce phénoménal. Mais avec ses larges parties instrumentales, le morceau est bien trop long pour être choisi comme 45 tours. Toutefois, suite au travail de sape de quelques proches, et aux remarques concordantes de plusieurs animateurs radio, Jac Holzman insiste pour obtenir une version raccourcie. D'abord réticents, les quatre Doors confient le sévère lifting à Paul Rothchild, qui ampute le morceau à la lame de rasoir, directement sur la bande ! Il parvient ainsi à ramener sa durée de sept minutes (version album) à moins de trois minutes. Les solos de guitare et d'orgue ont été évincés, afin d'obtenir un morceau formaté pour les radios AM et le catapulter en tête des hit-parades. Paul le rusé réussit à convaincre les musiciens de s'imaginer en boutonneux priapiques de 17 ans et de se mettre un instant dans la peau d'acheteurs potentiels de 45 tours. Les Doors arborent un sourire crispé à l'écoute de la version courte, mais « la fine dentelle au rasoir » finit par les convaincre. Tel est le prix à payer pour faire décoller le groupe, et les ventes vont littéralement exploser.

Le second *single* tiré de l'album, « Light My Fire », avec en face B « The Crystal Ship », sort en avril. Les stations de radio AM matraquent le morceau sur les ondes et le 45 tours fait chauffer les juke-box dans tout le pays. Aussitôt, les demandes de concerts affluent : San Diego, Oakland, Seattle, Washington… Le jackpot est décroché le 29 juillet, lorsque « Light My Fire » atteint la première place au *Billboard* pour y demeurer six semaines. Meilleure vente de 45 tours aux États-Unis pour l'année 1967, avec plus d'un million d'exemplaires écoulés en moins d'un mois, ce morceau connaîtra de multiples reprises par d'autres artistes, dont celle de Jose Feliciano, dès 1968, qui se vend à trois millions d'exemplaires ! À partir de ce moment, tout bascule. La notoriété des Doors devient nationale, et même internationale. Le public afflue aux concerts. Pour fêter le premier 45 tours numéro 1 obtenu par son label, Jac Holzman se montre généreux. Il offre un cadeau à chacun des membres du groupe. Un magnétophone dernier cri pour Ray et Robby. Une jument nommée Metchen pour John. Et, pour Jim, une Ford Mustang Shelby GT 500, bleu foncé, surnommée la « Dame bleue ».

Il se murmure que les Beatles auraient acheté dix exemplaires du premier album des Doors. Le groupe californien se transforme malgré lui en entreprise commerciale. Il faut embaucher d'urgence des imprésarios pour s'occuper des concerts et de la promotion, pour faire écran face aux multiples sollicitations qui ne tardent pas à surgir. Mais ce choix important se fait de façon précipitée. Jusque-là davantage connus dans l'immobilier que dans le secteur musical, Asher Dann et Sal Bonafede sont les heureux élus, leurs prestations coûtant tout de même 15 % de leurs gains aux Doors. La paire d'imprésarios se lie à Todd Schiffman, chargé de faire grimper les cachets du groupe pour les concerts, même s'ils ne dépassent pas encore les 1 000 dollars par prestation. Très vite, Jim est convaincu que Sal est un membre de la Mafia, alors qu'Asher tente de s'attirer son amitié en l'accompagnant dans des beuveries. Les deux associés proposent plusieurs fois au chanteur de quitter le groupe pour entamer une carrière solo, mais Jim, d'une grande loyauté, refuse et en informe ses musiciens.

Par l'entremise de Paul Rothchild, Jim Morrison et Janis Joplin se rencontrent en avril à l'occasion d'une fête organisée par le chanteur John Davidson et le scénariste Gavin Lambert sur les hauteurs de Hollywood, à Hidden Hills. Rothchild est convaincu d'avoir une brillante idée en réunissant ceux qu'il appelle lui-même les « King and Queen of rock'n'roll ». Il observe attentivement la scène :

> Ils étaient faits pour se rencontrer. Tout s'est d'abord passé pour le mieux, ils discutaient et riaient ensemble. Jim semblait fasciné par cette fille épatante, tout comme lui savait aussi se montrer envoûtant et charmeur. Janis aimait baiser. C'était même son passe-temps préféré. Alors, quand elle a vu ce beau mec, elle s'est dit : « Il me le faut ! » À cette époque, Jim s'enivrait presque tous les jours jusqu'à sombrer parfois dans des crises de folie éthylique, et ce soir-là, il n'a pas fait exception à la règle. Il a commencé à devenir grossier et violent, se transformant en crétin et en ivrogne. Janis, qui avait plutôt l'alcool gai, s'est vraiment mise en rogne. Et plus elle le rejetait, plus il aimait ça. C'était son style de défi. Janis m'a rejoint pour me dire : « Tirons-nous d'ici ! » Nous sommes donc retournés vers le break et elle a pris le volant, comme d'habitude. Jim nous a suivis en titubant, s'est agrippé à la portière et s'est mis à nous parler. Mais Janis, plus du tout intéressée, l'a envoyé au diable.

Or Jim n'était pas du genre à se satisfaire d'une rebuffade. Aussi a-t-il essayé d'extirper Janis du break en la tirant par les cheveux. Alors, elle a saisi une bouteille de Southern Comfort qui traînait là et s'est mise à hurler, frappant Jim à la tête. Il a plus ou moins perdu connaissance. Le lendemain, je l'ai retrouvé au studio, et il m'a dit : « Quelle femme ! C'est une bombe ! File-moi son numéro de téléphone. » Il était amoureux. La confrontation physique, c'était son truc. Il pouvait aimer la violence. J'ai dû lui dire : « Jim, Janis pense que ce ne serait pas une bonne idée de vous revoir. » Et Jim en a paru meurtri[8].

L'incident est typique de la bipolarité de Morrison sous l'effet de l'alcool, capable en quelques instants de passer de la plus tendre attention à une agressivité incontrôlable. Deux personnes cohabitaient, en effet, en lui. On ne savait jamais s'il allait se présenter comme le poète, l'érudit, le gentleman raffiné, ou comme l'infréquentable provocateur, l'odieux kamikaze imbibé d'alcool. Le comportement erratique du chanteur inquiète, comme s'il cherchait systématiquement à détruire ce qu'il avait non sans mal édifié. « La tentation originelle était de détruire », écrira-t-il dans un poème non titré de 1971. Le producteur confie à Robby Krieger qu'il vaudrait mieux en tirer le maximum dès maintenant, convaincu que Jim ne pourrait pas tenir longtemps à ce rythme. Pour Janis, qui l'a révélé à John Gilmore, Jim faisait partie de ces *losers* qui se plantent eux-mêmes un couteau dans le ventre. Ce problème récurrent de l'alcool va placer Morrison dans une série de situations infamantes qui nuiront à sa carrière et à sa réputation. Ces égarements permettront à certains de le caricaturer de façon grossière, oubliant trop facilement l'aspect créatif et charmeur du personnage. Et occultant sa personnalité profonde.

Une marche contre la guerre au Vietnam réunit 400 000 personnes à New York et 70 000 à San Francisco, le 15 avril. Le spectacle télévisé quotidien, avec ses images de destruction, de cruauté et de mort, insuffle un malaise grandissant dans la société américaine. L'enlisement menace les troupes engagées en Asie.

Les enregistrements du deuxième album des Doors débutent à la mi-mai au studio 1 des Sunset Sound Recorders. Ils se poursuivront jusqu'au mois d'août. Le groupe est accaparé par les concerts qui s'accumulent ; une quarantaine pour le seul premier trimestre. Le groupe se ressource toutefois quatre jours au Whisky à Go Go, avec Buffalo Springfield, avant de jouer à nouveau à San Francisco début juin, à l'Avalon Ballroom de Chet Helms, puis au Fillmore Auditorium. Au Cheetah, à Santa Monica, Jim tombe pour la première fois dans le public.

Au Bido Lito, le minuscule club de Los Angeles qui a lancé le groupe Love, Jim croise la destinée de la future reine des groupies, Pamela Miller (alias Pamela Des Barres, dite « Sweetheart of Rock »), baby-sitter pour Gail et Frank Zappa. Elle est âgée de 17 ans, mais des décennies plus tard, malgré son impressionnant tableau de chasse des stars du rock, elle confirmera que Jim Morrison reste le plus bel homme qu'elle ait jamais connu : « Je fondais dans sa bouche comme du miel. » Toutes les filles un tant soit peu délurées et pas trop farouches rêvent alors de rencontrer le chanteur des Doors. Pamela est subjuguée en regardant onduler celui qu'elle voit comme une sorte de dieu grec au magnétisme animal :

> Je n'ai jamais vu sexualité aussi flagrante sur scène. Si Mick Jagger inspirait des rêves érotiques, sa frénésie était calculée. Mais Jim Morrison restait tellement hors de contrôle qu'il faisait peur aux gens. Alors que Mick ne faisait que suggérer le « danger » planqué dans son pantalon, Jim vous le brandissait en pleine face. Il a défié le système avec sa queue comme une sorte de Lenny Bruce rock'n'roll. Son défi était contagieux et nous en voulions toutes une part[9].

Mais miss Miller, un temps voisine du couple Jim et Pamela Courson à Laurel Canyon, est sèchement éconduite par la compagne du chanteur, trop consciente du danger représenté par cette fille qui lui ressemble à s'y méprendre. Pamela Miller parvient toutefois à grappiller quelques moments intimes avec Morrison, partageant avec lui de la marijuana et du jus d'orange mélangé à du Trimar, un produit destiné à la fois à anesthésier les animaux sauvages dans les zoos et à soulager les douleurs lors des accouchements ! Pamela s'est procuré ce puissant tranquillisant grâce au bassiste du groupe Iron Butterfly, qui lui-même l'a sorti clandestinement d'un hôpital. Mais Pamela Des Barres est vite confrontée à la bipolarité de sa conquête :

> Les bars étaient son chez-lui. C'est là qu'il commençait ses journées et souvent les terminait. Quand je l'ai connu, il était calme et séduisant, plutôt timide hors de scène. Il était doux et compréhensif, ne parlait jamais boulot sinon de ses poèmes. Il avait pour habitude de toujours en avoir sur lui. Mais un an plus tard, je l'ai rencontré au Whisky. Il m'a giflée et a lancé

une pleine bouteille de bière au visage de mon amie Lucy. Personne ne savait vraiment jusqu'où il pouvait aller[10].

Le samedi 10 juin, les Doors sont en concert au Fantasy Fair & Magic Mountain Music Festival, sur le mont Tamalpais, près de San Francisco. C'est la première fois qu'ils se produisent en plein air devant une telle foule. Dans une étrange atmosphère mi-médiévale mi-hippie, et sous un ballon géant représentant Bouddha, ce festival réunit 36 000 personnes en deux jours. Son importance historique est majeure, dans la mesure où il précède d'une semaine le légendaire festival de Monterey. Il peut ainsi être considéré comme le tout premier festival rock de l'histoire, même si Monterey reste incontestablement le point de déflagration du rock californien des sixties en pleine effervescence. Mais il représente aussi la fin de l'innocence créatrice face au business intensif. Les Doors se produisent le même jour que Canned Heat, groupe de boogie blues avec lequel ils vont rester proches. Jim lie surtout amitié avec leurs membres fondateurs, Alan « Blind Owl » Wilson et Bob Hite, dit « the Bear » (un ours de 140 kilos !), fêtards invétérés et grands collectionneurs de disques du blues des origines. Bob Hite est un ancien disquaire, tandis qu'Al Wilson a suivi des cours de musicologie et a étudié l'argot noir des années 1920. Le nom de Canned Heat provient à la fois d'un alcool dénaturé considéré comme la boisson des désespérés, et d'une chanson de 1928, de Tommy Johnson, « Canned Heat Blues ».

Après avoir à nouveau traversé le pays, le groupe est accueilli le 11 juin à New York par le jeune

Danny Fields, nouvellement engagé chez Elektra dans le rôle du *company freak*. Son travail consiste à tenir informés les décideurs des tocades du jeune public. L'infiltreur est autorisé à s'accoutrer librement, et même encouragé à fumer de l'herbe et à prendre du LSD. Comme son père est médecin, il a facilement accès à toutes sortes de produits, sédatifs, morphine ou Tuinal. Danny Fields prend en charge le relationnel du groupe et provoque la rencontre entre Jim et Gloria Stavers. Cet ancien mannequin, jadis intime de Lenny Bruce, est rédactrice en chef et photographe de *16 Magazine*, une influente revue pour adolescents. Les mauvaises langues prétendent qu'il suffit de compulser les couvertures de la revue pour dresser la liste de ses amants. Selon Danny Fields, le jeune lectorat de *16 Magazine* ne doit surtout pas être négligé, maintenant que le cercle intellectuel semble largement acquis aux Doors. Fields se souvient que Gloria a été littéralement hypnotisée par Jim :

> Leur liaison a été inimaginable. Elle lui faisait des fellations incroyables et ils baisaient à tout-va. Ils étaient barrés dans des explorations mystiques, et elle me disait que Jim était capable de se dématérialiser. Si seulement il avait pu ! Elle n'en pouvait plus de l'attendre en ville. Un jour, il l'a appelée pour lui dire : « Je suis au Chelsea et je veux vraiment te voir. Viens dans ma chambre, la porte sera ouverte. » Alors, elle y est allée et l'a cherché, répétant : « Jim, Jim. » Elle était effrayée, seule dans cette chambre d'un hôtel inquiétant. Jim ne se trouvait ni dans la chambre, ni dans la salle de bains. Alors, elle est repartie en taxi et est rentrée chez elle où le téléphone sonnait. Elle a décroché. C'était Jim, qui ricanait. Elle lui a demandé : « Enflure, où t'étais ? Je suis venue et je t'ai cherché partout… » Il a répondu : « Tu n'as pas regardé sous le lit[11]. »

Les Doors sont présentés à l'influent Steve Paul, producteur pour Channel 5, et surtout directeur du club The Scene. Soi-disant infiltrée par la Mafia, cette boîte de nuit attire à la fois les noceurs de la jet-set, des passionnés de musique et une clientèle de hippies mondains. Située en plein Manhattan, cette caverne est une sorte de labyrinthe en brique où le public peut toucher les musiciens en tendant simplement la main. La salle reçoit des groupes comme les Lovin' Spoonful, les Young Rascals (devenus les Rascals en mai 1968) et le Velvet Underground, mais aussi des artistes aussi variés que Sammy Davis Jr, l'excentrique Tiny Tim, Janis Joplin et Jeff Beck. Jimi Hendrix apprécie ce lieu, au point d'en faire l'un de ses repaires favoris pour des jam-sessions de fin de nuit. De juin à octobre, les Doors vont se produire plusieurs fois au Scene et au Village Theater, pour une série de shows promotionnels. Brian Jones assiste à l'un des concerts en compagnie du critique Al Aronowitz, mais sans pouvoir discuter avec Jim. Aronowitz, lui, ne rencontrera le chanteur que quelques mois plus tard, à San Francisco, chez son mentor Michael McClure. Il décrira Jim comme un homme agréable, drôle et accessible… en privé. Jim fait aussi la connaissance de Paul Newman, avec lequel il envisag d'écrire et interpréter la chanson-titre du film *Rachel, Rachel* que l'acteur s'apprête à réaliser. Mais le projet restera sans suite.

Jim effectue de longues promenades en solitaire dans Manhattan. Il fréquente des lieux en vue comme le Max's Kansas City. Grâce à Tom Baker, présent à New York, Andy Warhol et Paul Morrissey viennent assister à un concert des Doors au The Scene. Tout comme Jimi Hendrix le 14 juin, en route pour le festival de Monterey. Ces performances particulièrement sombres et puissantes, d'une grande intensité dramatique, tranchent fortement avec le son du Summer of love de cet été 1967. Alors qu'ils jouent dans cette petite salle branchée, les Doors atteignent paradoxalement la célébrité au niveau national, tant avec leur premier album qu'avec le 45 tours « Light My Fire ».

Durant ce séjour à New York, les ébats explosifs de Nico et Jim stupéfient leur voisin de chambre au Great Northern Hotel, John Densmore : « Je n'avais jamais entendu pareil barouf. On avait l'impression qu'ils se rouaient de coups. J'étais inquiet, mais je n'ai jamais osé demander ce qui s'était passé. Le lendemain, comme Nico semblait en forme, j'ai laissé tomber[12]. » La chanteuse témoignera qu'elle et Jim se frappaient quand ils étaient ivres, mais qu'ils aimaient ces sensations fortes et faisaient par ailleurs l'amour avec douceur. Pour Nico, Jim était son âme sœur, même si elle le qualifia avec enthousiasme de « fou ».

Au moment où son fils Jim et son groupe décrochent la première place des hit-parades, Steve Morrison voit ses ambitions couronnées de succès. À l'âge de 47 ans, celui qui dirigeait sa maison comme son navire devient le plus jeune amiral de la flotte américaine. Comme il est affecté au Pentagone, la famille déménage à nouveau pour s'installer en Virginie, à Arlington, dans la banlieue de Washington. Andy entend les Doors à la radio sans se douter que son frère est le chanteur du groupe. Une pensée inimaginable pour l'adolescent, jusqu'à ce qu'un ami lui conseille d'acheter le premier album de la formation. Oui, aucun doute, c'est bien la photo de son frère sur la pochette du disque. Andy en informe aussitôt la maisonnée. Dès le lendemain matin, la mère des deux garçons compose le numéro de téléphone de la compagnie Elektra, à New York. On lui donne les coordonnées d'un hôtel de Manhattan où elle parvient enfin à joindre Jim. Mais Clara ne peut s'empêcher d'adresser des griefs à son fils aîné pour son silence. Elle lui reproche de ne jamais leur écrire et le somme de rejoindre le cercle familial pour Thanksgiving, lui précisant bien de se faire couper les cheveux pour faire plaisir à son père. Après avoir raccroché, Jim, ulcéré, donne une consigne drastique : interdiction désormais de lui passer tout appel téléphonique émanant de son père ou de sa mère, même s'il reste en contact avec son frère et sa sœur.

Le Monterey International Pop Music Festival, le premier festival rock d'envergure internationale, se tient sur le champ de foire du comté de Monterey, en Californie, du 16 au 18 juin. Heureusement filmé par D.A. Pennebaker, il va marquer d'une pierre blanche l'histoire de la musique rock, les artistes venant à la fois de San Francisco, de Los Angeles, de Chicago, de Memphis, de New York... et d'Angleterre. Brian Jones présente le méconnu Jimi Hendrix sur scène. Le folk, le blues, la soul, le rhythm'n'blues et le rock psychédélique se côtoient en pleine harmonie. L'idée est de hisser la musique rock à un niveau de notoriété identique à celui du jazz et du folk, deux musiques qui possèdent déjà leurs festivals reconnus.

De retour de New York, les Doors se produisent ce week-end-là dans une modeste discothèque de Long Beach, l'Action House, alors que le plus réussi de tous les festivals de musique rock est organisé près de chez eux. Leur image n'a pas été jugée suffisamment *peace and love* par Lou Adler qui avait jadis écouté avec mépris leur maquette chez Dunhill Records. Jimi Hendrix et Janis Joplin, avec leur charisme, les Who et Otis Redding créent l'événement et entament le Summer of love dans un feu d'artifice. Les Doors, tout comme Love et Frank Zappa, ont été « oubliés » par les organisateurs. En dépit de leur image psychédélique, ils ne sont pas considérés comme partie intégrante de la scène hippie. Ils ne sont visiblement pas désirés par Lou Adler, John Philips de The Mamas and the Papas, Alan Pariser et Derek Taylor qui ont préparé l'affaire en sept petites semaines seulement. Jac Holzman est dépité par l'oubli de ses nouvelles stars, alors que « Light My Fire » est programmé sur toutes les radios.

Le 22 juillet, les Doors font un triomphe sur la chaîne télévisée ABC où ils sont invités pour l'émission « American Bandstand », animée par Dick Clark. Une émission que, lycéen, Jim suivait régulièrement. Lorsque « Light My Fire » décroche la première place au *Billboard*, les presseurs de disques habituels d'Elektra, incapables de tenir la cadence, sont contraints de sous-traiter avec des usines situées dans le Michigan et à Nashville ! En quelques semaines, les Doors passent de l'espace confiné des clubs à une reconnaissance s'étendant d'une côte à l'autre des États-Unis. Il y a soudain de l'argent à gérer, beaucoup d'argent : plus d'un million de dollars de revenus pour la seule année 1967. Face à l'ampleur du succès, le label Elektra fait le forcing pour obtenir un nouvel album dans les meilleurs délais.

La presse est enthousiaste, autant celle destinée aux *teenyboppers* (les adolescentes achètent à elles seules plus des trois quarts des 45 tours vendus dans le pays) que les journaux underground et les prestigieux magazines comme *Time*, *Newsweek* et *Vogue*, pour lequel Richard Avedon photographie Jim Morrison. Il est en effet rarissime, voire unique, qu'un groupe de rock se réfère avec pertinence à des auteurs comme Blake, Brecht, Céline, Freud, Kerouac ou Rimbaud. Mais la scénographie des Doors marque aussi les esprits, comme l'indique par exemple le syndicaliste Tom Robbins :

> À la façon des grands acteurs japonais, les Doors projettent toute leur intensité dans les moments de silence. Les Doors sont des carnivores dans un espace musical de végétariens[13].

S'ensuit un véritable tourbillon de concerts fin juillet et courant août. Le côté sulfureux des Doors tranche avec la vague finissante des groupes consensuels, annonçant la fin de l'optimisme d'une époque florissante. Le 28 juillet, au Fillmore Auditorium de San Francisco, Paul Baratta, associé de Bill Graham, est subjugué :

Il y avait quelque chose de particulièrement charismatique chez eux. Je n'ai jamais perçu pareil don chez ceux qui évoluaient dans ce milieu. [...] Ils ont joué « The End » et c'est là que j'ai compris que c'était du théâtre. Mon corps tout entier l'a compris. Je retrouvais là tout ce que j'avais appris du théâtre. C'était comme une formation accélérée, le temps d'un éclair aveuglant. [...] L'artiste sur scène interagit avec le public jusqu'à ne plus former qu'une seule et même entité, au lieu d'être seulement quelqu'un qui se produit *devant* un public[14].

Les promoteurs s'arrachent les Doors et augmentent leurs cachets, quitte, par exemple, à les associer au dernier moment au duo Simon and Garfunkel, à Forest Hill, dans le Queens, le samedi 12 août. Déconcertée, une partie des 13 000 personnes venues acclamer le gentil duo siffle les Doors qui quittent la scène après quatre morceaux. Mais qu'importe, le succès est là et bien là. Le lundi 14 août, les Doors sont conviés par le *Billboard* à une réception, à l'hôtel Delmonico de New York, sur Park Avenue, afin de recevoir leurs récompenses. Ils rencontrent les journalistes les plus huppés, diverses célébrités et les DJ's les plus influents, ceux qui ont matraqué sur les ondes la version raccourcie de « Light My Fire ». On leur remet la plaque commémorative pour avoir atteint la première place du Top 100 des 45 tours (plus d'un million d'exemplaires vendus). Le premier album et le *single* sont tous deux certifiés disques d'or. En fin de soirée, passablement éméché, Jim jette des glaçons sur les invités et ouvre des bouteilles de vin de grand cru en leur brisant le goulot. Les derniers convives sont expulsés par la police, appelée à la rescousse alors que la fête dégénère. Jim se retrouve en compagnie de Steve Paul, Gloria Stavers, Danny Fields et Andy Warhol. Ce dernier lui offre un kitchissime téléphone au cadran en or et au combiné en ivoire. À l'angle de la 53ᵉ Rue, Jim se débarrasse du présent par la vitre baissée du taxi. Andy Warhol, interloqué, reste figé au fond de son siège. Mais les passagers sont loin d'être au bout de leurs surprises... Contrarié parce que Jac Holzman n'est pas resté jusqu'à la fin de cette soirée primordiale pour les Doors, Jim demande soudain au chauffeur de se rendre au domicile du directeur d'Elektra. La troupe se retrouve devant une porte close au huitième étage. Après avoir tambouriné en vain, Jim signe sa présence en vomissant généreusement dans le hall de marbre et en arrachant le tapis du palier.

Le 18 août, Jim est confronté à un choc émotionnel. Deux concerts sont programmés le même jour dans deux villes différentes (Annapolis et Alexandria) par le promoteur Todd Schiffman. Une preuve du stakhanovisme auquel les Doors sont désormais astreints, leurs revenus à court terme étant encore assurés par leurs prestations en public. Après s'être produit à 19 h 30 à l'Annapolis National Guard Armory, dans le Maryland, le groupe doit foncer à la Roller Rink Arena d'Alexandria, en Virginie, pour monter sur scène vers 22 h 30, en clôture d'un concours entre groupes locaux. La soirée est naïvement intitulée le « Flower Power Show ». En froid avec les trois musiciens, Jim est convoyé dans une autre voiture. Afin d'égayer le trajet, il demande à s'arrêter pour acheter deux bouteilles de Jack

Daniel's. Il finit la seconde dans les loges, peu avant de monter sur scène avec un rire sardonique.

Normalement dédiée au roller, cette salle de 4 000 places, un immense hangar au toit ondulé, est souvent reconvertie en salle de concerts pour accueillir les groupes de la British Invasion, comme les Yardbirds, les Rolling Stones et bien sûr les Beatles qui, depuis 1964, en toute hégémonie, sont venus damer le pion aux *surf songs* des Beach Boys. Les Anglais ringardisent nombre de groupes locaux en venant secouer le rêve californien alangui. Mais Jim connaît bien cette salle située à trois kilomètres à peine de la maison familiale de Woodland Terrace, et à une encablure du lycée George Washington. Que de chemin parcouru pour l'écolier qui, quelques dizaines de mois plus tôt, vivait retranché dans sa cave, en pleine crise de lecture et d'introspection !

Ce soir-là, l'ambiance est moite et surchauffée dans cette salle dépourvue d'aération. Les témoignages sont unanimes, le show est d'une intensité toute particulière, débutant par « Break on Through (To the Other Side) », incluant le « Who Do You Love » de Bo Diddley et finissant par de longues versions de « Light My Fire » et « The End ». Tout de noir vêtu (chemise, veste de cuir et pantalon de vinyle), Jim apparaît concentré quoique l'esprit échauffé par les deux bouteilles de bourbon. Il tournoie sur scène tel un derviche possédé et improvise quelques poèmes. En toute fin de concert, comme en transe après avoir interprété « The End », il jette une cymbale dans le public, blessant une adolescente au front. Le show achevé, Morrison revient seul au micro pour hurler : « Hey, Alexandria ! » Joignant le geste à la parole, il lève les mains pour tendre un double doigt d'honneur en souvenir de son adolescence passée dans cette ville. Une échauffourée s'ensuit en coulisses entre Jim et l'animateur, Jack Alix, mais le groupe repart aussitôt en limousine.

Parfois, Jim quittait si peu ses pantalons de cuir que Pamela devait les lui dérober durant son sommeil pour les faire nettoyer. Ce que confirment, entre autres, la journaliste Heather Harris et la chanteuse Linda Ronstadt qui jouera en 1968 en première partie des Doors avec son groupe, les Stone Poneys : « Il portait toujours le même pantalon en peau de serpent qui sentait vraiment fort, vu qu'il ne le lavait jamais[15]. » Si tel est le cas, c'est aussi que ce métaplasme fantasmagorique, cette seconde peau mystique, bien plus qu'un travestissement, apporte au chanteur une personnalité régénératrice.

Chelsea Girl, le film d'Andy Warhol, est présenté fin août au Presidio Theatre de Los Angeles. Si la troupe de Warhol se déplace de New York pour l'occasion, Nico passe une partie de l'été à Hollywood, en compagnie de Jim. Danny Fields, qui a pris du galon chez Elektra, sert à nouveau d'entremetteur :

> Morrison m'a suivi dans sa voiture de location, direction le Chateau Marmont. Il est entré dans la pièce où Nico se trouvait, et ils se sont regardés et ont commencé à se tourner autour. Puis, ils se sont mis à fixer le sol, sans se dire un mot. Ils étaient trop poétiques l'un et l'autre pour dire quoi que ce soit. Instantanément, un lien mystique s'est noué entre eux[16].

Leur liaison électrique au Chateau Marmont a frappé les esprits. Jim, nu, joue les funambules sur le parapet du toit, sautant d'une tourelle à l'autre au clair de lune. Tous deux vont jusqu'à échanger leur sang et prendre du peyotl dans le désert, du côté de la vallée de la Mort, Jim affirmant à Nico qu'on rencontre davantage de poètes chez les Comanches que dans les librairies. Il lui parle longuement de l'art d'écrire de la poésie, lui récite des poèmes de Shelley et de Blake, l'encourage à écrire et à composer ses propres chansons. Ayant remarqué que Jim entretient un fétichisme pour les rousses, Nico avoue : « J'étais tellement folle de lui que je me suis teinte en rousse. Je voulais me plier à tous ses goûts. Plutôt stupide, non ? Comme une adolescente[17]... » Toutefois, effrayés par leurs exigences sans frein, Jim et Nico décident de mettre un terme à leur aventure torride : « Il était le premier homme dont je fus vraiment amoureuse, car il s'intéressait autant à mon physique qu'à mon esprit. Mais nous buvions trop et prenions trop de drogues, ce qui était un problème. Tout nous semblait possible, nous n'avions pas de règles. Nous avions un trop gros appétit[18]. » En souvenir de Jim, Nico restera teinte en rousse jusqu'à sa mort en 1988, à Ibiza. Ce jour tragique, elle avait encore une photo de lui dans son portefeuille.

À New York, Jim se fait confectionner des habits par la créatrice de mode Trina Robbins, aussi conceptrice de vêtements pour Andy Warhol. La styliste Mirandi Babitz, proche des Who et des

Rolling Stones, liée à Pamela Courson, joue aussi un rôle important. Elle confectionne sur mesure les fameuses ceintures de Jim, une veste en véritable lézard et des pantalons de cuir noir serrés, aux boutons argentés. Pour Mirandi, qui fut un temps leur voisine, Jim et Pamela jouaient un jeu dangereux et semblaient deux enfants laissés sans surveillance. Des enfants qui vont tout de même se faire injecter de la vitamine B-12 à l'UCLA pour se maintenir en forme entre leurs excès.

Jim semble dans une mauvaise passe. Toujours plus d'alcool, de filles et de frasques en tout genre. Il s'adonne à l'un de ses jeux pervers favoris : inviter une fille à le rejoindre dans son motel pour le découvrir au lit avec une autre. Il collectionne les accidents de voiture, se fait retirer son permis, choque son entourage en urinant dans les ascenseurs ou les restaurants. Sa fréquentation devient parfois problématique, honteuse. Insupportable, sauf pour les petits malins que Jim régale, du moment qu'ils ont de l'esprit et le sens de la repartie. Dans son sillage ondulant, il attire dans les bars une bande de faux amis qui profitent sans vergogne de ses largesses. Ceux que Pamela, mais aussi Ray Manzarek, nomment les *parasites sycophantes* ou les *sangsues*. Et qui éloignent Jim de ses missions principales, à savoir l'écriture et le cinéma.

Le groupe touche en priorité une frange branchée de la jeunesse et des intellectuels grâce à des chansons « à texte », mais aussi une foule d'adolescents friands de nouveaux sons et un public amateur d'émotions fortes. Ces émotions peuvent surgir d'expériences aux hallucinogènes, notamment l'acide, ce qui fait souvent classer le groupe dans la catégorie *acid rock*. En fait, les Doors ne laissent jamais indifférent. Certains détracteurs leur reprochent leur arrogance, leur perversité, leurs obsessions et leurs outrances. Mais pour l'heure, la presse, dont l'hebdomadaire *Newsweek* et le *New York Times*, se montre très intéressée, quoique parfois choquée, par ce groupe atypique dont le travail et les spectacles sont censés conduire à une métamorphose : « Pensez à nous comme à des politiciens érotiques[19]. » Ce Morrison, qui a décidément le sens de la formule, se démarque dangereusement des autres artistes rock. « Ange exterminateur » ou « Prométhée défoncé ». Du pain bénit pour les journalistes. Un magazine de prestige comme *Vogue* ne passe pas à côté du phénomène, malgré une comparaison finale hasardeuse : « Ses chansons sont mystérieuses, chargées d'un symbolisme quelque peu freudien, poétiques mais peu complaisantes, suggérant le sexe, la mort, la transcendance... Jim Morrison pourrait être Edgar Poe réincarné en hippie[20]. » *Newsweek* suggère que cette musique est faite pour « un public se complaisant dans le péché et venu s'abreuver de cris orgasmiques[21] ». Un magazine marginal mais respecté, *Village Voice*, surenchérit : « Il n'y avait plus de véritable symbole sexuel masculin depuis que James Dean est mort et que Marlon Brando a pris du bide. Les battements de cœur de Dylan sont plutôt cérébraux et les Beatles ont toujours été trop mignons pour être vraiment sexy. Maintenant surgit Jim Morrison, des Doors. Si mes antennes ne m'égarent, voilà bien longtemps qu'il n'y a rien eu d'aussi fort pour s'emparer de la libido des masses[22]. » Quant au *New York Times*, il voit carrément Jim Morrison comme le plus puissant symbole sexuel apparu dans notre culture populaire depuis James Dean et Elvis Presley.

Fin août, les quatre Doors sont à Hollywood, au studio 1 des Sunset Sound Recorders, où ils reprennent les sessions d'enregistrement de leur deuxième album, entamées début mai. Entre-temps, le studio a été équipé d'une console huit-pistes. Une révolution technologique ! Paul Rothchild et les musiciens sont excités à l'idée d'enregistrer avec ce nouveau matériel qui passera rapidement au seize, au vingt-quatre puis au trente-deux-pistes : « On a fait *Strange Days* à la façon d'un film de Fritz Lang, comme *Metropolis*, avec nos blouses de laborantins[23]. » Ces nouvelles possibilités leur permettent des audaces inédites pour un album plus expérimental. Pour le poème « Horse Latitudes », l'ingénieur du son Bruce Botnick, très compétent (il a commencé à travailler à 16 ans avec les Supremes !), prend l'initiative d'intégrer des bruitages bricolés sur un magnétophone. Cette récolte de sons distordus est obtenue à partir d'objets aussi divers qu'une bouteille de Coca, une poubelle, des demi-noix de coco ou des agrafes frottées sur des cordes de guitare. Sans doute le fruit de son expérience lorsqu'il enregistre des spots publicitaires, le matin, ou des disques pour Disney, l'après-midi, sans parler de la bande-son du *Mary Poppins* de Robert Stevenson, avec Julie Andrews. Sur « Unhappy Girl », il enregistre des parties de piano à l'envers. Sur « Strange Days », où Ray utilise l'un des premiers synthétiseurs Moog programmés par Paul Beaver, il transforme la voix de Jim. Ray, muni de mailloches, plonge dans un piano à queue Yamaha pour en tirer des sons angoissants. Paul Rothchild, plus trivial dans ses audaces, propose d'engager une fille pour faire une fellation à Jim alors qu'il chante sur « You're Lost Little Girl ». Pamela choisit de s'occuper elle-même de cette brillante idée, mais la prise ne sera pas retenue pour le disque. Sur « When the Music's Over », chanson écologique sur le saccage de la planète (« Qu'ont-ils fait à la terre ? / Qu'ont-ils fait à notre sœur si pure ? / Ils l'ont dévastée, pillée, éventrée, déchirée / transpercée de couteaux au flanc de l'aube »), Jim fait allusion à sa propre mort : « Avant de sombrer dans le grand sommeil / Je veux entendre le cri du papillon. »

Sur cet album à contre-courant des disques qui fleurissent en cette année marquée par l'éclosion du Flower Power, Ray Manzarek utilise un clavinet Hohner sur « Love Me Two Times » et « People Are Strange », ce qui lui permet d'apporter une surprenante tonalité de clavecin. Sur « When the Music's Over », Jim Morrison lance sa fameuse formule : « On veut le monde, et on le veut... MAINTENANT ! » Et tandis que les Doors, Bruce Botnick et Paul Rothchild jouent les aventuriers en studio, les précommandes de l'album *Strange Days* atteignent déjà les 500 000 exemplaires. Le lundi 4 septembre, Elektra met en vente le 45 tours « People Are Strange », annonciateur du deuxième album.

Les Doors se présentent le 17 septembre au « Ed Sullivan Show » pour interpréter en direct « People Are Strange » et « Light My Fire ». Cette émission de variétés du dimanche soir, programmée en direct et en *prime time* sur la chaîne CBS, est alors une véritable institution. Elle constitue l'un des programmes les plus regardés de toute l'histoire de la télévision américaine. Avec une moyenne de 60 millions de spectateurs, elle est alors la plus populaire des États-Unis. Lancée en 1948, elle cessera d'être programmée en 1971. Son austère animateur vedette, au visage impassible, n'hésite pas à inviter des groupes rock (à commencer par les Beatles dès 1964) et des artistes noirs (le premier fut Bo Diddley en 1955, non sans créer le scandale) parmi des artistes comme Elvis Presley, Barbra Streisand, Rudolf Noureef, Julie Andrews ou Maria Callas. Il a le don pour présenter tout ce que la culture peut offrir dans les domaines de l'art, du sport et du divertissement. S'il sait capter des auditoires *a priori* antinomiques, il a aussi l'irritante habitude de réclamer aux artistes des concessions, voire de s'autocensurer, afin de ne pas choquer un public familial. En 1960, Bob Precht, le gendre de Sullivan, est devenu le producteur de l'émission. Il arrive dans la loge des Doors, sourire gêné au coin des lèvres, pour évoquer un « léger détail » concernant le morceau « Light My Fire ». Amusés, les musiciens le laissent préciser que la station CBS ne peut laisser chanter le mot *higher* (« planer », « se défoncer » ; « *Girl, we couldn't get much higher* »), allusion à la drogue, et qu'il serait judicieux de modifier ce passage. En remplaçant, par exemple, *higher* par *better*. Les Doors ne sont pas trop surpris. La chaîne a récemment censuré Pete Seeger lors du « Smothers Brothers Show », et Bob Dylan en 1963 pour « Talkin' John

Birch Paranoid Blues ». Les Rolling Stones, en cette même année 1967, ont accepté de modifier les paroles de « Let's Spend the Night Together », pour les transformer en « *Let's spend some time together* ». Même si Mick Jagger a chanté en faisant une moue appuyée de dégoût. En janvier 1957, Elvis Presley avait été filmé cadré au-dessus de la ceinture, afin de masquer son déhanchement considéré comme indécent.

Jim répond calmement à Precht qu'il n'y a aucun problème pour changer les paroles. Ed Sullivan se rend alors en coulisses pour préciser aux quatre Doors qu'il serait préférable qu'ils sourient face à la caméra et qu'ils ne soient pas trop sérieux. Ce à quoi Morrison rétorque : « C'est-à-dire que, en fait, comme groupe, on est plutôt du genre lugubre… » Mais sa décision est prise, à savoir modifier les paroles lors de la répétition… pour bien entendu chanter le texte original en direct. En fin d'émission, Precht surgit, ulcéré que les Doors n'aient pas tenu leur promesse, mais Manzarek, ironique, souligne que le chanteur a vraisemblablement dû *oublier* face à la caméra. Alors que n'importe quel autre groupe serait venu en rampant à cette émission, vu son considérable retentissement (dix millions de téléspectateurs ce soir-là), la position des jeunes Californiens ne manque pas de panache. Les Doors ne seront plus jamais invités, mais l'impact est énorme, comme le rapporte le journaliste Harvey Kubernik :

> Au début, ça n'avait aucune importance que nous, les garçons, on écoute les Doors. Les filles du lycée s'en fichaient complètement. Mais en quelques semaines, suite à la prestation

du groupe chez Ed Sullivan, quand on a interdit à Jim de chanter *higher* sur « Light My Fire », et qu'il l'a quand même chanté, on ne pouvait plus faire concurrence à Jim Morrison. Il était partout affiché dans les casiers des filles. Tout d'un coup, il n'y avait plus de Beatles ou de Stones ou de Dave Clark Five[24].

Toujours en septembre, à New York, Jim retrouve Gloria Stavers dans son appartement de l'East Side, pour une séance photos destinée à *16 Magazine*. L'ex-mannequin le provoque, lui suggère de regarder l'appareil en imaginant une femme qu'il désire ou un homme qu'il aurait envie de tuer. Gloria cherche à trouver l'expression qui révèle le mystère de la chanson « The End ». Laissé libre d'agir dans l'appartement, Jim, torse nu et en pantalon de cuir, emprunte une veste en fourrure et un collier de Gloria. À partir de cette séquence, Jim se transforme pour certains en « une espèce de phallus sacré gainé dans du cuir noir[25] ».

Le lendemain, chez Joel Brodsky, Elektra a prévu une séance photos pour les quatre membres des Doors. En pantalon de cuir noir, Jim porte toujours le collier de perles de Gloria Stavers. Les trois musiciens sont en poncho noir. Brodsky prend une série de portraits expressifs de Jim, mimant la rage ou la séduction. Le fauve messianique ou l'amant irrésistible. Le Dionysos du rock. Il photographie aussi la gestuelle des mains et des bras. Cette séance donnera les photos parmi les plus célèbres de Jim Morrison, dites du « jeune lion » en raison de leur expressivité sauvage. Les plus connues le représentent torse nu, les bras en croix, dans une attitude christique. Aucune dérision dans cette séance : « La plupart des groupes, quand vous faites leur portrait en studio, se font des blagues, des farces, essaient de se dérider. Les Doors, jamais. Ils prenaient tout ce qu'ils faisaient au sérieux, tout le temps. Et Jim était le plus sérieux des quatre[26]. » Certaines photos sont bientôt publiées par le prestigieux magazine *Vogue*.

Les sollicitations se multiplient, le calendrier s'affole. Étant donné leur succès national, il devient difficile aux Doors de se produire dans des clubs. Ils font toutefois exception en se produisant dans des salles universitaires bondées, à Oswego, Soneybrook ou Toledo. Cette fois, l'argent est bien là et la vie peut changer. Les comptes sont arrêtés deux fois l'an, fin juin et fin décembre. À la mi-septembre, les Doors touchent leur premier chèque de royalties, 50 123,75 dollars chacun !

Le lundi 25 septembre, dix mois à peine après *The Doors*, paraît le deuxième album du groupe, *Strange Days*, déjà virtuellement disque d'or. Très vite, le 45 tours éponyme entre dans le Top 20, et le 33 tours dans le Top 10. Signée Joel Brodsky, la pochette post-surréaliste fait se côtoyer dans une ruelle de New York, Sniffen Court, un jongleur (Frank Kollegy, l'assistant de Joel Brodsky), deux acrobates, des nains (les frères Janus, un au recto, l'autre au verso de la pochette), le mannequin Zazel Loven (la coiffeuse de l'épouse de Brodsky), un hercule de foire (le portier du club Friars), et enfin un chauffeur de taxi au chapeau cabossé auquel on donne cinq dollars pour jouer le trompettiste. Impossible de trouver de vrais artistes de cirque en été, période où ils sont en tournée. Le directeur artistique,

William Harvey, et les musiciens se sont accordés pour une atmosphère résolument onirique, fellinienne, proche de *La Strada*. Une sorte de cirque urbain en folie. Jim, qui a détesté la pochette du premier album, refuse qu'on utilise à nouveau son visage en couverture. Comme le côté sex-symbol lui pèse déjà, il lance l'idée d'une pochette où le groupe serait entouré d'une trentaine de chiens dans une pièce exiguë… En fait, il est prêt à tout, sauf à voir son image mise en avant.

En octobre, le contexte politique est toujours aussi tendu, alors que Che Guevara est tué en Bolivie. L'utopie d'une génération semble soudain rattrapée par les balles réelles de ceux qui détiennent le pouvoir. Il deviendra progressivement de bon ton de se moquer de l'utopie hippie, mais au bénéfice de quelle réalité, sinon purement matérialiste ?

Du 16 au 22 de ce mois est organisée une semaine contre la conscription pour le Vietnam. La « Stop the Draft Week » est une mobilisation nationale contre cette guerre où 486 000 soldats américains sont impliqués en Asie. Les cas d'automutilation et de *fragging* (jet de grenade à fragmentation contre un officier trop zélé) vont croissant. L'idée est d'échapper coûte que coûte à cet enfer, une guerre injuste et injustifiée. Plus de 200 officiers américains seront ainsi tués par leurs propres troupes, chiffre inquiétant que l'on cherche à dissimuler. La société américaine déchante en découvrant les ravages du napalm en Asie du Sud-Est et le contrecoup du ségrégationnisme aux États-Unis mêmes. Les pertes américaines dans le delta du Mékong et alentour frôlent les 50 000 morts. Deux modes de vie s'affrontent aux États-Unis, la société de consommation et le pouvoir établi, face aux aspirations de libération existentielle et de paix d'une grande partie de la jeunesse. « Les danseurs contre les bellicistes. Les jardiniers du nouvel Éden contre le complexe militaro-industriel[27] », selon la formule de Ray Manzarek.

Dans un tel contexte, Jim Morrison est tenté de politiser ses chansons. Il écrit ainsi « The Unknown Soldier » (« Enfants morts de la télévision, les balles frappent la tête casquée »), première véritable *protest song* des Doors. En fait, le soldat inconnu est un déserteur. Pour Jim, il s'agit d'un nouveau défi lancé à son père l'amiral. Le groupe enregistre cet hymne pacifiste (qui ne figurera que sur son troisième album) avec roulements de tambour et frappe de baguette sur le bord de la caisse claire, bruits de pas cadencés et coups de feu tirés par un peloton d'exécution. Jim mime bien sûr le soldat fusillé par la guitare Gibson de Robby Krieger qui le met en joue. Sur scène, foudroyé par la décharge électrique du guitariste, le chanteur s'écroule inanimé durant plusieurs minutes, avant de ressusciter spectaculairement après avoir été agité de soubresauts. Dans le clip tourné pour l'occasion, le peloton d'exécution est ironiquement constitué de critiques rock de premier plan ! En pleine guerre du Vietnam, la chanson théâtralisée — se terminant par une boucle ironique où le chanteur répète : « Tout est fini ! / La guerre est finie ! » — est bien entendu censurée par la plupart des radios commerciales et la télévision. Jim écrit également « Five to One », à cinq contre un. « Ils [les militaires, les politiciens, les vieux] ont les fusils / Mais nous [les jeunes, les Noirs, les allumés] avons le nombre / Nous vaincrons, oui / C'est notre tour / En avant ! » À noter un sens caché : en Californie, un « number » est un autre nom pour un joint de marijuana… Autre sens caché raconté par Jim à Pamela, ce rapport de cinq contre un fait référence au chanteur lui-même, seul face à Paul, Bruce, Ray, John et Robby, unis contre lui. Afin de glacer l'atmosphère, Jim assène : « Personne ne sortira d'ici vivant. » Cette chanson, aussi violente qu'empreinte de naïveté, est l'une des plus efficaces sur scène. Sur disque, le bassiste de Clear Light, Doug Lubahn (présent sur trois albums des Doors à partir de *Strange Days*), considéré comme le cinquième Doors par Ray Manzarek, apporte une contribution saisissante avec ses effets fuzz. Clear Light était un des trois groupes préférés de Jimi Hendrix, comme le guitariste le déclara au magazine *Rolling Stone*. Malgré la censure, guerre du Vietnam oblige, « The Unknown Soldier » parviendra malgré tout jusqu'à la 22e place du Top 50. Morrison, moue ironique aux lèvres, répondra un jour que cette chanson n'est pas spécialement politique…

Ce même mois, les Doors sont de retour à New York pour une nouvelle série de shows au The Scene de Stevie Paul. Mais le groupe, sans trop le savoir, fait ses adieux à ces petites salles où il excellait. Selon un planning chaotique, les concerts et les déplacements en avion vont se succéder jusqu'en décembre (Tulsa, Baltimore, Berkeley, San Diego, San Francisco, Washington, Seattle, etc.). Comme Clara Morrison a de la suite dans les idées, elle remarque que les Doors se produisent en concert le 25 novembre à l'International Ballroom de l'hôtel Hilton de

Washington. Elle décide de venir, accompagnée de son fils cadet, mais la consigne du chanteur est respectée à la lettre par l'agent Todd Schiffman, aidé du tout jeune roadie Bill Siddons. Jim refuse catégoriquement que sa mère, qu'il n'a plus revue depuis trois ans, puisse l'approcher. Elle assiste cependant au spectacle, durant lequel elle subit les paroles assassines et incestueuses de « The End », proférées par son fils aîné. Avec le mot *fuck*, particulièrement appuyé ce soir-là. Bouleversée, elle insiste pour retrouver Jim à son hôtel où on lui affirme qu'il a déjà quitté la ville. Andy témoignera que sa mère, qui ne reverra plus jamais son fils, était en pleurs dans la voiture du retour.

Au Long Beach Auditorium, le 1er décembre, les Doors partagent à nouveau l'affiche avec Canned Heat : « Nous étions bien complémentaires avec les Doors. Nous représentions tous deux l'avant-garde du son de Los Angeles, forgé à l'aune de la scène de Topanga-Venice, attirant le même genre de public[28]. » Jim retrouve Alan Wilson, tous deux étant de brillants créatifs, introvertis et asociaux, qui « courtisaient la mort comme s'il s'agissait d'une amante sombre et diaphane[29] », précise le batteur Fito de la Parra.

Une semaine plus tard, le 9 décembre, les Doors doivent se produire à l'Arena de New Haven, dans le Connecticut. Le chanteur a eu 24 ans la veille. En apparence de routine, ce concert va s'avérer déterminant pour le destin de Jim Morrison. Il est de fort méchante humeur, suite à de sérieuses disputes avec Pamela à laquelle il reproche de s'adonner à l'héroïne, drogue qu'il redoute à juste titre, et de s'afficher trop ouvertement en compagnie de Tom Baker. Mais aussi du fait que, quelques jours plus tôt, à Longbeach, il a fait une chute sévère dans le public, et que le 3 décembre, à Portland, dans l'Oregon, des policiers ont osé lui couper le micro suite à des débordements. Pour une fois arrivé en avance, Jim entreprend une étudiante âgée de 18 ans et l'attire en coulisses, à l'écart des policiers et de la faune coutumière qui rôde aux alentours de la scène. Jim et la fille s'isolent dans le dressing-room assigné au groupe et commencent à flirter lorsqu'un policier particulièrement zélé les surprend et leur demande sans ménagement de déguerpir. Jim, que le flic n'a pas reconnu, réagit en l'invectivant. Guère d'humeur à discuter, l'homme en uniforme dégaine une bombe lacrymogène fixée à sa ceinture. La fille s'enfuit tandis que Jim reçoit le jet chimique en plein visage. Aveuglé, il hurle qu'on l'a agressé. Comme les secours arrivent bientôt de toute part, le policier réalise sa bévue. Il s'est attaqué à l'un des artistes sur le point de monter sur scène, et non à un simple fan planqué dans un coin. Trop tard ! Un médecin vient en aide à Bill Siddons pour nettoyer les yeux rougis de Jim grâce à une solution saline, puis, au bout de vingt minutes, tout semble rentrer dans l'ordre. Mais le chanteur, en dépit des excuses du policier, reste extrêmement contrarié et revanchard face à cet abus de pouvoir.

Le concert débute enfin, dans une atmosphère houleuse et exécrable, répercutée par les 1 300 watts des six amplificateurs. Durant l'introduction de « Back Door Man », le quatrième morceau, Jim freine l'ardeur des musiciens et s'adresse lentement à la foule : « Je voudrais vous raconter quelque chose qui s'est produit ici même, à New Haven, voici quelques minutes à peine. Nous sommes bien à New Haven, non ? New Haven, Connecticut, États-Unis d'Amérique ? » Un étrange silence s'installe et Morrison poursuit : « Comme on voulait un peu d'intimité, on est allés dans les douches... On ne faisait rien de particulier, vous savez... On était debout et on discutait, c'est tout... Et alors ce petit homme est entré, ce petit homme en petit costume bleu, avec une petite casquette bleue... » Les policiers massés aux abords de la scène se dévisagent, incrédules. Morrison continue de décrire l'épisode des douches : « Mais il n'est pas ressorti. Il est resté là, il a farfouillé dans son dos et a brandi une petite bombe noire de je ne sais trop quel produit. Comme de la crème à raser... Et il m'en a aspergé les yeux... »

Le ton employé est celui de la froide moquerie, de la dérision. Si le public rit et siffle, les policiers se tournent vers Jim, à leur tour contrariés, incrédules face à tant d'audace. En colère, le chanteur se lance alors dans une diatribe paranoïaque : « Le monde entier me hait ! Personne ne m'aime ! Ce putain de monde entier me déteste ! » Et alors que la foule semble comme hypnotisée, Jim fait signe au groupe et le morceau reprend. Mais bientôt la salle s'illumine et un mouvement de foule s'amorce. Robby Krieger s'approche de Jim pour lui souffler que police n'a pas du tout apprécié sa sortie. Le chanteur saute sur l'occasion pour s'adresser à l'auditoire : « Vous voulez encore de la musique ? » Comme un énorme « Oui » lui répond, il réclame qu'on éteigne les lumières. Mais la salle reste éclairée. Le lieutenant James P. Kelly monte sur scène, se dirige vers le chanteur et lui signifie que cette fois il a dépassé les bornes, que le show est terminé et qu'il se trouve en état d'arrestation. Jim lui tend alors le micro, dans un geste provocateur, prenant la foule à témoin. Il traite le flic de « pig » et l'invite à parler au public, alors qu'un deuxième et un troisième policier le saisissent par le bras. Bill Siddons tente bien d'intervenir, mais trop tard, Jim lui disant : « Laisse, c'est comme ça que ça doit finir. » Très vite, dans la confusion, alors qu'on tente d'évacuer la foule, on attire Morrison hors de scène pour le traîner par les cheveux jusqu'à un parking. Là, on le plaque contre une voiture de police, on le jette à terre et on le roue de coups, à tel point qu'il devra consulter un médecin. Puis on l'emmène au commissariat, où on l'inculpe pour propos obscènes, atteinte à l'ordre public et résistance à agents. Plusieurs dizaines de spectateurs sont interpellés. Le musicien Michael Zwerin, alors critique pour *Village Voice*, Yvonne Chabrier, reporter pour *Life*, ainsi que le photographe de guerre anglais Tim Page sont eux aussi arrêtés pour troubles à l'ordre public. La presse va d'autant plus s'emparer de l'événement que Jim Morrison est le tout premier artiste rock à être arrêté sur scène en plein concert. Si les charges sont abandonnées, et Jim libéré contre le versement d'une caution de 1 500 dollars, l'heure est grave pour les Doors. Même s'ils se produiront encore en décembre, essentiellement en Californie, et qu'ils engagent Vince Treanor, bientôt promu responsable du matériel. Une trace de cette soirée mémorable figure dans la chanson « Peace Frog » :

« Du sang dans les rues de la ville de New Haven. » Les Doors sont désormais affublés d'une réputation de groupe provocateur et subversif. Jim prend date avec les forces de l'ordre... Les derniers concerts de l'année sont donnés à Denver et au Winterland de San Francisco, où Jim insiste pour rendre hommage au chanteur Otis Redding qui vient de disparaître dans un accident d'avion.

Après cinq années de vie commune, le 21 décembre, Ray Manzarek et Dorothy Fujikawa décident de se marier, le jour du solstice d'hiver. Avec Jim Morrison et Pamela Courson comme témoins. Morrison éclate de rire en pleine cérémonie, découvrant que Ray et Dorothy ont choisi comme alliance une bague-serpent mexicaine sertie d'un faux rubis. De ce jour, Pamela, qui constate comme il est *facile* de se marier, va se considérer comme l'épouse de Jim Morrison... malgré les multiples dérobades de son compagnon au moment d'officialiser leur union. Jim et Pamela feront plusieurs fois la démarche pour obtenir une autorisation de mariage, à Denver, au Colorado, à Mexico, puis le 26 juin 1968 à l'hôtel de ville de Los Angeles, mais sans jamais rien officialiser. Jim refusera toujours de s'engager, l'idée même d'engagement étant contraire à ses idées. D'autant que le management des Doors considère qu'un mariage n'est pas en adéquation avec le statut de sex-symbol du chanteur. Cette absence de lien officiel entre les amants entraînera toutes sortes de tracas, ainsi qu'une série de procès suite à la disparition de Jim, puis à celle de Pamela.

Chevaucher le serpent
(1968)

> *Nous vivons ensemble, nous agissons et réagissons les uns sur les autres ; mais toujours, et en toutes circonstances, nous sommes seuls. Les martyrs entrent main dans la main dans l'arène ; ils sont crucifiés seuls*[1].
>
> ALDOUS HUXLEY

> *En fait, je suis pour tout ce qui peut aider l'homme à survivre un jour de plus, que ce soit une prière, des tranquillisants ou une bouteille de Jack Daniel's*[2].
>
> FRANK SINATRA

L'année semble débuter sous les meilleurs auspices pour les Doors. Leur deuxième album, *Strange Days*, est certifié disque d'or dès janvier. Un résultat d'autant plus remarquable qu'il ne possède aucun vrai tube. Ce disque, qui contient les textes parmi les meilleurs de Jim Morrison, restera le préféré de Paul Rothchild. On réclame partout le groupe dans le pays, dans de vastes arènes, et aussi à l'étranger. Eric Van Lustbader, dans *Circus*, résume l'impression générale : « Écouter *Strange Days*, c'est un peu comme regarder le *Satyricon* de Fellini. Les mots de Morrison sont à ce point cinématographiques que chaque chanson suscite des images mentales[3]. » Le groupe bénéficie enfin de trois semaines de quiétude à l'occasion du voyage de noces du couple Manzarek. Jim en profite pour faire la tournée des bars, ratatiner sa Ford Mustang et se faire retirer son permis. Piéton, il se lance encore dans des corridas sur les boulevards, défiant les voitures.

Le 29 janvier, Jim fait une escapade à Las Vegas en compagnie de Robert Gover et d'une amie du romancier. Le *New York Times* avait réclamé à l'écrivain un article à charge contre Morrison et les Doors, selon l'idée que le groupe n'était qu'une création du système mercantile hollywoodien. Mais en fait, Robert et Jim sont devenus amis. Pamela n'est pas du voyage, le couple terrible s'étant encore disputé juste avant le départ. Bob, qui a déjà vécu au Nevada, réunit plusieurs amis dont Mike Chaney, une ex-star du football. Multiraciale et portant les cheveux longs, la bande de fêtards se présente à l'entrée du Pussy Cat à Go Go. Déjà sérieusement éméché, Jim nargue un portier en fumant une Pall Mall comme s'il s'agissait d'un joint. Un geste malvenu au Nevada, État aux mentalités encore arriérées. Un des hommes de main se rue sur Jim et le frappe avec sa matraque. Lorsque la police arrive sur le parking du club, elle menotte le provocateur ensanglanté et l'inculpe pour vagabondage, défaut de pièces d'identité et ivresse sur la voie publique. Gover, également arrêté, après avoir eu le temps de jeter le joint qu'il gardait dans une poche, déclarera qu'il y avait « quelque chose d'invisible autour de Jim, qui silencieusement suggérait révolution, désordre et chaos[4] ». Morrison entre dans une colère terrible, traitant les policiers de salauds et de stupides *rednecks*. Vexés, ceux-ci font se déshabiller les deux Californiens, histoire de les humilier et de « vérifier » s'ils sont des filles ou des garçons. Puis ils les jettent en cellule. Heureusement, l'amie qui les accompagnait depuis Los Angeles parvient à les faire libérer juste avant minuit, contre caution.

L'année 1968 sera encore d'une grande violence, tant aux États-Unis qu'à travers le monde (Mai 68 en France, Printemps de Prague en Tchécoslovaquie, Nuit de Tlatelolco au Mexique...). Au-delà de l'enlisement américain au Vietnam, où les GI's pataugent dans les rizières rougies, le pays vit au rythme des assassinats du pasteur Martin Luther King et de Robert Kennedy, des émeutes raciales (plusieurs morts dans les rangs des Black Panthers), des révoltes étudiantes (la garde nationale fait quatre victimes à l'université de Kent). Sans oublier la répression autour de la convention des démocrates, à Chicago. Seul le tribalisme hippie s'inscrit en opposition à ce climat féroce, apportant une parenthèse d'espoir communautaire et d'utopie générationnelle. Les Doors sont le plus souvent vus du côté violent des événements :

Les Doors ne sont pas de sympathiques et plaisants hippies qui offrent un sourire et une fleur. Ils brandissent un couteau au tranchant aussi froid que terrifiant. Les Doors sont intimement liés au goût national pour la violence[5].

Dans la nuit sanglante du 29 au 30 janvier, l'armée nord-vietnamienne lance l'offensive du Têt. Le Vietcong s'empare de l'ambassade américaine et du palais gouvernemental à Saigon, ainsi que de l'aérodrome international de Tan Son Nhut. Cette opération marque un tournant dans la guerre au Vietnam, prouvant à l'opinion publique américaine et mondiale qu'une victoire des États-Unis est désormais impossible.

Début février, Universal propose 500 000 dollars aux Doors pour apparaître dans un film. Quant à la chaîne télévisée ABC, elle envisage de leur consacrer une émission spéciale.

Jim se prend de sympathie pour Danny Sugerman, un adolescent de 14 ans qui réussit à s'incruster dans le bureau des Doors. Jim le charge de répondre aux milliers de lettres des fans et lui fait octroyer dix *cents* par réponse. Au fil des mois, Sugerman va progressivement devenir le factotum du groupe. Ce rôle privilégié lui permettra de devenir le premier biographe de Jim Morrison, associé au journaliste de *Rolling Stone* Jerry Hopkins. Il observe que Jim arbore une attitude tout à fait décontractée, avec une démarche chaloupée, indolente, légèrement traînante. Le chanteur parle d'une voix douce et sensuelle, bouge, sourit et mange lentement, notamment son plat préféré, le cœur de bœuf. Un jour, il arrive dans son costume en peau de serpent chez Elektra, où la réceptionniste, surprise, lui demande : « Où est le serpent ? » La réponse de Jim fuse, aussi rapide que la langue d'un reptile : « Il est à l'intérieur ! »

Les séances d'enregistrement du troisième album débutent le 19 février au studio TTG de Hollywood, où l'heure d'enregistrement est facturée 100 dollars. La pièce maîtresse du disque est censée être « The Celebration of the Lizard », une composition construite autour du poème fleuve de Morrison, que le chanteur considère lui-même comme une composition théâtrale, un appel aux forces de la nuit. Le morceau est destiné à couvrir une face entière du disque, à la façon de l'audacieux « Revelation » (18'57") du groupe Love sur l'album *Da Capo*, produit en 1966 par Paul Rothchild. Un disque qui a fortement impressionné les Doors. Mais le groupe bute sur la composition et, sous la pression du label, doit renoncer. Ray Manzarek se charge d'annoncer à Jim que le long morceau ne figurera pas sur leur prochain album. Vexé, frustré, Morrison se replie sur lui-même et se désintéresse du reste de l'enregistrement. Il arrive souvent au studio avec des compagnons de beuverie ou des conquêtes d'un soir. Scénario immuable et déprimant pour tous. Paul Rothchild doit intervenir pour mettre à la porte les indésirables. L'unité du groupe s'en trouve menacée, même s'il est décidé que le texte du poème figurera intégralement à l'intérieur de la double pochette. « Ce rêve aurait-il cessé ? », s'y interroge l'auteur, tout en y affirmant : « Je suis le Roi Lézard / Je peux tout. » L'enregistrement va ainsi s'éterniser de février 1968 à juin 1969, et coûter plus de 80 000 dollars en frais de studio !

L'heure n'est décidément plus au patient artisanat dans les petits clubs où chaque morceau était ciselé au fil des soirs. Bousculé par les tournées, le groupe ne trouve plus le temps de composer. Les Doors subissent à la fois la pression médiatique et celle d'un label qui les pousse à sortir les disques de façon rapprochée... tant que le succès est là. La création se fait désormais sur rendez-vous, en studio, avec de moins en moins de spontanéité. Ce qui démotive le poète.

À New York, le 7 mars, un communiqué de presse laconique de l'agence UPI annonce par erreur la mort de Jim Morrison. L'apprenant, Jim accuse le coup et lâche cette phrase qui glace son entourage : « De toute façon, je m'en fous. Je suis déjà mort[6]. » C'est dans cet état d'esprit de celui qui s'acharne à mourir qu'il se rend au club The Scene, de Steve Paul. Le trio tragique du clan des futurs morts à l'âge de 27 ans est présent dans la salle. Jimi Hendrix a l'habitude de s'y produire lorsqu'il est de passage dans cette ville, jouant volontiers avec des artistes comme Johnny Winter, absent ce soir-là. Par contre, Jim Morrison et Janis Joplin figurent parmi l'assistance. Trois ans plus tard, tous trois auront disparu. Jim et Janis sont destinés à une nouvelle violente rencontre. Ivre, il renverse une table encombrée de verres et de bouteilles sur les genoux de Janis, furieuse. Puis, il se dirige vers Hendrix et entreprend de chanter avec lui, ce qui, vu son état, est impossible. Au micro, il ne parvient à balbutier ou beugler que des obscénités, notamment pour une parodie restée sous le titre « Morrison's Lament ». Une vraie complainte, un cri de détresse. Ce show « historique » est directement capturé sur le magnéto Ampex du guitariste. Après la mort de Jimi, la bande sera volée dans son appartement londonien, avant de figurer sur divers bootlegs comme *Sky High* ou

1 Le « roi du rock orgasmique » au Fillmore East de New York, le 22 mars 1968.

« *Nous sommes les descendants des reptiles, et je vois l'univers comme un gigantesque serpent. Je crois que le mouvement péristaltique est celui de la vie par excellence. Nos structures unicellulaires elles-mêmes obéissent à ce mouvement. Avaler, digérer, avoir des rapports sexuels.* »

2 Le futur amiral George S. Morrison et sa femme Clara avec leurs trois enfants, Anne, Andy et James (Jim).

« J'aime le pouvoir dissimulé dans le langage. »

4 Le Whisky à Go Go, sur le Sunset Strip de Los Angeles, le club où tout commence vraiment pour les Doors, en mai 1966, juste après leurs débuts au London Fog.

3 Jim Morrison en 1961, à l'âge de 17 ans.

5 Les Doors en 1967. Jazz, blues, rock et flamenco. Une séance photo de légende signée Joel Brodsky.

« Je sais observer une foule. Je peux diagnostiquer sa psychologie. Je peux la soigner. Je peux même lui faire l'amour et créer l'émeute. »

6 Les Doors devant le panneau annonçant la parution de leur premier album, sur le Sunset Strip de Los Angeles, en janvier 1967. Ils sont le tout premier groupe de rock à bénéficier d'une telle campagne promotionnelle.

« Je me vois comme une étoile filante. »

8 Jac Holzman, fondateur du label Elektra alors qu'il était encore étudiant.

7 Paul Rothchild, le producteur des Doors (à gauche), et Jim Morrison lors d'une session d'enregistrement de l'album *Strange Days* au studio Sunset Sound. Paul Rothchild fut aussi le producteur de Love, Tim Buckley et Janis Joplin.

9 Jim Morrison et sa « compagne cosmique », Pamela Courson, aux grottes de Bronson, sur les collines d'Hollywood, en 1969.

10 Jim et son avocat Max Fink, à Los Angeles, le 14 avril 1969, un peu plus d'un mois après le scandale du concert de Miami qui lui a valu un mandat d'arrêt. Son procès s'ouvrira en août à Miami.

11 Une des rares photos connues du comte Jean de Breteuil, personnage-clé dans la disparition de Jim Morrison à Paris, et dans celle de Janis Joplin à Hollywood. Le Français décédera lui-même d'une overdose d'héroïne à Tanger, à l'âge de 22 ans, en 1971.

12 Les Doors (de gauche à droite : Ray Manzarek, Robby Krieger, Jim Morrison et John Densmore) posant devant un buste d'Aleister Crowley, mage noir de l'occultisme, pour le verso de pochette de leur première compilation, intitulée *13*.

13 Le 28 juin 1971, une semaine avant la mort du chanteur, Jim et Pamela sont photographiés par leur ami Alain Ronay. Les yeux dans les yeux, le couple est attablé au bord de l'Oise, à Saint-Leu-d'Esserent.

15 Une page du dernier cahier de notes et de poèmes de Jim Morrison.

14 Le buste de marbre de Jim Morrison au cimetière du Père-Lachaise, en 1983. Cette œuvre du sculpteur croate Mladen Mikulin, scellée le 4 juin 1981, disparaîtra en mai 1988.

« *Je veux entendre le dernier poème du dernier poète.* »

16 Hervé Muller, alors journaliste au magazine *Best*, et Jim Morrison, à Paris en mai 1971.

« Arrivés nus meurtris nous repartons pâte nue
offerte aux vers mous et lents du dessous. »

17 Fans recueillis sur la tombe de Jim Morrison, le 3 juillet 1991,
jour du vingtième anniversaire de sa disparition.

Woke Up This Morning and Found Myself Dead, titre sinistre. Paul Ferrara est un témoin privilégié de cette chaude soirée :

> Hendrix jouait depuis un moment lorsque Jim l'a rejoint sur scène. Ça pouvait salement tourner et ce fut effectivement le cas. Morrison chantait et Hendrix tenait la guitare. Jim a perdu l'équilibre, s'est accroché à Hendrix, et ils ont cherché ensemble à se maintenir debout. Sentant que ça dégénérait, les roadies sont montés sur scène, suivis de plusieurs fans qui se sont mis à tirer Jim vers eux, tandis que lui s'agrippait à l'une des jambes de Hendrix. Comme Jim risquait d'être blessé, j'ai pris congé des filles à ma table et me suis faufilé jusqu'à la scène. Personne n'avait idée de l'état dans lequel se trouvait Jim. On a probablement pensé qu'il était dingue. Je l'ai saisi à bras-le-corps et lui ai murmuré à l'oreille que c'était moi, et qu'on devait se barrer. Il s'est laissé faire et je l'ai ramené à la voiture. Avant d'arriver à l'hôtel, il s'est endormi. Je l'ai monté dans sa chambre et l'ai mis au lit. Après avoir recouvré mes esprits, je suis retourné au club pour entendre la fin du spectacle de Hendrix. Le gérant du club et les videurs étaient tellement contents que j'aie réglé le problème qu'ils m'ont offert à boire toute la nuit. Ensuite, Hendrix m'a remercié et je suis resté jusqu'au matin à sa table, avec ses copines[7].

Courant mars, affolés par les problèmes d'alcool d'un Jim devenu incontrôlable, angoissés par ses fréquentes absences aux séances de répétition, Ray et Robby se tournent vers Paul Rothchild pour trouver une solution. On décide ainsi d'engager pour trois mois une sorte de protecteur pour veiller sur le *lead drinker* (la formule est du journaliste et écrivain Yves Adrien) des Doors. Un type capable de le suivre dans ses errances tout en étant en mesure de le ramener à temps pour les répétitions et, surtout, les concerts. Lui aussi alarmé, le label Elektra accepte d'assumer la moitié du salaire de l'ange gardien, les trois musiciens assurant l'autre part. Bob Neuwirth est loin d'être un novice. Chanteur et compositeur de talent, mais aussi peintre formé aux Beaux-Arts de Boston, il vient de la scène folk et blues. Il s'est retrouvé sur les routes avec Bob Dylan, devenant un temps son homme de main et lui inspirant même le légendaire « Like a Rolling Stone ». Il sera également proche de Patti Smith, Kris Kristofferson et Janis Joplin, coécrivant avec elle et Michael McClure l'étonnant « Mercedes Benz ». Même s'il n'est pas dupe de la manigance, Jim accepte ce compagnon cultivé, bringueur et amateur de tequila qu'il a déjà croisé à New York. Neuwirth, pourtant un dur à cuire, finira par capituler, admettant qu'il est tout simplement *impossible* d'empêcher Morrison de boire. Au contraire, il finissait toujours par boire avec lui. Neuwirth et Morrison s'installent au Landmark, hôtel devenu un repaire du show-business :

> Il fallait entretenir son intérêt pour l'enregistrement du disque. Autrement dit, le cajoler. Jim n'ignorait pas que je travaillais pour la maison de disques, que j'étais là pour lancer des idées. Mais il ne voulait pas être manipulé. Il était son propre maître et savait pertinemment ce qu'il faisait. Même quand il donnait l'impression d'échapper à tout contrôle, il ne perdait jamais totalement conscience de ce qui se passait[8].

De son côté, Pamela Courson ne manque pas de s'inquiéter du comportement autodestructeur de son compagnon. Elle le pousse à consulter un psychanalyste pour faire face à ses troubles identitaires. Il faut secourir ce « Dr Jekyll capable de se transformer en Mr Hyde sous acide ». Mais là encore, l'expérience tourne court, sans que Morrison se répande sur cette expérience. Comment pourrait-il prendre conscience qu'il souffre de l'« état limite », ce que les psychothérapeutes nommeront le syndrome *borderline* ? Les essayistes Kreisman et Strauss décrivent cet état comme une « hémophilie émotionnelle[9] » où le malade est incapable de freiner ses accès émotifs. Le lien coupé avec ses géniteurs joue ici un rôle capital, puisque « pour percevoir notre réalité, nous devons sentir en nous la présence des figures nourricières de notre enfance ; sans elles, nous connaissons une insoutenable détresse existentielle[10] ».

Les 22 et 23 mars, les Doors donnent deux concerts quotidiens au Fillmore East de New York, dont Bill Graham vient d'ouvrir les portes en lieu et place du Village Theater : 10 000 spectateurs pour des concerts à guichets fermés. Pour la première fois, Patricia Kennealy, 22 ans, assiste à un concert en tant que rédactrice du magazine *Jazz & Pop*. Et ce sont à nouveau les Doors qui s'offrent à elle. Avec une interprétation rare de vingt minutes de « The Celebration of the Lizard », une fresque apocalyptique où le chanteur harponne le public pour le faire partir en vrille intérieurement et le laisser pantois. Et puis, quasiment une première, avec un film projeté sur scène. Il s'agit du clip de « The Unknown Soldier », où Morrison, attaché à un poteau, est passé par les armes. Du sang lui sort brusquement de la bouche pour éclabousser des fleurs à ses pieds. Nous sommes en pleine guerre en Asie du Sud-Est, et l'auditoire hurle « Oui ! » en chœur lorsque le chanteur éructe « *The war is over !* » (« La guerre est finie ! »). Quand le groupe revient pour le rappel, le chanteur fusillé arrive nettement après les musiciens, tel un ressuscité porteur d'espoir. Mais c'est le public qui est achevé avec une impressionnante version de « The End » au final. Dans un article paru dans le magazine *Crawdaddy*, Kris Weintraub s'emporte et compare Jim Morrison au Christ : « Il n'y a pas, sur la terre entière, un visage pareil au sien. Une telle beauté, alors qu'il n'a rien d'une beauté ordinaire. Cela vient, je crois, que l'on sait, quand on le regarde, qu'il *est* Dieu. Quand il offre de mourir pour nous sur la croix, c'est O.K., puisqu'il *est* le Christ[11]. » Une image hasardeuse pour le symbole d'une génération où beaucoup cherchent justement à se débarrasser de l'idée envahissante de Dieu.

En pleine réflexion sur leur organisation, les Doors décident de racheter le contrat qui les lie depuis mars 1967 aux imprésarios Sal Bonafede et Asher Dann. Ils reprochent notamment aux deux amateurs de cigare d'avoir cherché à faire exploser le groupe en poussant Jim à se lancer dans une carrière solo. Une pratique qui tend à se généraliser dans le rock, puisqu'il est plus facile de gérer la carrière d'un artiste unique que celle d'une bande d'individus. Ainsi le feront bientôt Janis Joplin en quittant Big Brother and the Holding Company, Neil Young en s'écartant de Buffalo Springfield et, un peu plus tard, Eric Clapton et tant d'autres. L'avocat Max Fink et le père de Robby Krieger aident le groupe en ce sens, mais surtout Jac Holzman inquiet de l'influence néfaste des deux imprésarios. Elektra alloue ainsi une somme de 250 000 dollars aux Doors pour leur permettre de se défaire de Bonafede et de Dann, ceux-ci se contentant stupidement de 50 000 dollars pour se retirer. Cette « avance » faite aux musiciens fera dire à Holzman qu'il n'a jamais signé un chèque avec autant de plaisir, tant les deux acolytes lui semblaient un frein pour le groupe.

En avril, les Doors doivent d'urgence consolider leur organisation. Ils choisissent leur nouveau manager général, quelqu'un du sérail afin d'éviter tout dérapage : le dévoué Bill Siddons, jusque-là responsable des tournées. Il n'est âgé que de 21 ans, mais il apprend vite. S'il est hors de question qu'il touche à l'artistique, il coordonne tout ce qui concerne l'administratif, la comptabilité, la promotion et le domaine législatif, mais aussi la sécurité. Souvent en première ligne lorsque Jim tente ses « expériences humaines », il est parmi les mieux placés pour témoigner :

> Une grande part de la personnalité de Jim résidait dans son désir de vous provoquer jusqu'à ce que vos mécanismes naturels de défense entrent en jeu. Il essayait sans cesse de faire tomber les affectations et les masques derrière lesquels nous nous protégeons. Il vous forçait à utiliser votre instinct de survie, parce qu'il cherchait à vous rendre plus réel. Quand il parvenait à vous faire sortir de vos gonds, il se mettait à rire de façon hystérique. Parce qu'il avait gagné[12].

Vince Treanor devient, quant à lui, responsable des tournées, chargé notamment de la console de mixage. Kathy Lisciandro (secrétaire), Danny Sugerman et Leon Barnard (relations presse) complètent le staff.

Ce même mois, grâce à Bill Siddons, les Doors

gagnent en autonomie et inaugurent leurs propres locaux à Hollywood, un duplex en stuc marron et or situé à l'angle de Santa Monica et de La Cienega. Dans la grande salle du rez-de-chaussée de cet ancien magasin d'antiquités, on installe un atelier de répétition (le fameux Doors Workshop) avec un espace repos, l'étage étant réservé aux affaires, avec *brainstorming* chaque vendredi. Jim se réserve un coin pour écrire, téléphoner et lire le courrier des fans, ce qui l'intéresse fort.

Les Doors préparent activement leur troisième album, *Waiting for the Sun*, au studio 1 des Sunset Sound Recorders. Jim souhaitait intituler l'album *The Celebration of the Lizard*, rêvant d'une pochette imitant une peau de serpent, avec un embossage en lettres d'or. Si le long poème semblait phagocyter tout accompagnement musical, il figurera cependant partiellement sur le double album *The Doors Absolutely Live*, deux ans plus tard. Il comporte des passages marquants sur le voyage intérieur : « Jadis j'avais un petit jeu / J'aimais me retourner et ramper vers l'intérieur de mon cerveau / Vous connaissez ce jeu, je crois / Je parle de celui qu'on appelle "devenir fou" / Vous devriez essayer ce petit jeu / Fermez simplement les yeux, oubliez votre nom / Oubliez le monde, oubliez les gens / Et nous érigerons un clocher différent. / Ce petit jeu est amusant. / Fermez simplement les yeux, il est impossible de perdre. / Et je suis là, je viens moi aussi. / Abandonnez tout contrôle, nous passons de l'autre côté. » Toujours cette référence au cerveau reptilien qui incarne « la partie sauvage, indomptée, qui gît en chacun de nous[13] ». Mais pour l'heure, on ne conserve qu'un extrait du texte. Il donne le morceau « Not to Touch the Earth ». Ce passage est directement inspiré du *Rameau d'or* de l'anthropologue écossais James George Frazer, disparu en 1941, initiateur de la mythologie comparée. Dans cette vaste fresque en douze volumes, Frazer rapporte des centaines de mythes et de rites primitifs de tous les continents. Pour faire passer la pilule auprès de Jim, il est donc décidé d'imprimer le long poème sur la pochette intérieure de l'album. Afin de compenser l'espace laissé vacant sur toute une face de l'album, les Doors se rabattent sur des chutes de leurs deux premiers disques. L'aspect spontané des premiers enregistrements disparaît au prix de longues heures passées en studio, pendant des mois. Morrison propose moins de textes et de mélodies, ce dont profite Robby Krieger pour imposer quelques-unes de ses compositions, dont « Spanish Caravan », son morceau flamenco avec effet fuzz box, librement adapté du « Partido n° 1 » du pianiste espagnol Isaac Albéniz (1860-1909), transcrit pour la guitare par Francisco Tarrega. Pour « The Unknown Soldier », la chanson pacifiste qui touche tous les opposants à la guerre au Vietnam, il faudra plusieurs dizaines de prises. Le critique Richard Goldstein souligne les premières lignes de faille qui apparaissent :

> Dans un studio, le fossé paraît vaste entre Morrison et les autres Doors. La cohésion de rigueur lorsqu'ils se produisent en public semble alors absente. [...] Jim ondoie dans le studio et s'approche lentement d'un micro libre. Il frémit d'un languissant tourment, ravi toutefois d'exhiber sa nouvelle veste. Mais Rothchild garde le micro débranché, désireux d'assurer une concentration maximale sur les problèmes du jour. De son

côté de la vitre, Jim semble jouer dans une sorte de film muet en accéléré. Les musiciens le remarquent à peine. Tandis que Jim boit, ils s'activent autour de lui. Seul Ray fait preuve de suffisamment de sollicitude pour lui sourire. Les autres le tolèrent, tel un accessoire irritant mais nécessaire[14].

Si Morrison obtient d'enregistrer des extraits de poèmes qu'il est convenu de glisser entre les différents morceaux, Rothchild et les trois autres Doors n'utiliseront finalement pas ces prises. Tout juste accorde-t-on à Morrison l'intérieur de la double pochette, avec d'un côté le dessin d'un lézard vu de dos, et de l'autre le texte intégral du poème « The Celebration of the Lizard ». Morrison, qui s'autoproclame avec une ironie amusée le Roi Lézard, son animal totémique, s'est expliqué sur sa relation aux animaux à écailles :

> Au fond, j'ai toujours aimé les reptiles. Comme j'ai notamment grandi dans le sud-ouest du pays, j'ai souvent attrapé des lézards ou des crapauds. Bien sûr, je ne pouvais pas approcher aussi facilement les serpents. On ne joue pas comme ça avec un serpent. Il y a, au fond de la mémoire humaine, quelque chose qui réagit violemment au serpent. Même pour qui n'en a jamais vu. Je pense que le serpent incarne tout ce dont on a peur. Voilà pourquoi c'est tellement en vogue. Il ne faut pas non plus oublier que le lézard et le serpent sont identifiés avec l'inconscient et les forces du mal[15].

Mais Morrison devra vite freiner l'utilisation de son double allégorique, même s'il se considère à l'occasion comme le fils du Grand Reptile :

> Nous sommes les descendants des reptiles, et je vois l'univers comme un gigantesque serpent. J'ai toujours vu les gens,

les objets, les paysages comme de menus reflets sur leurs écailles. Je crois que le mouvement péristaltique est celui de la vie par excellence. Nos structures unicellulaires elles-mêmes obéissent à ce mouvement. Avaler, digérer, avoir des rapports sexuels[16].

Ce masque protecteur est pris trop au sérieux selon lui, alors qu'il souhaiterait que l'on remarque surtout son aspect décalé :

Je crois que les gens ne s'en rendent pas vraiment compte. Il ne faut pas prendre ça au premier degré. Quand on joue le méchant dans un western, cela ne signifie pas pour autant qu'on est en réalité le personnage. C'est juste un aspect de soi que l'on met en spectacle. Je ne prends pas tout ça au sérieux, vraiment. En principe, c'est de l'ironie[17].

On ne saurait être plus explicite. Quand bien même il précise, avec autant de rage que d'amertume, dans un autre poème d'importance, « Roads Days », présent dans le recueil posthume *Wilderness* : « J'ai enfoncé / Ma graine jusqu'au cœur / de la nation. / Injecté un germe dans la veine de sang psychique. / Maintenant j'embrasse la poésie / Du business & je deviens — pour / un temps — un "Prince de l'Industrie". »

Dépité par l'accouchement difficile de ce troisième album, déjà lassé de son jouet musical, Jim prend du recul et revient vers la poésie et le cinéma. Pour la première américaine de *La Chinoise* de Jean-Luc Godard, avec Anne Wiazemsky et Juliet Berto, en présence du réalisateur, Jim est assis au premier rang. Il se montre attentif à divers projets, comme une adaptation du *Needle Park* de Robert Gover par Joan Didion et John Gregory Dunne, où Jim et Tom Baker sont pressentis en tant qu'acteurs. Grâce à Pamela, Morrison fait une rencontre déterminante avec le poète beat Michael McClure. Un poète qu'il admire depuis ses années de lycée et au sujet duquel l'acteur Dennis Hopper dira bien plus tard : « Sans les rugissements de McClure, il n'y aurait pas eu de sixties[18]. » Michael McClure se souvient précisément de sa rencontre avec Morrison :

> J'avais lu un article à son sujet qui m'avait intéressé. Il y abordait la notion du mal de telle sorte qu'il m'a semblé que nous partagions certains points de vue. L'agent Mitchell Hamilburg nous a présentés l'un à l'autre alors que ma pièce *The Beard* était jouée à New York. Bien entendu, Jim s'intéressait au théâtre, et Mitchell le connaissait par l'entremise de Pam. Alors, il nous a présentés dans un bar du Village, et on a discuté[19].

Proche d'Allen Ginsberg et de Lawrence Ferlinghetti, grand amateur de William Blake et fortement intéressé par le chamanisme, McClure se lie également d'amitié avec Ray Manzarek, au point de participer à son côté à des lectures publiques, à la fin des années 1980, et d'enregistrer plusieurs disques avec lui.

Jim convainc alors les trois autres Doors de se lancer dans la réalisation d'un long-métrage consacré au groupe et intitulé *Feast of Friends*. Le groupe investit 20 000 dollars en matériel et engage une redoutable brochette d'amis pour mener à bien le projet : Paul Ferrara et Frank Lisciandro, des compagnons de fac de Jim et Ray, et un certain Babe

Hill à la barbe blonde, surnommé « le Bœuf bleu », ami d'enfance de Ferrara, un robuste existentialiste aux allures de motard, roi de l'embrouille mais fin lecteur, qui ne possède absolument rien et ne se soucie aucunement du lendemain. Le trio va suivre les Doors pendant plusieurs mois à travers les États-Unis. Mais la bande des trois forme vite celle des quatre en s'adjoignant Jim, au grand dam de Ray, Robby et John, grands amateurs de jus de fruits bio, incapables d'accompagner leur chanteur dans ses dérives alcoolisées. Babe Hill, que Ferrara présente à Jim, devient un indéfectible compagnon de beuverie : « C'est soit un génie, soit un crétin parfait, je n'ai jamais vraiment su. Mais ce qui est sûr, c'est qu'il sait comment s'amuser[20] ! » Venant de Morrison, le « compliment » a du poids. Babe Hill est celui qui, à l'occasion des longues absences de Jim et de Pamela, se charge de garder l'appartement du couple, le chien Sage compris, voire le bateau des Doors. Le trio Babe, Paul et Jim finit par être interdit dans divers lieux festifs de Los Angeles, notamment au prestigieux Troubadour, le fortin chic du folk rock.

Essentiellement filmé durant la tournée américaine de l'été 1968, le documentaire *Feast of Friends* a déjà coûté près de 30 000 dollars en matériel et frais divers. En conséquence, il est décidé d'interrompre le tournage pour se concentrer sur le montage, auquel Jim participe en compagnie de Paul Ferrara et de Frank Lisciandro. Les Doors acceptent de rajouter 4 000 dollars, histoire d'en finir. En visionnant les rushes, Jim est choqué par la violence des images du concert au Singer Bowl de New

York. Lui qui s'imaginait manipuler les foules à sa guise prend conscience de l'ambiguïté de ses prestations scéniques :

> La première fois que j'ai vu le film, je suis plutôt tombé de haut, car j'étais sur la scène, j'étais l'un des personnages centraux, et je n'avais vu les choses que de mon seul point de vue. Alors, voir comme ça une série d'événements que j'avais cru contrôler... Les voir tels qu'ils étaient réellement... J'ai soudain réalisé que je n'étais qu'une marionnette manipulée par toutes sortes de forces dont je n'avais qu'une vague notion[21].

Les émeutes que le chanteur suscite ne seraient ainsi qu'une vaste blague ? Jim éprouve alors un certain mépris envers lui-même et son rôle de star. Le film remportera toutefois le prix du Documentaire au festival d'Atlanta, en mai 1969.

Dans le magazine *Life*, Fred Powledge note que Morrison apparaît à la fois sur scène et sur disque comme « étant d'humeur maussade et instable, doté d'un esprit ensorcelé et défoncé à l'extrême[22] ». Ce qui se confirme au quotidien, tandis qu'il cherche à donner du sens à sa vie.

Insouciant et désintéressé, Jim ne possède rien de concret, sinon ses livres et la Mustang Shelby GT 500 Cobra offerte par Elektra. Durant ses égarements nocturnes, il lui arrive de se lancer dans des courses à la mort, de franchir des carrefours au feu rouge, à pleine vitesse, hurlant de défi. À ses côtés, Babe Hill, Frank Lisciandro et Paul Ferrara sont blêmes de peur. Jim oublie fréquemment l'endroit où il a pu garer ou abandonner la Dame bleue, finissant souvent par louer des voitures. Frank Lisciandro souligne cette caractéristique de son ami :

« Il éprouvait un mépris total pour les possessions matérielles, y compris ses vêtements. Il paraissait n'avoir aucun sentiment de propriété envers quoi que ce soit[23]. » Ce que confirme Paul Ferrara : « L'argent ne signifiait rien pour lui. Absolument rien[24]. »

Le 10 mai, Morrison s'expose au désastre au Coliseum de Chicago alors qu'il exhorte le public à réagir. Il se voit toujours comme un maître de cérémonie, un provocateur spirituel, un chaman. Après avoir interprété « Five to One », chanson incitative à la révolte de la jeunesse et de tous ceux qui constituent l'« autre Amérique », Jim entraîne le groupe dans la paroxystique mélopée de « When the Music's Over ». Jusqu'au cri enragé : « *We want the world and we want it now !* » Formule que la foule reprend en chœur, crescendo. Jim éprouve de plus en plus de plaisir à provoquer le public, à étudier son comportement, même s'il méprise le pouvoir qu'il peut retirer en le manipulant. Le chanteur aime aussi éprouver les individus séparément, capable de les provoquer comme s'il s'agissait d'une expérience, afin d'étudier leurs réactions dans des états critiques. Il joue fréquemment à ce petit jeu, rejetant progressivement son image de rock star, jusqu'à transformer son aspect physique. Il se coupe ainsi lui-même les cheveux dans une automutilation symbolique, juste avant de se présenter en public, le lundi 19 mai, à l'occasion d'un festival californien, à San José.

Courant juin, Jim entre dans le bureau des Doors, où Bill Siddons et les trois musiciens sont présents.

Après avoir lu plusieurs lettres de fans et mangé un hamburger, il annonce calmement qu'il a décidé de quitter le groupe. Ce n'est plus ce qu'il veut faire. Panique à bord. On lui rappelle que le groupe s'est installé sur la crête de la vague et que tous les espoirs sont permis. Le troisième album est sous presse, avec déjà 500 000 précommandes des disquaires. Des concerts gigantesques sont prévus, ainsi qu'une tournée en Europe. Affolé mais bien conscient du problème, Ray cherche à convaincre le chanteur de tenir encore six mois. Jim dit qu'il va réfléchir, mais la plaie est profonde. Rien ne sera plus jamais comme avant. La période euphorique s'achève ce jour-là.

Une série de trois concerts est organisée du 3 au 5 juillet, au prestigieux Hollywood Bowl de Los Angeles, avec Steppenwolf et les Chambers Brothers en première partie, et en présence de Mick Jagger. Sans compter celle de Pamela... accompagnée de l'acteur Christopher Jones qu'elle a effrontément abordé au Chateau Marmont et qui vient narguer Morrison jusque dans sa loge après le spectacle. Désormais rémunéré jusqu'à 35 000 dollars par concert, le groupe engage cinq cameramen (dont Harrison Ford) pour l'occasion. Les amplis destinés à la voix dégagent 60 000 volts à eux seuls sur le mur de cinquante-deux enceintes. Avec 18 000 spectateurs par concert et sur une scène large d'une trentaine de mètres, on est très loin de l'ambiance intime des clubs du début. Ce mois-là, le groupe se produit également à Vancouver, Dallas, Houston, Oakland, San Bernardino et Honolulu.

Le vendredi 12 juillet, Elektra met en vente le

troisième album des Doors, *Waiting for the Sun*. Le premier 45 tours extrait, « Hello, I Love You », atteint la première place du *Billboard* début août et se vend à plus d'un million d'exemplaires. Il s'agit pourtant d'un titre mineur pour les Doors, un titre pop qui n'aurait sûrement pas trouvé sa place sur les deux premiers albums du groupe. Pour une fois indécis, Jac Holzman n'a fait que suivre une intuition de son jeune fils, Adam, pour choisir ce morceau comme premier 45 tours.

Malgré l'intention belliqueuse de Kassner Music, l'éditeur des Kinks, les Doors ne sont pas inquiétés du fait que le riff de « Hello, I Love You » semble inspiré du « All Day and All of the Night » des Anglais, paru quatre ans plus tôt. Ray Davies annonce qu'il n'a aucune intention de poursuivre les Doors pour l'emprunt d'un simple riff. D'autant que, selon Robby Krieger lui-même, le morceau serait plutôt inspiré par le « Sunshine of Your Love » du groupe Cream... Quant à l'album, il gagne la première place du *Billboard* pour quatre semaines, le 7 septembre. Le succès ne se dément pas, même si le disque n'atteint que rarement l'intensité des deux précédents. Les trois musiciens ont refusé d'insérer la lecture de brefs poèmes entre les morceaux du 33 tours, Jim en garde une profonde amertume. S'il s'est lancé dans cette aventure, c'est avant tout pour utiliser le média disque et la scène pour apporter un formidable écho à sa poésie. Aligner les chansons et chasser le tube ne l'intéresse pas. L'idée d'un album solo de poésie s'incruste toujours davantage en lui.

Les critiques sont partagés concernant *Waiting for the Sun*, certains jugeant l'album parfois racoleur, d'autres le portant aux nues. *Vogue* et le *New York Times*, entre autres, se montrent élogieux. Gene Youngblood, du *Los Angeles Free Press*, note :

> Les Beatles et les Stones sont là pour vous faire monter, mais les Doors sont pour après, quand vous êtes déjà sur orbite. C'est le crissement de vos ongles sur un tableau noir. Leur musique est celle de l'outrage. Elle nous parle de la folie qui est en chacun de nous. Au-delà du rock, il s'agit d'un rituel. Un exorcisme d'ordre psychosexuel. Les Doors sont les sorciers de la culture pop, et Morrison en est l'ange exterminateur[25].

Le vendredi 2 août, les Doors sont en concert au Singer Bowl de Flushing Meadows, sur le terrain de l'ancienne Exposition universelle de New York. Ils partagent l'affiche avec les Who, programmés en première partie. Mick Jagger, qui a déjà vu les Doors sur scène le mois précédent au Hollywood Bowl de Los Angeles, et qui a rencontré Morrison dans sa tanière du motel Alta Cienega, est présent. Avant le show, Jim, Mick et les musiciens dînent ensemble au Mu Ling, un restaurant chinois sur Sunset Boulevard. Le chanteur des Rolling Stones est lui-même en pleine réflexion sur son jeu de scène. L'avis du chanteur des Doors lui importe. Tous deux sont préoccupés par le fait de se produire sur des scènes toujours élargies, devant un public trop vaste, dans des salles ou des stades démesurés. Comment occuper un tel espace, surtout durant les parties instrumentales ? Comment gérer les foules ? Les échanges sont amicaux, même si Jagger se rembrunit lorsque Morrison lui demande des nouvelles de Brian Jones. Parlant des concerts des Doors, il se montrera plutôt élogieux, même s'il juge certaines chansons trop longues. C'est d'ailleurs Jagger en personne qui conseille à Michelangelo Antonioni de contacter les Doors pour la bande originale de son film *Zabriskie Point*.

Avant le concert, Jim est filmé par Paul Ferrara pour *Feast of Friends*. Le chanteur traîne parmi les fans, en chemise de péon mexicain et pantalon de cuir, feuilletant négligemment un programme présentant les Who. Interrompu au bout d'une heure, le concert tourne à l'émeute. Le public a trop attendu entre les différentes parties de la soirée. Les Who et les Doors dans un même spectacle, c'est beaucoup de tension accumulée pour un jeune public :

> Et pour couronner le tout, il y avait ces paroles des Doors, dont beaucoup font référence à la mort, au pouvoir, à la violence, et qui s'attachent aux aspects troublants de la société, avec la théâtralité sauvage du chanteur et nouveau sex-symbol, Jim Morrison[26].

Une douzaine de spectateurs sont interpellés, d'autres se retrouvent à l'hôpital après avoir détruit du matériel. Les nombreux policiers ont sans cesse rejeté des spectateurs qui cherchaient à monter sur la scène rotative tombée en panne. Ce style de spectacle contribue à accoler une réputation sulfureuse aux Doors. Le leader des Who, Pete Townshend, pourtant lui-même imprévisible sur scène, est à ce point impressionné qu'il va en tirer la chanson « Sally Simpson ». Un titre qui figure à la fois sur l'opéra-rock *Tommy* et sur l'album *Live at Leeds*. Pete dira qu'il a vu Jim comme un homme hanté par une mort précoce, et qu'il n'a pas été surpris par sa disparition prématurée.

Tout début septembre, le groupe s'envole de New York pour une tournée européenne de trois semaines. Cette opportunité permet d'échapper un temps à la frénésie médiatique américaine. La virée est organisée en compagnie de Canned Heat et du Jefferson Airplane, l'un des groupes phares de la scène de San Francisco. Jim apprécie leur référence à Lewis Carroll sur le morceau « White Rabbit » de l'album *Surrealistic Pillow*. Les deux formations doivent se produire en Angleterre, en Allemagne, aux Pays-Bas, au Danemark et en Suède, mais ne peuvent jouer comme prévu à l'Olympia de Paris, la salle n'étant finalement pas disponible. Pour les deux formations, le but est d'élargir leur public européen, encore au stade de la découverte quant à la révolution sonore californienne. Pour l'occasion, Jim s'est rasé la barbe et s'est fait raccourcir les cheveux. Le groupe est attendu de pied ferme à Londres, où le *Melody Maker* bat le rappel en ces termes : « Anglais, Anglaises, attention ! Jim Morrison monte à l'assaut de nos côtes[27]. »

Trois jours plus tard, les Doors sont filmés en play-back avec leurs complices de Canned Heat par la BBC-1, pour l'émission « Top of the Pops », mais la bande semble avoir disparu. Ils ont été suivis depuis l'aéroport de Heathrow par une équipe de TV Granada qui capte une répétition et trois de leurs quatre concerts donnés en deux soirs à la Roundhouse, les 6 et 7 septembre. Il en résultera le film

The Doors Are Open, diffusé en décembre. Les Beatles et les Stones, entre autres, demandent des billets. L'accueil de la presse est enthousiaste, les Doors volant littéralement la vedette au Jefferson Airplane, même si les critiques se focalisent sur le physique et le jeu de scène de Morrison, inévitablement comparé à Mick Jagger. Pour le chanteur, ces concerts sont parmi les meilleurs que les Doors ont donnés jusque-là. Le public londonien lui apparaît aussi comme le plus averti et réceptif qu'il ait connu.

Durant la tournée, Pamela s'installe dans un appartement du quartier de Belgravia, à proximité des jardins de Buckingham Palace. Alors en vogue, le coin est l'un des plus huppés de la ville. Pamela passe une grande partie de son temps à faire les boutiques de vêtements de Carnaby Street et de Kings Road.

Le vendredi 13 septembre, les Doors sont à Francfort, toujours suivis par une équipe de télévision. Pour son émission « 4-3-2-1 Hot & Sweet », la ZDF filme le groupe sur la place centrale du quartier médiéval. Suite à une conférence de presse dans un drugstore, ils sont filmés en play-back sur le Römerberg, devant l'hôtel de ville. Pour le concert du lendemain, à la Kongresshalle, filmé par Radio Bremen TV pour l'émission « Beat Club », Jim retrouve avec plaisir les musiciens de Canned Heat en première partie. Il apprécie toujours autant trinquer et discuter blues avec Bob Hite et Al Wilson. Généreux, les organisateurs ont prévu une accompagnatrice pour Jim, la superbe Francesca.

De Francfort, les Doors se rendent à Amsterdam. Lors d'une visite du quartier des prostituées, Jim se fait offrir un impressionnant morceau de haschish par un fan… et l'avale d'un coup. On le voit également accepter différents comprimés lors de cette promenade en compagnie des musiciens du Jefferson Airplane. Pour faire passer le tout, Jim boit sans retenue. Ce dimanche 15 septembre en soirée, saoul et défoncé, Morrison arrive en taxi au Concertgebouw où il fait une entrée sur scène prématurée durant un morceau du Jefferson Airplane, « Plastic Fantastic Lover ». Pensant se débarrasser du chanteur, le Jefferson Airplane accélère le tempo et Jim se met à tournoyer de plus en plus vite sur lui-même, avant de s'écrouler, comme pris d'une crise d'épilepsie. Raccompagné jusqu'à la loge des Doors, le chanteur reste là un long moment, prostré, hagard. Manzarek et les musiciens s'inquiètent. Leur tour est venu de monter sur scène et ils prolongent tant que possible l'introduction de leur set, espérant que Morrison les rejoigne. Mais en coulisses, le chanteur reste affalé dans un état comateux. Il faut l'évacuer d'urgence en ambulance, sous masque à oxygène. On propose au public de rembourser les places, mais les spectateurs préfèrent rester pour voir les Doors en trio, Manzarek assurant les parties vocales. Le lendemain, après une longue nuit et une matinée à l'hôpital, Jim, dont la puissance de récupération est réputée phénoménale, apparaît en pleine forme, mais aussi sans le moindre souvenir de la veille. Ray, Robby et John sont furieux, mais fiers également d'avoir triomphé sans leur chanteur. Toutefois, dès le mardi, Jim est à leur côté sur la scène du Falkoner Centret de Copenhague. Le groupe est filmé le lendemain par TV-

Byen Gladsaxe. Grace Slick, la chanteuse du groupe Jefferson Airplane, qui minaudait depuis le début de la tournée, vient enfin retrouver Jim dans sa chambre pour des étreintes qui semblent l'avoir ravie. Peu avare de compliments sur son amant d'un soir, la chanteuse assure qu'il a un corps parfait et des obsessions étranges. Elle précise aussi qu'il est mieux pourvu par la nature que la moyenne, et plus doux qu'elle ne se l'était imaginé, les hanches du jeune homme ne perdant jamais le rythme soutenu avec lequel il mène la danse.

La tournée s'achève le 20 septembre en Suède, à la Konserthuset de Stockholm, avec deux shows très réussis, enregistrés par la radio nationale. Dès le lendemain, Densmore et Krieger regagnent Los Angeles, tandis que Ray et Dorothy passent deux jours à Londres. Jim y retrouve Pamela dans la suite louée à l'hôtel Belgravia, sur Eaton Square. À l'invitation de George Harrison qui a rencontré les Doors après l'un de leurs concerts à la Roundhouse, le couple assiste le lundi 23 à une session d'enregistrement des Beatles aux studios Abbey Road, pour leur *White Album*. La légende veut que Morrison ait participé aux chœurs de « Happiness Is a Warm Gun ». Quelques mois plus tard, George Harrison sera à son tour invité à une séance d'enregistrement de l'album *The Soft Parade*, à Los Angeles.

Durant ce séjour londonien, Jim et Pamela fréquentent assidûment Michael McClure que le chanteur vient accueillir à l'aéroport. L'écrivain beat arrive en Angleterre pour discuter affaires avec le producteur Elliot Kastner. Il est notamment envisagé que Jim tienne le rôle de Billy the Kid dans une adaptation filmée de la pièce à scandale de Michael, *The Beard*, où se croisent étrangement le légendaire hors-la-loi et l'actrice Jean Harlow.

Jim et Michael lient vraiment amitié lors de ce séjour londonien où, durant plusieurs jours, ils ont d'intenses échanges sur la poésie et visitent la capitale sur les traces de William Blake et d'Oscar Wilde. Les nouveaux complices écument la ville, du Tate Museum aux boîtes de strip-tease de Soho, et partagent de mémorables cuites. McClure est impressionné par les textes que lui donne à lire le jeune chanteur : « Il m'a montré le manuscrit de ses premiers poèmes, *The New Creatures*. Il est difficile d'imaginer meilleur poète que lui à cet âge. Le manuscrit avait été méticuleusement préparé par sa femme, Pam. Quand j'ai poussé Jim à le publier, il m'a fait part de ses craintes quant au fait que sa poésie soit avant tout lue comme celle d'une star du rock. Je l'ai alors convaincu de publier une édition à tirage limité, et que je l'aiderais à la faire distribuer et connaître[28]. »

Mais, auréolé de son statut de star du rock en tête des ventes de disques, Morrison ne veut pas être lu pour de mauvaises raisons. La poésie reste pour lui pure vocation, un jardin à préserver hors de la folie médiatique qui l'étouffe :

La poésie est éternelle. Tant qu'il y aura des êtres humains, ils se rappelleront ces mots et ces combinaisons de mots. Rien d'autre ne peut survivre à un holocauste en dehors de la poésie et des chansons[29].

Michael McClure lui suggère de commencer par s'auto-éditer, sans véritable diffusion et, surtout, de publier sous le nom de James Douglas Morrison. Jim avoue à McClure que Pamela régente ses écrits, corrige la retranscription de certaines interviews, classe ses manuscrits, intervient même sur des mots triviaux qui la dérangent. McClure lui rappelle que la femme de Mark Twain faisait de même. De retour à Los Angeles le 20 octobre, Jim prend rendez-vous avec l'agent de Michael McClure. Il lui apporte le manuscrit de *The New Creatures* et le long poème intitulé « Dry Water ». L'idée est de présenter par la suite ces textes à un éditeur new-yorkais, mais de commencer par une édition à tirage limité. L'écrivain et ami Robert Gover lui donne d'ailleurs le même conseil. Si les livres demeurent sa grande passion, Jim est conscient que c'est surtout grâce aux disques qu'il peut largement faire circuler ses poèmes :

> Je pense que les albums ont remplacé les livres. Vraiment. Les livres et les films. Un film, on le voit une ou deux fois, et peut-être une fois encore à la télévision. Mais un putain d'album, ça a plus d'influence qu'aucune autre forme d'art. Tout le monde en possède[30].

Fin octobre, les Doors commencent à répéter dans leur salle, au 8512 Santa Monica Boulevard, en vue de leur quatrième album, *The Soft Parade*. Mais le matériau original commence à manquer et le groupe se retrouve contraint d'écrire et composer en studio.

Suite à une nouvelle rupture, Jim refusant toujours de l'épouser, Pamela est de retour à Londres avec son amant, Christopher Jones. Cet acteur aux faux airs de James Dean vient d'apparaître dans *Wild in the Streets* auprès de Shelley Winters, après s'être fait connaître dans le rôle de Jesse James dans une série télévisée. Il interprète un célèbre chanteur rock qui offre son soutien électoral à un sénateur contre la promesse d'un abaissement de l'âge légal de vote à 15 ans, les personnes de plus de 35 ans devant être déportées dans des camps où on les abrutit au LSD ! Il arrive en Angleterre pour jouer dans le film *The Looking Glass War*, adapté d'après le best-seller de John Le Carré, avec Anthony Hopkins et Pia Dagermark.

La nouvelle tournée américaine des Doors cible le Middle West. Elle débute à San Diego fin octobre pour s'achever le 10 novembre au Concert Hall de Minneapolis. Afin de les protéger dans cette zone à risque pour des Californiens chevelus, les Doors engagent six molosses noirs de l'agence de détectives Sullivan, détenteurs du permis de port d'arme. Souvent chaotiques, ces concerts déclenchent de multiples bagarres et provoquent une série d'arrestations, notamment à Phoenix, en Arizona. La *Phoenix Gazette* signale ainsi qu'une guerre a éclaté entre la police et les jeunes, et que la faute en incombe aux Doors, et surtout à leur chanteur, un provocateur « vêtu d'oripeaux débraillés ». Mais justement, Jim aime l'idée selon laquelle les concerts donnent aux jeunes une chance de défier et de tester l'autorité, les sortant de leur simple rôle de spectateurs. Même s'il considère que ceux-ci se transforment en « un phénomène de foule qui en réalité n'a plus grand-chose à voir avec la musique. C'est excitant, mais ce n'est pas de la musique. C'est de l'hystérie collective[31] ». D'ailleurs, s'il n'y avait pas de policiers, quelle serait l'attitude du public face aux musiciens ? Jim est persuadé que le seul motif de la foule pour se ruer sur scène, dans cette relation triangulaire, c'est le cordon de police :

> Ce qui m'intéresse là-dedans, c'est de donner l'occasion de mettre les agents à l'épreuve. Je trouve utile de donner à ces gosses une chance de tester l'autorité[32].

Les séances d'enregistrement de l'album *The Soft Parade* débutent dans les nouveaux studios d'Elektra, sur La Cienega Boulevard. Des studios et des bureaux en grande partie bâtis grâce aux profits générés par les Doors, à tel point que les membres du groupe surnomment les lieux « la maison que les Doors ont construite »... Mais soudain, en pleine session, Jim disparaît. Il s'envole brusquement pour venir au secours de Pamela, à Londres. La jeune femme est effondrée suite à sa rupture avec Christopher Jones, l'acteur s'étant épris de sa partenaire, Pia Dagermark. Elle prétend être au bord du suicide. Selon elle, tout est de la faute de Jim qui ne l'a jamais vraiment aimée et refuse de l'épouser. Grâce à la filière du comte Jean de Breteuil, en compagnie duquel elle voyage au Maroc durant l'été, elle réussit à se procurer de l'héroïne et se retrouve dans un piteux état. En dépit d'homériques disputes, le couple maudit se reforme et est de retour à Los Angeles fin novembre. Pamela semble totalement dépendante de Jim.

Suite à une nouvelle arrestation pour conduite en état d'ivresse, Jim apprend de Bill Siddons que, durant son séjour londonien, les trois autres Doors l'ont trahi. Grâce à Max Fink, qui a signé au nom de Morrison, les musiciens ont donné leur accord à une agence publicitaire pour utiliser un extrait de « Light My Fire » dans un spot télévisé et une série d'annonces de la General Motors vantant les mérites du nouveau cabriolet Buick, la Gran Sports GS455. Jac Holzman a lui aussi accepté, jugeant la somme de 75 000 dollars tout à fait alléchante, 25 % lui revenant en droits dérivés. Le slogan prévu est : « *Come on, Buick, light my fire !* » Furieux, Jim déboule chez Elektra pour opposer son veto et contraindre Holzman à annuler l'opération. Cette chanson, comme les autres, reste absolument « sacrée » à ses yeux. La musique est œuvre d'art et il est hors de question de la dévoyer dans une misérable opération publicitaire. Il est hors de lui :

> Ce n'est qu'une putain d'industrie ! Une mafia ! C'est le diable, bande d'enculés ! Vous venez de signer un pacte avec le diable. Je veux que ce soit bien clair, ne refaites jamais un truc pareil. Pour moi, cette chanson est précieuse, et je refuse que quiconque s'en serve. Dire que je pensais que nous étions des frères[33] !

Holzman comprend qu'il serait vain d'insister et tente d'annuler le juteux contrat publicitaire. D'autant que Jim menace de détruire deux Buick à coups de masse, sur scène, ou même en plein Santa Monica Boulevard, en cas d'acceptation du contrat ! Bill Siddons en garde une profonde amertume. Il se souvient que, dès lors, il ne fut plus question que de business, Jim déclarant ce jour-là qu'il n'avait plus de partenaires, seulement des associés. Une formule sans équivoque derrière laquelle le chanteur prend définitivement du recul vis-à-vis de ses comparses, mais aussi vis-à-vis de son rôle au sein d'un groupe. Une fêlure fatale se fait jour.

Les engagements poussent toutefois à poursuivre l'aventure. Le 6 décembre, les Doors sont enregistrés pour un show télévisé de la chaîne CBS, à New York, « The Smothers Brothers Comedy Hour ». Deux jours plus tard, Jim fête tristement ses 25 ans. En quelques semaines à peine, ses amis, ainsi que Pamela, l'ont trahi. À cette occasion, il s'épanche sur l'épaule de Cheri, la compagne de Bill Siddons. Il lui avoue qu'il s'interroge sur la faible probabilité qu'il atteigne la trentaine. Une satisfaction cependant : lorsque Andy, 19 ans, vient de San Diego pour voir son frère aîné en concert, les retrouvailles sont chaleureuses entre le prétendu tortionnaire et son cadet...

Le 14 décembre, les Doors donnent leur dernier concert de l'année au Forum de Los Angeles, à Iglewood. Ils suggèrent la présence de Johnny Cash en première partie, un chanteur que tous quatre apprécient. Mais les organisateurs refusent d'engager celui qu'ils considèrent avant tout comme un ancien taulard. Jerry Lee Lewis le remplace mais est sifflé en première partie, ce qui mortifie Morrison. Le jeune public ne semble venu que pour entendre les hits de son groupe fétiche. La légende veut que l'habitude d'allumer des briquets (et plus tard des portables !) pour réclamer un rappel vienne de ce concert. Après les inévitables tubes, la foule réclamant deux fois de suite « Light My Fire », les Doors se lancent dans une longue version punitive de « Celebration of the Lizard » qui laisse le public groggy. Assis seul face aux 18 000 spectateurs, Jim finit de réciter son texte alors que les musiciens ont déjà regagné leurs loges.

Jim Morrison se retrouve en plein doute, incapable à la fois d'imaginer le futur des Doors et son avenir en tant que chanteur adulé par la foule. Un public de plus en plus avide de sensations fortes, alors que lui est en panne d'idées. Il avoue rêver que les Doors freinent la sarabande de leurs activités pour aller composer sur une île déserte !

Je chante le blues
depuis que le monde a été créé
(1969)

> *Les foules sont un peu comme le sphinx de la fable antique : il faut savoir résoudre les problèmes que leur psychologie nous pose, ou se résigner à être dévoré par elles*[1].
>
> GUSTAVE LE BON

> *La réalité de la censure, c'est que si vous sucez un sein vous êtes classé X, et que si vous le tranchez avec une épée, vous êtes « tout public »*[2].
>
> JACK NICHOLSON

Élu le 5 novembre 1968, le républicain Richard Nixon, fervent anticommuniste et ennemi de la contre-culture pacifiste, devient le 37e président des États-Unis. Jim n'hésite pas à critiquer sur scène ce fils de quakers, ceux qui s'abstiennent de boire, de danser et de jurer. Ces attaques verbales n'arrangent pas son cas auprès du FBI qui le surveille de près. Deux conceptions opposées du monde s'affrontent. D'une part, celle des garants de la morale judéo-chrétienne (blanche de préférence) et du culte du veau dollar, les électeurs de Nixon ; d'autre part, celle d'une jeunesse bigarrée, éprise de liberté, d'amour et de transgression.

Jim reste fidèle à son lieu de repli préféré. Sans téléphone, le modeste motel Alta Cienega est à la fois proche des locaux des Doors et des bureaux du label Elektra, mais aussi de ses bars favoris. Morrison se réfugie au premier étage, dans la chambre 32 qu'il loue au mois, pour écrire, se concentrer avant un concert, récupérer de ses cuites, recevoir des visites, comme celle de Mick Jagger l'année précédente, ou attirer ses conquêtes éphémères. Il s'en sert surtout comme base arrière lors de ses conflits à répétition avec Pamela.

Le mardi 25 février, aux Sunset Sound Recorders de Hollywood, les Doors enregistrent une sombre improvisation de plus de vingt minutes, appelée à devenir le mythique « Rock Is Dead ». Jim y parle de son enfance, vers l'âge de 5 ans, lorsqu'il a entendu ses parents dire à son propos : « Nous devons freiner ce gosse, il va trop loin, / Il devient sauvage, nous devons le freiner. / J'étais couché, j'entendais ça, et je me sentais mal — / Vous comprenez, vous tous, je me sentais mal. / Maman n'aimait pas le chemin que j'empruntais. » Les Doors revisitent différents styles musicaux, du blues au rock, du classique au surf et au jazz latino, tandis que Jim confie ses désillusions sur le monde du rock et son avenir : « On a eu du bon temps / Mais c'est fini. / Tout est fini. / J'ai des choses sur le cœur, et je dois m'en débarrasser. / [...] Je vous parle de la mort du rock'n'roll, / Et de qui l'a tué. / Je vous parle du blues. / [...] Au secours ! Au secours ! / Je meurs ! Je meurs ! Je meurs ! / [...] Tant que j'aurai encore un souffle, la mort du rock / Sera ma propre mort, / Et le rock est mort. / On est morts. Oh ! oui. Le rock est mort. » Coupé en son milieu suite à un incident technique, ce morceau d'échauffement n'est pas destiné à figurer sur disque, Morrison avouant douter que quelqu'un l'entende un jour. Peu après cette session, Janis Joplin et Jimi Hendrix mouraient, les Cream se séparaient… Le rock mourait. Le morceau ne paraîtra officiellement que vingt-cinq ans plus tard, d'abord dans le luxueux coffret pirate *The Doors Complete* publié en Italie en 1992. Désenchantement sur la fin d'une époque, fermeture d'une parenthèse dorée.

Lorsque Bill Graham tente d'attirer les Doors au Fillmore East de New York, il se découvre un sérieux opposant dans le cercle du groupe en la personne de Bill Siddons. Le manager vise plutôt le Madison Square Garden, en plein Manhattan, à la fois pour son prestige et sa capacité. Quand Graham rappelle au jeunot que c'est lui qui a fait débuter les Doors à San Francisco, Siddons rétorque qu'il se souvient surtout que c'était contre 350 dollars… alors qu'ils se produisent désormais pour cent fois plus, ou contre 60 % de la recette. Grand seigneur mais vachard, Graham assiste au concert et se réjouit du succès remporté par le groupe, tout en soulignant que les Doors n'ont rien à gagner à se produire au Madison Square Garden. Un lieu qui, selon lui, ressemble surtout à une cimenterie.

Le vendredi 24 janvier, le groupe se produit donc au Madison Square Garden devant 22 000 spectateurs, avec les Staple Singers en première partie. Les places sont depuis longtemps réservées pour un concert qui rapporte plus de 100 000 dollars. Une recette record. Les journalistes et les gens du label Elektra, à commencer par son président Jac Holzman et son fils Adam (futur claviériste de Miles Davis), sont aux aguets. Le groupe joue en formation élargie, avec le bassiste de Bob Dylan, Harvey Brooks, un saxophoniste de jazz, et même plusieurs violonistes de l'Orchestre philharmonique de New York, histoire d'épater la galerie et d'annoncer le virage radical prévu avec le futur album, *The Soft Parade*. Un light-show conçu par Chip Monck, le chef éclairagiste qui fit briller les festivals de Monterey puis de Woodstock, couronne le tout. Le show débute comme souvent par « Break on Through (To the Other Side) », la chanson manifeste du groupe. Le chanteur désigne une partie des spectateurs comme étant une force de vie, l'autre comme une force de mort, précisant qu'il se place entre les deux… Le succès est tel ce soir-là que certains critiques désignent désormais les Doors comme « les Beatles de l'Amérique », tandis que *Variety* parle d'un retour triomphal à New York.

Une réception est organisée le lendemain dans une suite du Plaza, l'hôtel de prestige donnant sur Central Park. Jim y fait la connaissance de Patricia Kennealy, qui lui est présentée par une attachée de presse d'Elektra, Diane Gardiner. Directement introduite dans la suite du chanteur, la jeune femme d'origine irlandaise remarque des vêtements qui traînent un peu partout, ainsi que des cadavres de bouteilles de vodka. Lors de leur toute première poignée de main, tous deux ressentent une décharge d'électricité statique dès que leurs doigts entrent en contact. Interloqué mais souriant, Jim garde longuement la main de la New-Yorkaise, lui confiant de sa voix douce et traînante qu'il s'agit sans doute d'un présage... Patricia est impressionnée par les manières chevaleresques et l'érudition du chanteur, des atouts loin d'être fréquents dans le milieu du rock qu'elle fréquente. Elle est aussi attirée par les yeux bleus et le sourire dévastateur de son interlocuteur. Jim lui apparaît comme « la chose la plus masculine » qu'elle ait jusque-là croisée. La discussion débute devant deux cognacs pour ne s'achever qu'une heure plus tard. Jim lui dit notamment qu'il est un acteur-musicien-danseur-politicien, et surtout un écrivain. « Un politicien érotique ? », s'enhardit l'habile journaliste, en référence à un cliché déjà tenace. « Non, juste un politicien au sens le plus large[3] », rétorque le chanteur. La conversation dérive sur les reptiles, Patricia Kennealy, se référant au surnom du chanteur, le Roi Lézard, Jim lui parlant d'un documentaire qu'il vient de voir, consacré aux dragons de Komodo. La journaliste sidère le chanteur en lui apprenant que les Morrison, un clan écossais issu du fils bâtard d'un roi norvégien, ont pour animal totem le serpent. Et que le serpent, symbole de la puissance créatrice du monde, est considéré comme l'un des animaux sacrés de la Déesse Mère. Passionnée d'occultisme, elle lui apprend également que le patronyme Kennealy, d'origine royale milésienne, signifie « tête de loup », et que c'était là l'emblème d'anciens chamans irlandais. La jeune femme considère ainsi appartenir à une lignée héréditaire de chamans. Autant de détails qui attirent l'attention de Jim, alors même que son souvenir d'enfance récurrent, où il serait devenu chaman de façon occulte, n'est pas encore connu. Mis en confiance, le chanteur lui révèle ses idées sur la décadence de la musique rock et sur sa vision de la musique du futur. Il lui avoue qu'il a l'intention de se consacrer à d'autres activités, comme l'écriture et le cinéma. Lui servant à boire, sa main frôle les cheveux auburn de la journaliste, et la conversation prend une tournure plus intime. Intrigué, Jim lui demande ce qu'elle *est* au juste. Et Patricia lui répond posément qu'elle est une *sorcière*. Alors que l'échange doit se conclure, Jim a hâte d'en savoir plus…

Cette première rencontre s'achève avec le retour des musiciens et de Babe Hill, que Patricia prend pour un roadie. La suite de l'hôtel se remplit progressivement. David Anderle, du label Elektra, a notamment invité l'assistant de Leonard Bernstein, Fred Myrow, qui compose lui-même pour le New York Philharmonic, et la journaliste Ellen Sander, celle-là même qui vient de traiter Jim de « Mickey Mouse de Sade » dans le *Saturday Review*. Une réflexion qui a vexé le chanteur. Jim appelle le service d'étage et fait apporter toutes sortes de boissons et diverses choses à grignoter. Des cookies fourrés au haschich font aussi leur apparition. Mais pour Jim, l'heure de la vengeance a sonné. Haussant soudain la voix, il se lance dans un petit jeu cruel et contraint Ellen Sander à chanter devant toute l'assistance. Au bord des larmes, la journaliste finit par entonner une pitoyable version du « Hey Jude » des Beatles. Jim sourit de contentement, les yeux mi-clos, marquant le rythme en tapant du pied, marmonnant dès le premier silence : « Alors, comme ça, je suis le Mickey Mouse de Sade ? »

Dans son coin, Patricia Kennealy est à la fois effrayée et admirative. La prenant à part en toute fin de soirée, Jim lui demande son numéro de téléphone et lui effleure les lèvres : « Sois prudente en rentrant, New York est une ville dangereuse[4]. »

Suite à cette mémorable soirée au Plaza, Morrison fait adresser un bouquet de fleurs à Patricia. Tout comme il le fait pour Ellen Sander, mais dans un autre but. Il tient à s'excuser pour la vengeance humiliante qu'il lui a infligée en public. Un mois plus tard, de Californie, Jim écrit une lettre de remerciements à Patricia pour l'article qu'elle a consacré aux Doors dans *Jazz & Pop*. D'autres missives suivront jusqu'à l'été, ainsi que plusieurs appels téléphoniques.

Jim Morrison est en émoi lorsqu'il apprend que le Living Theatre effectue une tournée des campus après son exil européen, suite au scandale provoqué par le spectacle *The Brig*. Durant ces quatre années d'exil, la troupe de trente-deux aventuriers s'est orientée vers la performance et le happening. Elle a ainsi provoqué plusieurs jolis scandales, notamment au festival d'Avignon en juillet 1968 où, invitée par Jean Vilar, elle joua *Paradise Now*. Expérimentale et anarchiste, la compagnie est animée depuis 1951 par Julian Beck et Judith Malina. Elle pratique une guérilla scénique radicale où elle offre à chacun un rôle de participant, proposant des thèmes d'improvisation et permettant d'inventer des solutions au spectacle, jusqu'à créer une véritable fête collective.

Le Living Theatre axe son travail sur le rapport entre la fiction et la réalité, le théâtre et la vie. Il choisit d'associer le corporel et l'intellect, jouant sur la nudité des corps sur scène comme dans la salle. Apatride, la compagnie d'avant-garde s'inspire à la fois des œuvres de Luigi Pirandello et des théories révolutionnaires d'Antonin Artaud (son fameux Théâtre de la cruauté), mais aussi du bouddhisme tantrique. Jim sait aussi que Jack Kerouac appréciait ce théâtre conflictuel où le public a la possibilité d'intervenir et de participer à la création.

La turbulente troupe se produit d'abord à San Francisco où Jim est hébergé chez son ami Michael McClure, en compagnie duquel il rend visite au poète Lawrence Ferlinghetti. Jim et Michael assistent au spectacle du Living Theatre au Civic Auditorium où ils sont conviés à monter sur scène. Ensuite, du lundi 24 au vendredi 28 février, le Living Theatre est au Bovard Auditorium, sur le campus de Los Angeles, où il propose chaque soir une performance différente, dont *Frankenstein* et *Antigone*. Quant à *Paradise Now*, le nouveau spectacle hypnotique dont Coppola s'inspirera pour titrer son film *Apocalypse Now*, il a pour but affiché de défier les valeurs de la civilisation occidentale.

Paradise Now, qui débute par « The Rite of Guerilla Theater », est une semi-improvisation impliquant la participation des spectateurs, sans cesse conviés sur scène. Quant aux acteurs, ils récitent une liste de tabous de la société et ôtent leurs vêtements, au risque de s'attirer les foudres de la police pour exhibitionnisme : « Je n'ai pas le droit d'ôter mes vêtements en public. Je dois m'arrêter aux portes du paradis. » Pour ce spectacle destiné à remuer les tréfonds du subconscient, Julian Beck a dessiné « un jeu de l'oie en huit sections que les spectateurs, guidés par les acteurs, doivent parcourir ensemble[5] ». Le dernier jour, la police fait interrompre la représentation pour outrage à la pudeur. Sans compter l'aspect subversif des paroles : « Je dois payer mes impôts pour soutenir une guerre impie contre des gens qui ne cherchent qu'à unifier leur pays. Je ne crois pas en la guerre au Vietnam[6]. »

Jim a fait réserver six places au premier rang pour chacune des représentations. Michael McClure et Tom Baker, entre autres, l'accompagnent. Ce spectacle participatif va agir sur lui comme un véritable détonateur. Michael McClure se souvient que lors de sa venue chez lui, à San Francisco, malade et tremblant, Jim avait la gueule de bois mais se sentait comme purifié.

Après avoir discuté chaque jour avec des membres de la troupe, Jim invite à dîner Mark Amatin dans la maison qu'il a louée pour Pamela à Beachwood Hills, à Hollywood. Un Amatin qui se veut missionnaire politique et spirituel au sein de la troupe. Impressionné par ces théories audacieuses, Jim dira plus tard : « Disons simplement que je testais les limites de la réalité. J'étais curieux de voir ce qui allait se passer. Ce n'était rien d'autre que de la curiosité[7]. » De son côté, Brad Burgess rapporte : « Morrison a même réglé la totalité des frais d'hôtel de la troupe à Los Angeles, où chaque soir il assistait aux performances. Il a également donné de l'argent pour faciliter une tournée européenne[8]. » Troublé par ces soirées, Jim est tenté de mettre en pratique avec les Doors ce qu'il vient de vivre. Pour lui, comme il l'affirmera au chanteur Ian Whitcomb, la civilisation occidentale est déjà sur le déclin, et il n'y aura même pas besoin d'un tremblement de terre pour l'achever : « La musique que nous jouons, c'est comme une dernière danse de mort… Merde ! Tu sais quoi ? La vérité nous attend tous dans la tombe[9]. »

Dès le lendemain du dernier spectacle du Living Theatre à Los Angeles, le samedi 1er mars, les Doors entament une tournée de dix-sept villes, dans des salles souvent gigantesques. Pour commencer, ils doivent se présenter au Dinner Key Auditorium de Miami, en Floride. Pour ce concert appelé à devenir légendaire, mais dans le sens maudit du terme, les conditions s'annoncent déplorables. Le lieu n'est qu'un hangar vétuste d'hydravions de la Pan Am. Il a été relooké à la hâte en salle de concerts pouvant accueillir 6 900 spectateurs. Toujours sous le choc de *Paradise Now*, Jim arrive très en retard, suite à une escale imprévue à La Nouvelle-Orléans. Éméché et de fort mauvaise humeur, il a commencé à boire à Los Angeles, après une énième altercation avec Pamela. Le public est chauffé à blanc par la longue attente et la moiteur suffocante, mais surtout du fait que les promoteurs ont organisé une double billetterie. Les charlatans ont réussi à obtenir le concert pour un forfait de 25 000 dollars, au lieu d'être rémunérés au pourcentage, à hauteur de 40 %. Quatre mille faux billets permettent finalement d'accueillir près de 12 000 spectateurs, les organisateurs n'ayant pas hésité à faire déboulonner des centaines de sièges. Furieux, Bill Siddons tente de faire annuler la représentation, mais les organisateurs, sans scrupules, menacent de le frapper et, surtout, de confisquer le matériel flambant neuf du groupe. Comme il serait finalement plus dangereux de renoncer à jouer, le concert est maintenu.

Afin de combler le retard de leur imprévisible leader, Ray, Robby et John jouent en boucle « Break on Through (To the Other Side) ». Peu concentré sur la musique, barbu et livide sous son chapeau à large bord orné d'une tête de mort, Morrison harangue le public et la police dans une ambiance électrisée. Lewis Marvin, hippie fortuné et végétarien, lui tend un agneau vivant qu'il serre contre sa poitrine. Mais qui sera le sacrifié ? Le poète cherche-t-il un prétexte pour saborder la carrière du chanteur trop vénéré ? Pas moins de vingt-six policiers en uniforme se trouvent sur scène ou à proximité immédiate, ainsi que des collègues en civil. Au bout d'une heure et cinq minutes d'un concert tumultueux, Morrison, exalté, se lance : « Ces derniers temps, j'ai rencontré des gens qui se démènent vraiment. Ils veulent changer le monde. Et moi, je veux en être. Je veux aussi changer le monde[10]. » Il interrompt les morceaux et lance des invectives tous azimuts : « Combien de temps allez-vous laisser les gens vous dicter ce que vous devez faire ? » Il traite l'auditoire de « foutue bande d'idiots » et de « bande d'esclaves ». « Vous n'êtes pas simplement venus écouter de la musique, non ? Bien sûr que non ! Vous êtes venus me *voir* faire autre chose, non ? Vous êtes venus au cirque ! », lance-t-il à la foule, tandis que la scène vacille déjà. D'autant que Jim n'a de cesse de chercher à faire monter des spectateurs pour le rejoindre. Il ôte sa chemise et la jette en pâture. Il trébuche, se laisse tomber sur scène, agité de spasmes, maugrée des anathèmes incohérents, s'emporte contre la Floride, l'État où il est né, lance la casquette d'un policier dans le public, gémit, hurle que personne ne l'aime : « Pas de règles, aucune limite ! Allez, on se met tous nus ! » Et tout dégénère alors pour virer à l'hallucination collective. Jim mime une fellation sur le manche de guitare de Krieger, puis il commence à défaire le ceinturon de son pantalon, pour prétendument exposer ses parties génitales : « Ouais, vous voulez voir ma queue ? » Cette courte phrase va suffire à faire basculer son existence. Jeté dans le public par le frère du promoteur, qui l'a pris pour un fan cherchant à monter sur scène, Morrison se relève indemne avant de se lancer dans une folle sarabande initiée par des spectateurs survoltés. Étrange serpent endiablé de corps humains. Et tandis que la scène tangue et s'affaisse brusquement, les musiciens se réfugient en hâte dans leurs loges. Panique générale. Car Jim est remonté sur scène avec des dizaines de spectateurs déchaînés qui se mettent en cercle pour danser, jusqu'à ce que tout s'écroule dans une gerbe d'étincelles. Bill Siddons parvient héroïquement à récupérer Morrison et à le traîner à l'abri, en coulisses, où curieusement plusieurs policiers finissent par partager quelques bières avec les musiciens...

Les Doors et leur entourage ont toujours nié que Jim soit passé à l'acte, précisant qu'il a simplement simulé le geste. On parlera d'hypnose collective. Comme en a témoigné Ray Manzarek, ce soir-là, exceptionnellement, Jim porte un boxer-short sous son pantalon de cuir. De toute façon, l'ingénieur du son Vince Treanor s'est précipité depuis les coulisses pour maîtriser le chanteur et l'empêcher d'agir. Si certains parmi les plus jeunes témoigneront avoir été choqués, la plupart des spectateurs reconnaîtront qu'ils ne sont pas tout à fait sûrs d'avoir vu « l'objet du délit ». Alors que chaque concert est mitraillé autant par des photographes professionnels que par des dizaines de spectateurs munis d'Instamatic, aucun petit malin n'a jamais pu brandir la moindre photo qui aurait assurément fait sa fortune. Au final, la salle reste jonchée de petites culottes et de soutiens-gorge. Comme l'a théorisé Gustave Le Bon en parlant des foules, la faculté de celles-ci à voir correctement est facilement détruite. Les faits réels sont remplacés par des hallucinations sans parenté avec eux :

> Les observations collectives sont les plus erronées de toutes. Elles représentent le plus souvent la simple illusion d'un individu ayant, par voie de contagion, suggestionné les autres[11].

Si personne n'est arrêté sur le coup, ce geste manqué va profondément nuire à l'image de Jim Morrison, et ce jusqu'à nos jours. Certains fantaisistes iront jusqu'à prétendre que Jim s'est masturbé sur scène ! Cette soirée va ainsi contribuer à créer la légende de Jim Morrison, mais surtout du côté fantasmagorique, en façonnant une caricature hâtive du personnage dans la mythologie du rock. Pourtant, le fait reste hautement subversif puisqu'il n'existait jusqu'alors aucune représentation du sexe masculin en concert. L'année précédente, Jim avait rétorqué à son ami Tom Baker, qui se vantait de s'être exposé nu dans un film d'Andy Warhol, que lui aussi pouvait le faire, mais que ce n'était pas de l'art. Suite à l'affaire de la publicité pour Buick, Jim avait lancé devant ses trois musiciens : « Je vais démolir une putain de Buick sur scène. Ça va faire partie de mon nouveau spectacle. "Réduisez une Buick à néant." On verra si ça leur plaît [...] et s'ils ont encore envie d'utiliser une chanson des Doors pour vendre une voiture de sport[12]. » Car l'idée est bien de résister à l'aspect mercantile de l'aventure, d'éviter toute récupération, de pousser le mythe à l'absurde et, par conséquent, de l'effacer, ainsi que le précise lui-même Morrison au magazine *Rolling Stone*.

Comme prévu, Jim s'envole alors pour une semaine de vacances à la Jamaïque, mais sans Pamela, avec laquelle une brouille perdure. À Montego Bay, il retrouve John Densmore et Robby Krieger, avec leurs compagnes Julia et Lynn. Quant à Ray Manzarek et Dorothy, ils ont choisi pour leur lune de miel un séjour à la Guadeloupe. Jim laisse les deux couples dans leur villa de la côte nord et se retire seul dans une maison de planteur louée à quelque distance par Siddons où, fumant des joints *king « lézard » size* avec un serviteur à l'allure menaçante et sirotant du rhum, en proie à un égarement qui relève du *bad trip*, jusqu'à fantasmer sa propre mort. Sous le coup de la paranoïa, Morrison se lance dans l'écriture d'une série de poèmes désenchantés, qui composeront le recueil *An*

American Prayer : « Où sont les festins / Qui nous étaient promis [...] Les papillons de nuit & les athées sont doublement divins / & mourants / Nous vivons, nous trépassons / & la mort n'arrête rien / Voyage que nous poursuivons dans le / Cauchemar. » Dans le poème intitulé « Jamaïca », il concède : « La beauté des sombres profondeurs / De la Nuit Américaine m'effraie. / Bénie soit la Nuit. »

Pendant ce temps, loin des Caraïbes, le cauchemar prend effectivement forme. Une certaine presse interagit à la fois sur le public et la police, et l'affaire du concert de Miami commence à faire grand bruit. Le 5 mars, Bob Jennings, 21 ans, fils d'un policier de Miami, dépose plainte au bureau du shérif du comté de Dade. On ouvre alors le dossier Jim Morrison, n° 69-2355. Un juge fédéral lance un mandat d'arrêt contre le chanteur pour comportement lascif et obscène en public, exhibitionnisme et simulation de masturbation et de copulation orale, mais aussi pour état d'ivresse sur la voie publique, attentat à la pudeur, atteinte à l'ordre public et blasphème. Cela dit, on apprend par la suite que Jennings est employé au bureau du juge d'instruction du comté de Dade... La presse réactionnaire tire à boulets rouges sur le groupe, tandis que certains politiciens flairent le bon coup qui leur permettrait de flatter les électeurs puritains. Même le magazine musical *Rolling Stone* cède à un humour douteux, publiant un portrait du chanteur sous forme d'affiche de recherche dans un western : « *Wanted in the County of Dade for : lewd and lascivious behavior in public by exposing his private parts and by simulating masturbation and oral copulation, a felony. Jim*

Morrison[13]. » Inutile de traduire ! Des associations de jeunesse catholique, soutenues par le nouveau président Richard Nixon, organisent des rassemblements pour la décence et contre l'obscénité, notamment le 23 mars à l'Orange Bowl de Miami, sous la férule de Mike Levesque, un lycéen de 17 ans.

Pour ce concert qui réunit les plus ringards des artistes du coin, le mot d'ordre est « la défense des valeurs chrétiennes traditionnelles, décentes et salvatrices ». Cette manifestation, menée par divers groupes de pression et à laquelle participe l'archevêque de Floride, est commentée jusque dans le *New York Times* :

> Près de 30 000 personnes tapant dans leurs mains et hurlant « À bas l'obscénité » se sont rassemblées à l'Orange Bowl pour soutenir une croisade des adolescents pour la décence dans le divertissement[14].

Parmi le public, figurent l'acteur Jackie Gleason et la chanteuse Anita Bryant (miss Oklahoma 1958), ainsi que Tony Butala du groupe The Lettermen. Dans une lettre datée du 25 mars 1969, Richard Nixon s'adresse personnellement au jeune Levesque, lui exprimant sa gratitude et louant son « admirable initiative ».

La commission criminelle du Grand-Miami s'emporte. Finalement, dans un climat d'hystérie, un mandat d'arrêt est lancé à l'encontre de Jim Morrison. En cas de culpabilité, Jim est sous la menace d'un emprisonnement au pénitencier de Raiford, dans le nord de l'État de Floride, pour une durée de sept ans et cent cinquante jours. Le 27 mars, le FBI traque le chanteur qui aurait fui l'État de Floride et investit trois jours plus tard le bureau des Doors, mandat d'arrêt en main. Jim doit donc éviter de séjourner dans l'État qui l'a vu naître, au risque d'être aussitôt arrêté. Il prend alors un vol pour New York, avant de regagner Los Angeles. L'heure est aux avocats. Début avril, accompagné de Max Fink, Jim se rend dans les locaux du FBI. Il est arrêté, avant d'être relâché contre le versement d'une caution de 5 000 dollars. Inquiet, Fink fait jouer ses relations et parvient à approcher Ronald Reagan, alors gouverneur de Californie. Après avoir pourtant promis d'aider à classer l'affaire, Reagan revient sur sa décision. Il vise un électorat réactionnaire qui lui pardonnerait difficilement toute décision pouvant paraître laxiste, surtout à l'encontre d'une jeunesse contestataire. D'ailleurs, Ronald Reagan ne vient-il pas de déclarer au sujet des émeutes étudiantes : « Si tout ça doit finir dans un bain de sang, qu'il en soit ainsi. Plus de conciliations[15]. »

Les suites de cette affaire vont assombrir la vie de Morrison. Un an et demi plus tard, le 20 septembre 1970, Jim sera déclaré coupable d'outrage public et d'attitude indécente. Et le 20 octobre de la même année, il sera condamné à six mois d'emprisonnement au pénitencier de Dade County. Mais dès ce 1er mars 1969, sa vie a déjà basculé. Il doit désormais vivre sous une menace perpétuelle et dans la plus grande incertitude. Il prend du recul vis-à-vis de son personnage du Roi Lézard et délaisse les pantalons de cuir.

Pour le groupe, les conséquences sont tout aussi

désastreuses. La plupart des concerts prévus de mars à mai pour soutenir la parution du nouvel album sont annulés ou reportés. On estime à un million de dollars la perte de revenus en billetterie. Les Doors sont interdits dans une vingtaine d'États. Un bulletin professionnel avertit les directeurs de salles que les Doors sont désormais à considérer comme un groupe à risque proposant un spectacle « immoral ». La presse, même musicale, prend ses distances. Comme Frank Lisciandro en fait la remarque, la couronne de laurier se transforme soudain en couronne d'épines. La revue *Life* publie des photos où des policiers arrêtent le chanteur sur scène à New Haven. Sous la signature de Larry Mahoney, le *Miami Herald* se défoule contre celui qu'il appelle « le roi du rock orgasmique », n'hésitant pas une fois encore à prétendre que le chanteur des Doors s'est masturbé sur scène et a incité le public à la révolte. Ce que rapporte servilement le *Dallas Notes* : « Jim Morrison s'est masturbé jusqu'à l'orgasme face à 12 000 fans vociférants, à Miami Beach, Floride. » Stupide cliché qui sera complaisamment colporté d'article en article, pendant des décennies. Les promoteurs de concerts n'entendent plus prendre de risques avec ce groupe considéré comme ingérable, sinon en ajoutant de draconiennes clauses anti-obscénité, avec caution récupérable si tout dérapage est évité. De nombreuses stations de radio se joignent à la cabale et cessent de programmer les Doors. Pour la première fois, Jim Morrison constate qu'il perd le contrôle de la situation, et sans doute même de sa destinée. Le FBI prend l'affaire au sérieux, ravi d'avoir la possibilité de museler cet hurluberlu qui menace l'équilibre mental et la moralité des chères têtes blondes. Des ligues de vertu s'en mêlent, rêvant à la mise au pilori du chanteur. On accuse les musiciens d'être de dangereux activistes antipatriotiques. Dans un premier temps, Jim Morrison garde toutefois la liberté de se déplacer pour raisons professionnelles. Le groupe peut donc achever son quatrième album, même si le chanteur déclare qu'il lui est de plus en plus difficile de supporter cette pression, et que c'est pour cette raison qu'il a tenté, « en un seul soir glorieux[16] », d'y mettre fin.

Le groupe se trouvant immobilisé, Jim se réfugie à nouveau dans l'alcool. Il en profite pour privilégier ses travaux d'écriture et ses projets cinématographiques, même s'il est contraint par Hollywood d'abandonner un projet qui lui tient à cœur, l'adaptation de *The Teaching of don Juan (L'Herbe du diable et la petite fumée)*, paru l'année précédente. Son auteur, l'anthropologue Carlos Castaneda, lui aussi fasciné par Aldous Huxley (son livre *L'Art de rêver* a pour sous-titre « Les Quatre Portes de la perception de l'univers »), prétend avoir rencontré le vieux sorcier Juan Matus, un chaman yaqui, à l'occasion d'un voyage effectué au Mexique en 1960, alors qu'il était étudiant à Los Angeles. D'autres projets cinématographiques échouent, notamment suite à une audition auprès de Steve McQueen, dont Jim a depuis longtemps emprunté le sourire espiègle.

Jim Morrison profite aussi de son nouveau temps libre pour créer la compagnie cinématographique HiWay Productions, pour laquelle il embauche ses amis Babe Hill (perchman) et Frank Lisciandro (monteur). Paul Ferrara (cameraman), Kathy Lisciandro et Leon Barnard sont eux aussi impliqués dans le projet. La société acquiert du matériel et s'installe dans un deux pièces situé à proximité des locaux d'Elektra. Le tournage de *HWY (HiWay)* peut débuter, à Los Angeles et dans le désert de Mojave (nom emprunté au peuple amérindien des Mohaves), près de Palm Springs, au sud de la Californie. Le scénario, intitulé *The Hitchhiker : An American Pastoral*, elliptique et inquiétant, est une sorte de *road movie* expérimental aux images à la fois antonioniennes et d'un style Nouvelle Vague. Jim y incarne Billy Cooke, un auto-stoppeur psychopathe et barbu qui a volé la voiture (sa propre Ford bleue) de l'une de ses victimes. Le *serial killer* en fuite est filmé appelant Michael McClure d'une cabine téléphonique, essayant réellement de lui faire croire qu'il a commis un meurtre. Le thème récurrent du film fascine depuis longtemps Morrison. L'image du tueur en série vagabond est notamment reprise dans la chanson « Riders on the Storm » (« *There's a killer on the road* », « Il y a un tueur sur la route »), révélant un monde dans lequel l'homme est jeté « comme un chien sans son os, tel un acteur de substitution ».

Le FBI mène une enquête suivie. On se penche sur les antécédents de Morrison, on s'intéresse à ses fréquentations. Au plus fort de l'implication américaine au Vietnam, la capacité du chanteur à dynamiser les foules ainsi que ses paroles jugées transgressives ont progressivement attiré l'attention du Bureau fédéral des investigations. Morrison est considéré comme un contestataire dans la mouvance d'une Nouvelle

Gauche qui prône la désobéissance civile face à l'impérialisme et au capitalisme perverti. Une nébuleuse dont les agissements attirent une surveillance particulière des étudiants, des hippies, des Noirs, des féministes, des homosexuels et des minorités ethniques. Et, par principe, de tous les marginaux. Le FBI constitue ainsi un dossier de 96 pages de rapports sur le citoyen Jim Morrison. L'un d'entre eux, en date du 4 mars 1969, stipule : « En une heure, n'a chanté qu'une seule chanson et, le reste du temps, a grogné, soupiré, roté et gesticulé de manière à enflammer le public[17]. »

Jim Morrison redoute toujours que le public place immanquablement le masque du chanteur sur le visage du poète. Il publie *The Lords / Notes on Vision*, un manuscrit achevé fin juillet 1967 alors qu'il était étudiant à l'UCLA. Ce livre, sous boîtier bleu roi au format 21 × 27, avec tranche-fil rouge et titre embossé, doré à la feuille, est imprimé sur feuilles volantes de papier parchemin crème. Il est constitué de quatre-vingt-deux pensées ou visions rimbaldiennes sur le regard et le cinéma : « Les films sont des collections d'images mortes auxquelles on donne une insémination artificielle. Les spectateurs sont des vampires tranquilles. » Son tirage, limité à cent exemplaires, est réalisé par l'imprimeur Western Lithographers, à Los Angeles. Morrison autoédite également à cent exemplaires un recueil de poésie de quarante-deux pages, *The New Creatures*, sous couverture de manille cartonnée. Écrits depuis que le chanteur est devenu célèbre, ces textes tourmentés, entre autres inspirés par Lovecraft,

Whitman et Jérôme Bosch, fourmillent de noms d'animaux. Jim laisse son petit stock de livres dans des caisses empilées contre son bureau dans le local des Doors, ne distribuant les exemplaires qu'avec parcimonie. À tel point que John Densmore se souvient que Jim ne lui en a même pas donné un, tant la tension était forte alors entre le chanteur et ses musiciens.

L'agent de Michael McClure se chargera de persuader le prestigieux éditeur new-yorkais Simon & Schuster de regrouper en 1970 les deux recueils en un seul volume, sous le titre *The Lords and the New Creatures*.

Patricia Kennealy est invitée le 29 avril par la chaîne culturelle new-yorkaise Wnet/Channel 13. Elle doit participer à l'émission « Critique », qui ne sera programmée que le 25 juin. Les Doors en sont les invités principaux. Patricia est présente sur le plateau avec trois autres journalistes, la séquence étant animée par le fidèle Richard Goldstein. Comme Jim exhibe un exemplaire de son livre *The New Creatures*, on lui propose de lire certains de ses textes, sauf que, curieusement, il s'interrompt après quelques vers à peine, prétextant qu'il n'excelle pas dans la récitation de ses propres poèmes...

Patricia retrouve pour la première fois Jim, qui l'invite dans un restaurant grec. Barbu, lunettes noires sur le nez et cigare au bec, le chanteur arbore un look à la Che Guevara version beat. Il lance la conversation sur le thème des sorcières, de la mythologie irlandaise et de l'héritage celte, là où ils en étaient restés lors de leur première rencontre. Le chanteur précise qu'il lui semble plus amusant et naturel de croire en une Déesse Mère qu'en un Dieu le Père… et qu'il reste pour le moins méfiant vis-à-vis de ce Maharishi Mahesh qui intéresse tant ses musiciens. Charmés l'un par l'autre, Jim et Patricia seront les derniers à quitter le restaurant.

À l'occasion d'une performance de Michael McClure, une lecture publique de poésie est organisée le 1ᵉʳ mai à la galerie du lycée d'État de Sacramento. Invité à participer, Jim déclame sa suite de poèmes *An American Prayer* où il se laisse aller à une « délicate » pensée pour son père, le militaire : « Savez-vous que nous sommes conduits au / massacre par de placides amiraux / & que de replets généraux aux gestes lents sont rendus / obscènes par le sang versé de la jeunesse. »

Le même mois, à l'occasion d'une manifestation de soutien à l'écrivain Norman Mailer qui se présente aux élections municipales de New York sous l'étiquette démocrate, Jim Morrison a la satisfaction de participer à une lecture collective de poésie. Il y récite à nouveau la suite de poèmes *An American Prayer*, cette fois aux côtés de Michael C. Ford, Jack Hirschman et Michael McClure. Jim dédicace un exemplaire au futur prix Pulitzer, Norman Mailer, auteur qui incarne le journalisme littéraire à l'américaine, mais qui est aussi un proche de Jack Kerouac et d'Allen Ginsberg.

Le samedi 31 mai, une autre lecture publique est organisée à la Cinematique 16 de Los Angeles, une salle de cinéma sur le Strip, toujours en soutien à la candidature de Norman Mailer. Pour l'occasion,

Morrison est accompagné à la guitare par Robby Krieger. Les poètes Michael C. Ford et Michael McClure participent à cette soirée qui s'achève par la projection de *Feast of Friends* et du *I, A Man* de Warhol. La chanson « Far Aden Blues », enregistrée ce jour-là, figurera bien des années plus tard sur l'album *An American Prayer*. Pour Jim Morrison, ce mois de mai est décidément celui de la poésie.

Jim rencontre quatre fois le journaliste Jerry Hopkins pour une interview approfondie destinée au magazine *Rolling Stone*. Le chanteur évoque enfin sa famille et révèle que ses parents sont toujours vivants, mais qu'il ne les voit plus. Il parle aussi de ses problèmes avec l'alcool, indiquant qu'il s'agit d'un véritable choix, celui d'un renoncement : « Je suppose que c'est toute la différence entre le suicide et la lente capitulation[18]. » Une phrase lourde de sous-entendus…

Si l'affaire de Miami a brusquement freiné les activités publiques des Doors, elle permet à Frank Lisciandro d'en finir avec le montage du documentaire *Feast of Friends*, dont la première est organisée le 6 juin à la Cinematique 16 de Hollywood. Le résultat paraît consternant à Ray, John et Robby. Tant d'argent dépensé pour un moyen-métrage décousu et difficile à placer, tant à la télévision qu'au cinéma. Mais qui remportera cependant plusieurs prix dans des festivals… La diffusion du film est toutefois bloquée par les avocats des Doors en raison du procès de Miami, certaines images captées sur scène pouvant être utilisées en leur défaveur.

Le 14 juin, les Doors sont enfin de retour sur

scène. Ils jouent à l'Auditorium Center de Chicago. Malgré un certain ressentiment contre leur chanteur, les musiciens se montrent solidaires. Le groupe joue également le lendemain à Minneapolis.

Davantage concerné par ses projets cinématographiques et littéraires que par les affaires musicales, Jim se rend une semaine plus tard au Festival international du film d'Atlanta, en compagnie de Frank Lisciandro. Pour l'occasion, le 20 juin, *Feast of Friends* reçoit le Golden Phoenix. Lors de la cérémonie de remise des prix, au Hyatt Regency, Jim ne peut s'empêcher de commander d'entrée six bouteilles de pouilly-fuissé (pour une table de huit personnes). Quelques verres plus tard, Jim se soulage discrètement dans une bouteille vide, sous la nappe qui lui tombe sur les cuisses. Une fois son forfait accompli, il pose subrepticement la bouteille près du verre d'un producteur dont les propos l'ont agacé. Juste au moment où on l'appelle pour recevoir sa récompense. Il titube jusqu'à l'estrade où il glisse la clé de sa chambre à l'hôtesse en robe du soir décolletée qui officie sur scène. Le lendemain, dessaoulés, Jim et Frank louent une voiture climatisée et partent pour une virée de 700 kilomètres. Durant le voyage, ils sont indignés par le degré de misère qui tranche si nettement avec la Californie. Amer, Jim lance : « Quelqu'un paiera un jour pour tout ça[19]. » Dans un bastringue de La Nouvelle-Orléans, le Roach, il chante même « Crawling King Snake » de John Lee Hooker et « Little Red Rooster » avec un groupe de blues du coin. C'est dans le Quartier français de cette ville que Jim rencontre par hasard Rudolf Noureev, avec lequel il a un échange chaleureux. Le danseur fait remarquer au chanteur que sa barbe, qui ressemble à celle des anciens russes, lui offre sans doute un certain anonymat. La remarque fait rire Morrison qui avoue que, pour lui, la barbe représente en effet une sorte de déguisement. Dès le lendemain, Jim et Frank sont de retour à Los Angeles, où Jim rejoint Pam dans les collines de Hollywood.

Courant juin, le quatrième album des Doors est enfin terminé. Mais Jim refuse d'assumer la paternité de certaines paroles de Robby Krieger, notamment sur « Tell All the People », où l'on peut entendre une incitation à prendre les armes pour se rebeller contre l'ordre établi. Pour la première fois, à la croisée des chemins, le groupe perd sa cohésion musicale. Les morceaux ne sont plus crédités collectivement. Pour la seconde fois brisé, le pacte des origines est révélateur de la crise traversée par le groupe.

The Soft Parade est envahi par l'addition d'une section de cuivres et d'un sextuor à cordes venu du Philharmonique de Los Angeles, dont les arrangements sont supervisés par Paul Harris. Cette initiative ne réjouit guère le chanteur, même si elle lui permet, ici ou là, de jouer les crooners. Le son originel des Doors est perverti par un Paul Rothchild qui vise à faire de cet album « son » disque. Rapidement gagné par l'ennui, Morrison s'est très tôt détaché du projet.

Krieger et Morrison apportent chacun quatre compositions, ne cosignant que « Do It ». Le 45 tours « Touch Me » atteindra le troisième rang au *Billboard* et se vendra à plus d'un million d'exemplaires. Il s'agit pourtant là aussi d'un morceau assez mineur dans la production des Doors, autant par la mélodie que par les paroles. Une banale chanson d'amour dont Morrison est fier, puisqu'il s'agit, selon lui, du premier hit rock à intégrer un solo de jazz. Jim ne semble à son aise que sur de rares morceaux personnels comme l'hypnotique « Shaman's Blues » ou « Wild Child ». Et puis, bien entendu, sur l'épique composition « The Soft Parade » qui s'étend sur plus de huit minutes. Une extravagance poétique jouant sur différents rythmes, pour laquelle Jim a dû faire nombre de concessions, mais qui résulte d'un collage de notes prises à l'époque hypercréative de Venice Beach où il écrivait retiré sur un toit. En fait, les chansons de Krieger, dont « Runnin' Blue », un hommage à Otis Redding que les quatre Doors vénèrent, sont toutes marquées par les orchestrations de cordes, tandis que les compositions de Morrison sonnent nettement plus rock. Avec cet album controversé, les Doors perdent le soutien assez inconditionnel de la critique. Ce qui n'empêchera pas l'album de devenir disque de platine.

Trois mois après les incidents de Miami, la parution de *Soft Parade* semble débloquer la situation relative aux concerts. Mais les contrats ont changé. Avant chaque prestation, afin de se prémunir de tout scandale, les organisateurs réclament une caution au groupe. Les Doors doivent désormais faire preuve de prudence. Mais ce terme a-t-il seulement un sens pour leur chanteur ?

Grâce à ses contacts chez Elektra, Patricia Kennealy apprend que Jim entretient depuis plusieurs années une relation suivie avec une certaine Pamela Susan Courson, à Los Angeles, même s'ils ne vivent ensemble que de façon épisodique, entre haine et passion. Dans un premier temps, elle n'ose en parler au chanteur tant ses sentiments restent confus. Mais souffrir de la présence d'une rivale, c'est se découvrir amoureuse.

Les Doors sont attendus à Mexico le jeudi 26 juin au soir, invités par le jeune promoteur Mario Olmos. Entre 1968 et 1970, ils font plusieurs fois la une des revues musicales *Pop* et *Mexico Canta*. Robby, John et Ray viennent chacun en couple, ce voyage d'une semaine se voulant autant touristique que professionnel, excepté pour John Densmore et sa compagne Julia Brose, venue avorter. Jim, sans Pamela, est accompagné par Jerry Hopkins du magazine *Rolling Stone*, Bill Siddons et Vince Treanor. Les Doors sont initialement programmés pour se produire le surlendemain dans le cratère de la Monumental Plaza Mexico, considérée comme la plus grande arène au monde, pouvant accueillir jusqu'à 52 000 spectateurs. Le prix modique des places, entre 40 *cents* et un dollar, vise à attirer un public populaire. L'événement est d'importance puisqu'il s'agit du tout premier concert rock en plein air jamais organisé dans cette capitale tentaculaire. On évoque aussi une apparition à l'hôtel Camino Real, pour un concert au profit de la Croix-Rouge. Après avoir été contraints d'annuler deux concerts à Honolulu, les Doors sont enthousiastes à l'idée de jouer devant une telle foule, prouvant par là que Miami n'est qu'un accident.

Mais l'excitation est de courte durée. L'agitation politique de l'année précédente, où plusieurs centaines d'étudiants et de travailleurs ont été abattus dans le quartier de la Plaza de las Tres Culturas, a laissé des traces douloureuses. La sinistre Nuit de Tlatelolco du 2 octobre 1968, où la CIA semble avoir joué un rôle occulte avec son programme « Litempo », destiné à s'opposer à une prétendue menace des communistes et des *subversivos*, est encore dans toutes les mémoires. Un des slogans repris par le soulèvement étudiant en cette année de jeux Olympiques à Mexico est : « Nous ne voulons pas d'Olympiades, nous voulons la révolution. » Depuis, le président Gustavo Díaz Ordaz et le Premier ministre Luis Echeverria Álvarez cherchent à éviter tout rassemblement populaire. Ainsi le concert géant des Doors est-il annulé par le maire, Corona del Rosal.

Faute d'autorisation, et grâce aux efforts de Mario Olmos, le groupe est finalement accueilli par Javier Castro, le jeune propriétaire du Forum, un club-restaurant dont la capacité ne dépasse guère les 1 000 places. Contre 5 000 dollars pour chacun des quatre concerts, les Doors acceptent de jouer sans contrat. Au fronton du Forum est inscrit « *Hoy The Doors* », tandis qu'un portrait de Jim Morrison, haut de quatre mètres, est peint à l'angle de la façade. Les quatre Californiens et leur entourage sont dépités par cette solution de repli. Si la réputation des Doors est importante à Mexico, le public du Forum est surtout constitué de « blousons dorés », de jeunes privilégiés proches des élites et du pouvoir. Et si le prix des places est prohibitif, fixé à 200 pesos (16 dollars), c'est qu'il comprend un repas... servi durant le concert ! Agacé par les chaînes en or qu'il remarque au cou des spectateurs, John Densmore ironise :

> Je pouvais même entendre le cliquetis de l'argenterie au beau milieu de la section œdipienne, où on entendait d'habitude une mouche voler[20].

Les droits radio sont habilement négociés. Pour le coup, l'accueil est princier, avec un light-show dû à Mario Olmos. Barbe opulente et chemise à fleurs à col 48, Jim se présente lui-même avec humour sous le nom de Fidel Castro, ce qui lui vaut aussitôt une salve d'applaudissements. On met à la disposition des Doors des Cadillac avec chauffeur, ainsi qu'une traductrice prénommée Malu. La troupe des Doors séjourne dans un motel situé dans un quartier résidentiel. Alfredo, le fils du président mexicain, fait partie du cercle des privilégiés. On fournit au clan une bonne quantité de cocaïne dans un sac en plastique, et on lui présente plusieurs jeunes Américaines vivant à Mexico. Jim et ses compagnons visitent le marché aux puces et le musée d'Anthropologie, spécialement ouvert pour eux le lundi 30 juin, grâce au fils du président, et les pyramides de la cité de Teotihuacán, au nord de Mexico, qui impressionnent le chaman-chanteur, tout comme Ray Manzarek qui exulte :

> C'était fascinant. Quetzalcóatl était avec nous. Cuculcan. Et un grand serpent de pierre enroulé. Le serpent ancien. Jim était chez lui[21].

Des photos de Jerry Hopkins montrent Morrison escaladant les hautes marches de la pyramide del Sol. Le groupe se produit sur scène le vendredi

27 et le lundi 30 juin. Si la chanson la plus prisée de l'auditoire est « The End », l'accueil de la presse mexicaine s'avère pour le moins contrasté. Un soir, contraint d'interpréter « La Bamba », Morrison termine son chant en espagnol par un doigt d'honneur destiné au public. Un autre, la police intervient lorsque des jeunes, frustrés par le prix des places, enfoncent les portes du club. Raul Velasco, dans le *Heraldo de México*, un journal ultraconservateur qui a annoncé la venue des Doors comme celle d'un groupe de hippies indésirables, ne fait pas dans la dentelle : « La santé mentale des jeunes Mexicains a triomphé de la sordide et pénible prestation de Morrison et de son groupe. Les Doors font de la musique pour communiquer le malheur, le désespoir et la destruction. Tout est terrifiant, avec des fantômes, des démons, des "Viens avec moi en enfer", de la souffrance, des contorsions et des cris[22]. » Victor Blanco Labra, dans *Pop Magazine*, donne une tout autre version des faits, parlant d'un rock « terriblement dramatique, schizophrène et érotique[23] », soutenu par une précision sans égale des musiciens. Il est intéressant de constater à quel point la presse a pu ternir l'image publique de Jim Morrison après les incidents de Miami, Victor Blanco Labra lâchant pour sa part : « Jim Morrison est un mythe. Son image nous était parvenue déformée par la légende du "trouble" Morrison, qui a proféré des atrocités et osé les plus incroyables audaces dans ses spectacles, encore plus sexy que ceux de Mick Jagger ou Elvis Presley. » Au Terrace Casino, Morrison, bien informé, assiste à un concert du chanteur rock Javier Bátiz et de son groupe

bluesy Terrazas, fortement influencés par Muddy Waters et B.B. King. Une nuit, Jim est raccompagné en Cadillac à son hôtel par un chauffeur aussi ivre que lui. Le bolide fonce dans la nuit et Morrison, écroulé sur le siège arrière, pointe un index contre sa tempe, comme une arme, en beuglant : « *Andele ! Bang... Bang... Bang... Andele !* » En avant ! Plus vite vers la mort ! En avant ! Les démons ne sont jamais bien loin...

Le jeudi 3 juillet, Jim apprend la mort de Brian Jones, retrouvé flottant à la surface de sa piscine, en Angleterre. Décédé à l'âge de 27 ans, rejeté par les propres musiciens du groupe qu'il a fondé, les Rolling Stones. Meurtre ? Overdose ? Pour Jim, le choc est terrible, fasciné qu'il était par « l'homme qui mourait un peu chaque jour ». Tout comme Pete Townshend, il se lance aussitôt dans la rédaction d'une élégie à son ami disparu, « Ode to L.A. while thinking of Brian Jones, deceased » : « Rêve / de chlore / Témoin / fou suffoqué ». Mais une autre disparition le frappe, le 9 août, celle de son ami le coiffeur Jay Sebring, le créateur de sa crinière bouclée. Une mort particulièrement tragique, puisque Sebring est massacré à Beverly Hills en même temps que Sharon Tate, enceinte de huit mois, et quatre de leurs amis, par trois mandataires de Charles Manson, au 10 050 Cielo Drive. Le triste gourou et les membres de sa communauté ne seront arrêtés pour leurs meurtres qu'en décembre. Jim est doublement touché, d'une part par la mort d'un proche, d'autre part parce qu'il a incidemment fréquenté quelque superbe disciple du monstre dans son ranch, et vraisemblablement croisé Manson à cette occasion. Jim est d'ailleurs convoqué par la police à ce sujet.

Quand il fera vraiment le lien en lisant un article du *L.A. Times* en fin d'année, Jim dira à Ray Manzarek qu'il n'en peut plus et qu'il pense faire une dépression nerveuse. C'est à partir de ce crime collectif attribué à une bande de hippies dégénérés que les temps se mettent à changer, la fête semble bel et bien finie. Jim Morrison n'échappe pas au climat de paranoïa qui gagne alors la Californie :

> Tout avait été si libre, et désormais rien ne pourrait plus être comme avant. Deux ans plus tôt, un mec avec des cheveux longs était un frère — maintenant, on ne pouvait plus trop savoir[24].

The Soft Parade, quatrième album des Doors, arrive chez les disquaires le vendredi 18 juillet. Ce disque aux arrangements hypersophistiqués et parfois grandiloquents (d'où son surnom donné par Vince Treanor, la « Cienaga Symphony »), frappé du syndrome *Sgt. Pepper's Lonely Hearts Club Band* des Beatles, est avant tout celui de Paul Rothchild et de Robby Krieger. Il aura fallu près de neuf mois et 86 000 dollars engloutis en frais de production (somme qui s'ajoute aux frais de justice qui plombent déjà les comptes du groupe) pour boucler le projet entre fin octobre 1968 et juillet 1969. Un étalement qui irrite Morrison selon qui un album doit être comme un recueil de nouvelles regroupées pour créer une sorte d'atmosphère générale, avec un style fusionnel. Ce qui manque, à son avis, à *The Soft Parade*. Jim, qui s'est ennuyé lors des longs préparatifs de cette superpop orchestrale, prend encore du recul face à ses compagnons. En dehors des concerts et des séances de studio, les contacts sont limités. Par provocation amusée, il arrive un soir au studio avec de prétendus amis qu'il vient de rencontrer dans un cocktail. Si l'un d'eux est l'acteur britannique Laurence Harvey, l'autre, Thomas Reddin, se révèle être... le chef de la police de Los Angeles ! Sueurs froides dans le studio, alors que tout un échantillonnage de drogues traîne ostensiblement sur la console de mixage. Mais après avoir écouté Jim chanter, les visiteurs repartent tranquillement. Le type même de forfanterie, insouciance et provocation, qu'affectionne le chanteur pour titiller producteur et musiciens.

Pour deux soirs, les 21 et 22 juillet, le label Elektra loue l'Aquarius Theater de Los Angeles où se joue la comédie musicale *Hair*, qui fait tant rire Janis Joplin ! Le but est de capter sur scène deux concerts des Doors destinés à figurer sur l'album *Absolutely Live*, que Jim souhaitait intituler *Lions in the Streets*. C'est à cette occasion qu'est enfin enregistrée une version intégrale de « Celebration of the Lizard ». Jim fait ronéotyper, en vert sombre sur papier vert pâle, son long poème « Ode to L.A. while thinking of Brian Jones, deceased », dans lequel il espère que Brian est parti en souriant, tel un enfant, « dans le paisible vestige d'un rêve ». Le texte est distribué à chaque spectateur. À quelques mois d'intervalle, leurs deux corps seront retrouvés l'un flottant dans une piscine, l'autre plongé dans une baignoire. Et ce soir-là, dans un passage improvisé, Jim chante :

« J'ai 25 ans, mais je suis un *vieux* bluesman », signifiant par là que lui aussi, inconsciemment, est proche de la mort.

Durant cet été 1969, les Doors éprouvent toujours autant de difficultés à se produire hors de leur fief de Los Angeles. Ils ne donnent que trois autres concerts en juillet, à San Francisco (au Cow Palace, sous la férule de Bill Graham, devant 14 000 personnes), au Eugene Pop Festival (Oregon) et au Seattle Pop Festival (État de Washington) où Jim, ivre, barbu et empâté, répète à nouveau qu'on ne lui a pas suffisamment donné d'amour. Cette relative accalmie permet à Jim d'assister à des projections de *Feast of Friends* et de participer à des rencontres littéraires auprès de Michael McClure, à l'occasion desquelles ils croise des poètes comme Robert Creeley ou Richard Brautigan. Dans le bureau des Doors, alors que Danny Sugerman téléphone désespérément en quête de places pour un concert des Rolling Stones, Jim, agacé, lui lance à travers la pièce : « Quel besoin as-tu de voir Mick Jagger alors que tu m'as, moi ? » Mais le lendemain, il revient avec des billets qu'il offre à Danny, non sans ironie.

Une certaine presse vole toutefois au secours des Doors, dont les magazines *Jazz & Pop* (Patricia Kennealy), *Los Angeles Free Press* (Harvey Perr) et *Rolling Stone*, qui place même un portrait de Morrison en une. Le numéro du 26 juillet comporte une longue interview avec Jerry Hopkins. Sans doute celle où il se dévoile le plus franchement.

Jim et Pamela s'installent dans un petit appartement proche du bureau des Doors, au 8216 Norton Avenue, avec Sage, leur golden retriever. Diane Gardiner, attachée de presse pour Elektra, vit juste en dessous, au rez-de-chaussée. L'atmosphère est plutôt tendue, avec de fréquentes disputes durant lesquelles Pamela a la fâcheuse manie de jeter les livres et les disques de Jim par la fenêtre, puisque ce sont les seuls objets qui ont de la valeur à ses yeux. Pamela lui reproche ses virées nocturnes éthyliques en compagnie de Babe Hill, Paul Ferrara, Frank Lisciandro et leur clique, notamment au Barney's Beanery, mais aussi au Palms et au Phone Booth avec ses danseuses aux seins nus. Tandis que Jim se moque volontiers des amis de sa « compagne cosmique », une bande de minets maniérés de Beachwood Hills qui parlent essentiellement mode et chiffons. Ces élégants décadents aux yeux brumeux, grimés en hippies de luxe, raides défoncés, sont immortalisés par la photographe Raeanne Rubinstein, pour illustrer un reportage du magazine *Show* sur la boutique Themis. Cette série de photos aussi romantiques que maniérées met aussi en scène Jim (rasé de près pour l'occasion) et Pamela. Mais la bande de dandys va surtout contribuer à faire plonger la belle rousse dans les sédatifs et les drogues dures, lui faisant découvrir l'opium, ou la confortant dans l'héroïne. Cette drogue est alors en plein essor aux États-Unis et, par conséquent, au Vietnam où, selon un rapport du Congrès, près de 30 000 militaires américains en consomment pour tenter d'oublier leur cauchemar.

Dépitée par les virées éthyliques et les infidélités (Ann Moore, Pamela Zubica, Gayle Enochs) de Jim, par leurs querelles répétées aussi, Pamela gagne en indépendance, devient toujours plus dépensière et collectionne, elle aussi, les aventures, y compris, un soir de vengeance, avec Paul Ferrara, l'un des plus proches amis de Jim. Mais sa liaison principale reste celle nouée avec son dealer, lui aussi héroïnomane et prétendument responsable de la mort de Janis Joplin pour lui avoir fourni sa dose fatale : Jean de Breteuil. Le jeune comte, frange blonde, play-boy mondain, aristocrate décadent, à l'aise dans tous les milieux, possède des biens au Maroc grâce à sa mère roturière, dite Boul, et à son père Charles qui a fait fortune dans la presse francophone dans le Maghreb et en Afrique de l'Ouest. Jean a hérité du titre à la mort de son père. Dealer sans scrupules, dragueur de blondes et de rousses, il fréquente tout autant les petites frappes que la jet-set. Il fournira ainsi Keith Richards et Anita Pallenberg qui, reconnaissants, lui prêteront leur maison londonienne de Cheyne Walk. Il sera aussi un des dealers de l'entourage des Stones, alors que ceux-ci fuient le fisc anglais et enregistrent *Exile on Main Street* en France, à la Villa Nellcôte. Il plaît aux femmes qui tombent sous le charme de ses yeux vairons, de son sourire ravageur, de son apparent savoir-vivre, de son titre de noblesse français… et surtout de la facilité avec laquelle il peut leur procurer de la drogue. En fait, c'est « un type abominable, qui a rampé pour y arriver[25] », et qui laissera plusieurs cadavres derrière lui, victimes d'overdose. Avec lui, elle fréquente des personnalités huppées de la bohème jet-set, comme les insouciants milliardaires Paul et Talitha Getty dans leur palais du Zahir de Marrakech. L'épouse du troisième fils du baron du pétrole, l'homme le plus riche au monde, muse outrancière du Swinging London, mourra à 30 ans d'une overdose d'héroïne, juste une semaine après le chanteur des Doors.

Jim assiste à deux projections de *Lions Love*, le documentaire-fiction tourné quelques mois plus tôt par son amie Agnès Varda dans une villa hollywoodienne. La réalisatrice française, qui vient par ailleurs de réaliser un court-métrage militant sur les Black Panthers, précise :

> J'essayais de comprendre ce que je voyais de l'Amérique. Vu de France, le film a une drôle d'allure. Il est complètement exotique et un peu incompréhensible aux Français, qui ont toujours beaucoup critiqué le phénomène hippie sans jamais essayer de le comprendre[26].

Agnès et Jacques Demy, venu tourner *Model Shop* dans le quartier de Venice, pour la Columbia, avec Anouk Aimée, ont loué pour plusieurs mois la villa du tournage. Dans le film de Demy, Jim a failli interpréter un jeune sur le départ pour le Vietnam qui s'éprend d'une Française travaillant dans un *model shop*, un studio photos. Jim invitera à son tour les deux cinéastes français pour une séance d'enregistrement de l'album *Morrison Hotel*.

Le titre *Lions Love* est une référence à la longue crinière de l'égérie warholienne Viva, et à l'amour libre qu'elle pratique « sauvagement » avec les deux auteurs-acteurs de la comédie musicale *Hair*, James

Rado et Gerome Ragni. Le quatrième « personnage » central du film est la télévision, dont Agnès Varda a voulu dénoncer l'omniprésence. La réalisatrice a voulu témoigner de la naissance de la contre-culture et du mouvement hippie.

À la mi-août, juste avant de venir couvrir les « trois jours de paix et de musique » du festival de Woodstock, organisé par Michael Lang et Artie Kornfeld, Patricia Kennealy reçoit un petit paquet brun en provenance de Los Angeles. Elle l'ouvre fébrilement et découvre les deux livres auto-édités de Jim Morrison. Même si elle est chagrinée en constatant que l'un d'eux, *The New Creatures*, est dédié « à Pamela Susan », elle ne peut s'empêcher de les emporter durant ces trois jours, sentant Jim tout contre elle, les protégeant tant bien que mal de la boue et de la pluie dans leur paquet d'origine. Comme la plus anonyme des fans, elle laisse bien en vue l'adresse de l'expéditeur, à savoir le bureau du groupe. Les Doors sont absents du festival, à l'exception de John Densmore qui y participe en tant que simple spectateur. En dépit des supplications de Jac Holzman, conscient de l'importance de l'événement, le groupe a tardivement décliné l'invitation, Jim refusant de se produire en plein air. Au sujet de Woodstock, après coup, il dira avec amertume qu'on avait surtout vu là les innocentes victimes d'une culture plutôt qu'autre chose. Le 18 août, Jim préfère en fait apparaître dans un lycée privé de San Diego pour une rencontre où, avec Michael McClure, il côtoie des poètes majeurs comme Richard Brautigan et Robert Creeley.

Un après-midi de début septembre, Patricia Kennealy reçoit un appel téléphonique de Jim. Il est de passage à New York et se trouve au Lexington Hotel. Le groupe est là pour répéter avant une série de concerts au Canada. Le 13 septembre, au Toronto Rock'n'Roll Revival Concert organisé au Varsity Stadium, il rend hommage sur scène à Chuck Berry, Jerry Lee Lewis, Gene Vincent et Little Richard : « Je me souviens que gamin, quand le rock'n'roll est apparu, ce fut pour moi une expérience vraiment libératrice. Ça m'a violemment ouvert à d'étranges et nouvelles catacombes de sagesse dont je ne voyais aucun équivalent autour de moi. Et ce soir, ce fut réellement un grand honneur de partager la même scène avec tant d'illustres génies musicaux[27]. »

À cette occasion, Jim croise aussi Alice Cooper, Eric Clapton, John Lennon (dont c'est le premier concert sans les Beatles) et son Plastic Ono Band. Dès le lendemain, les Doors sont au Québec où ils se produisent au Forum de Montréal. Ils interprètent quelques chansons inconnues du public, tirées du prochain album, *Morrison Hotel*, et, curieusement, peu de morceaux figurant sur *The Soft Parade*. Ils sont là également pour présenter le film *Feast of Friends* à des responsables de la télévision. Patricia retrouve ensuite Jim à New York pour une projection dans les locaux de Channel 13. Tous deux discutent de culture celtique, d'occultisme, et aussi de la poésie de Yeats. Jim confie à Patricia qu'il a un projet de long-métrage avec son ami Michael

McClure. Le film risque d'être comparé à *Easy Rider*, annonciateur de la fin du rêve hippie, même si l'idée du scénario est antérieure. Tous deux ont loué un bureau commun pour ce projet que Jim doit coréaliser et interpréter, même si le poète et chanteur commence à se méfier du cinéma, un art qui réclame trop d'intervenants et lui semble fatalement flouer les créateurs, le plus souvent trahis à un moment ou un autre par la production. Du moins à Hollywood… C'est pourquoi Jim privilégie la poésie, un art où il contrôle tout sans interférences extérieures. Côté musique, il révèle à Patricia qu'il rêve d'un album reprenant uniquement des vieux standards du blues. Ce qu'il confirmera dans une interview accordée l'année suivante au magazine jazz *Downbeat*, soulignant que les Doors sont le premier groupe à accomplir la synthèse entre rock et jazz :

> J'aimerais vraiment élargir ma façon de chanter. J'adore le blues, comme celui de Joe Turner ou Freddie King. J'aimerais parvenir à ce feeling et chanter de vieux standards comme « St. James Infirmary[28] ».

Ce qu'il fera d'ailleurs sur scène en avril 1970, à Boston, où le concert, trop long aux yeux des organisateurs, est interrompu avant la fin. Jim a juste le temps de proférer une injure, ce qui suffit à faire annuler le concert du lendemain à Salt Lake City. Les Doors ne doivent pas oublier qu'ils restent étroitement surveillés, ce que souligne Michael Cuscuna, toujours dans *Downbeat* :

> En Jim Morrison, à ma grande surprise, j'ai trouvé un être remarquable qui, un peu à l'image d'un Charles Mingus, a été victime du tapage médiatique et de l'acharnement de stupides journalistes. Il semble pris dans le tourbillon du succès, contraint d'assumer son image et d'étouffer des ambitions musicales et cinématographiques encore inexploitées[29].

D'autant qu'il projette d'enregistrer un album où il lirait ses nouveaux poèmes, mêlés à un fond musical étrange, éloigné du rock. Il précise d'ailleurs au passage qu'il ne se voit plus très longtemps faire du rock. Deux ou trois ans, tout au plus. Il fait même preuve d'une vision étonnamment prémonitoire quant à l'avenir de la musique, déclarant à la fois dans *Rolling Stone* et *Village Voice* :

> J'imagine une personne entourée de machines, de dispositifs électroniques de toutes sortes, qui chante ou parle en utilisant ses multiples appareils[30].

Après le dîner, la soirée s'achève dans l'appartement de Patricia, où ils débouchent une bouteille de bordeaux devant le chat Nefer. C'est là que débute vraiment leur liaison amoureuse. Le lendemain, Patricia partage un repas au Max's Kansas City, en compagnie de Jim et Leon Barnard, le nouveau responsable marketing chez Elektra. Puis les amants retrouvent les musiciens pour une répétition. Afin d'amuser sa nouvelle amie, Jim se lance seul au micro dans une brève interprétation du « Heartbreak Hotel » d'Elvis Presley, puis le groupe se jette dans une session de travail de quatre heures autour du futur album *Morrison Hotel*, interprétant des versions particulièrement bluesy de « Ship of Fools » (titre à la fois inspiré du roman *La Nef des fous* de Katherine Anne Porter, et du « Bateau ivre » d'Arthur Rimbaud), « Land Ho » et « The Spy » (inspiré du roman d'Anaïs Nin). Mais Jim doit quitter New York sans possibilité de revenir avant longtemps. Lui et Patricia restent en contact par courrier et au téléphone.

Parlant de la révolution musicale en cours, Jim Morrison a l'étrange clairvoyance de la comparer à la période de la Renaissance. Il parle même déjà de cette renaissance culturelle et spirituelle des sixties au passé, évoquant la fin de la peste noire :

> Les gens se sont mis à danser et à porter des vêtements bariolés. Une sorte d'incroyable printemps... Tout est arrivé si vite ! D'un point de vue historique, la période sera probablement comparée à l'époque des troubadours en France. Je suis persuadé qu'on trouvera ça follement romantique[31].

Une époque d'apparente permissivité où beaucoup auront cherché le frisson collectif, la fête permanente, en quête du nirvana, de la transcendance et de l'élévation spirituelle.

Fondé et mené de main de maître par les frères Ertegun, fils d'un ambassadeur de Turquie, le label Atlantic voit d'un bon œil les soucis des Doors. L'idée consiste à récupérer Jim Morrison comme artiste solo, d'autant que le contrat liant les Doors à Elektra approche de son terme. Afin d'obtenir sa signature, Ahmet et Nesuhi ne lésinent pas et font miroiter à Morrison des sommes folles, des voitures de luxe, et même une superbe maison à Beverly

Hills. Mais Jim ne donne pas suite, même s'il apprécie que les frères Ertegun aient lancé aussi bien Ray Charles que Led Zeppelin, John Coltrane que Crosby, Stills, Nash & Young. Il reste encore trop attaché au projet musical des Doors. La trahison n'est pas son fait. Invité chez Ahmet Ertegun qui joue son va-tout, Jim, éméché, refroidit ses ardeurs en piétinant un divan, endommageant au passage une toile de maître fixée au mur.

Convoqués au tribunal de Miami le 9 novembre, les Doors et Max Fink descendent à l'hôtel Carillon. Jim plaide non-coupable devant le juge Murray Goodman. Ce dernier fixe la caution à 5 000 dollars, renvoyant le procès au mois d'avril 1970. Quelque chose se brise en Jim, dégoûté, persuadé d'avoir mis le pied sur un nid de frelons. Pour lui, ces types et leur système sont pourris jusqu'à la moelle, et c'est lui qu'on vient accuser de corrompre la jeunesse !

Sous la menace de plusieurs années d'emprisonnement, ces mois d'inquiétude vont miner l'inculpé. Le temps de l'insouciance s'estompe et Morrison perd beaucoup de son énergie dans un stress latent. C'est le début d'une lente et longue dépression, d'autant que Jim est marqué par la disparition de Jack Kerouac, le 21 octobre, à l'âge de 47 ans, à St. Petersburg, là même où Morrison, quelques années plus tôt, a fait une partie de ses études.

Venu s'approvisionner en cocaïne chez Stephen Stills à Laurel Canyon, Jim y retrouve Mick Jagger qui l'invite au prochain concert des Rolling Stones dans l'Arizona. Ainsi, Jim Morrison, Leon Barnard,

Frank Lisciandro et Tom Baker prennent-ils l'avion pour assister à ce concert au Veterans Coliseum de Phoenix, le 11 novembre. Durant le vol, les amis, et principalement Tom Baker, n'ont cessé de jeter des projectiles à travers l'habitacle et de harceler les hôtesses de la Continental Airlines, notamment une certaine Sherry. L'affaire dégénère au point que le commandant de bord en personne, Craig Chapman, doit se déplacer à trois reprises pour calmer les excentriques. À l'atterrissage, alertés par la tour de contrôle, quatre agents du FBI arrêtent Jim Morrison et Tom Baker directement dans l'avion. Emprisonnés pour vingt-quatre heures, ils sont inculpés pour état d'ébriété, entrave à un vol commercial, avec harcèlement sexuel du personnel féminin navigant. Des infractions passibles d'une amende de 10 000 dollars et d'une lourde peine de prison. Le dossier Morrison s'épaissit dangereusement. Max Fink doit verser deux fois 2 500 dollars, montant de la caution exigée pour la remise en liberté de Jim et de Tom. Furieux, l'avocat voit surtout une nouvelle menace de procès se profiler. Son client risque désormais treize années d'emprisonnement.

À la mi-novembre, le journaliste du *New York Times* Mike Jahn signe la toute première biographie consacrée à Jim Morrison et aux Doors. « Un livre non autorisé », stipule la couverture de l'éditeur Grosset & Dunlap. La seule étude parue du vivant du chanteur. Forcément sommaire et approximatif, ce livre de 96 pages rassemble une quarantaine de photographies noir et blanc, essentiellement dues à David Sygall et Joel Brodsky.

Le 15 novembre, plus de 500 000 personnes entament une marche pour la paix à Washington. Il s'agit de la plus grande manifestation pacifiste de l'histoire américaine, alors que la guerre au Vietnam s'intensifie et que les problèmes intérieurs du pays deviennent aigus. Ce même jour, une fusillade de plusieurs heures éclate entre la police de Los Angeles et les Black Panthers.

Suite au très relatif échec commercial de *The Soft Parade* et aux frasques répétées de Morrison, le label Elektra décide de « presser le citron » Doors avant qu'il ne soit trop tard. On décide l'édition d'un nouvel album pour les fêtes de fin d'année, mais celui-ci ne sortira finalement qu'en février 1970. Sous la pression, la bande retrouve l'inspiration, réussissant à faire remballer les cuivres et cordes voulus par Paul Rothchild. Comme à ses débuts, le groupe a pu roder sur scène la plupart des morceaux. Les problèmes rencontrés ces derniers mois ont au moins eu le mérite de donner du temps à Morrison pour écrire de nouveaux textes. Tous les morceaux du disque sont de lui, même si certains sont cosignés par Robby Krieger ou les Doors. Les compositions sont nettement plus dynamiques, le blues mettant en évidence la technique *bottleneck* de Krieger, que celui-ci pratique avec un vrai goulot de bouteille brisé sur une guitare Gibson Les Paul réservée à cet effet. Le guitariste Lonnie Mack et le bassiste Ray Neopolitan, ainsi que John Sebastian (le leader de Lovin' Spoonful apparaît ici sous le pseudonyme de Giovanni Puglese) à l'harmonica, rejoignent le groupe en studio pour participer à plusieurs morceaux. Le disque comporte plusieurs vrais blues, comme « Roadhouse Blues » (qui faillit donner son titre à l'album) et « The Spy ». Franchement *acid* rhythm'n'blues, moins sophistiqué et doté d'un son nettement plus cru, l'album renoue avec l'esprit bluesy et rock *garage* des débuts.

À l'occasion d'une promenade dans un quartier défavorisé de Los Angeles, Ray et Dorothy Manzarek sont restés interdits devant la façade d'une modeste pension située au 1246 South Hope Street. L'établissement se nomme en effet… le Morrison Hotel ! Dérisoire, le prix des premières chambres est fixé à 2,50 dollars. L'idée d'utiliser cette devanture en recto de pochette est vite arrêtée. Peint à même la vitre, le lettrage fait office de titre pour le disque. Cette mise en avant du nom du chanteur, amusé par l'artifice, n'est pas pour déplaire au label Elektra. Suite à un repérage le 17 décembre, le photographe Henry Diltz et son partenaire Gary Burden, accompagnés des quatre Doors et de Babe Hill, reviennent sur les lieux dix jours plus tard. Comme le réceptionniste refuse de laisser prendre des photos à l'intérieur de l'hôtel, les quatre Doors patientent un moment… avant de se précipiter dans le hall dès que l'homme monte dans les étages. L'astucieuse photo du recto est en boîte, tandis que celle du verso est prise le même jour, devant le très populaire Hard Rock Café, hanté par des chômeurs et des retraités. Cette atmosphère plébéienne vise à contrecarrer l'aspect précieux du précédent album. Retour aux sources, retour au peuple, retour au réel, retour au blues.

Pour son vingt-sixième anniversaire, le 8 décembre, Jim est invité chez Bill et Cheri Siddons, dans leur maison de Manhattan Beach, avec Leon Barnard et le couple Lisciandro. D'abord agréable et volubile, Jim se saoule au cognac et finit par uriner sur le tapis. À cette époque, John Densmore a déjà le sentiment que Morrison a comprimé soixante-dix ans de vie en vingt-six.

Jim achète un bungalow pour Pamela à Topanga, un des canyons sauvages des alentours de Los Angeles, à une trentaine de kilomètres de Hollywood. La jeune femme cherche à écarter son compagnon de ses lieux de perdition favoris, en le rapprochant de Malibu Beach. La petite maison se trouve sur une colline, face à un relais routier qui inspire à Jim la chanson « Roadhouse Blues », avec ce vers célèbre : « L'avenir est incertain et la fin toujours proche. »

Si Jim semble avoir retrouvé l'inspiration, ses problèmes avec l'alcool rendent les enregistrements toujours aussi délicats. Son drame : capable de supporter des quantités phénoménales d'alcool, il finit parfois par sombrer dans une démence schizophrénique. La liste s'allonge des établissements où Jim et sa garde rapprochée sont bannis, comme le Jupiter ou le célèbre Troubadour. Une nuit entière suffit rarement à enregistrer une seule chanson. Il arrive même à Pamela de vider les bouteilles qui traînent dans le studio afin d'éviter que Jim les boive. Lassé par les délais à rallonge, Jac Holzman durcit son attitude. Au lieu de laisser le groupe enregistrer librement, il accorde « généreusement » une remise de 10 % aux Doors sur les frais habituellement facturés aux clients des studios ! Ray et Jim sont ulcérés. Une certaine rancœur s'installe alors entre les musiciens et le label.

Suite à une apparition des Doors sur la chaîne CBS, dans le cadre de l'émission « Smothers Brothers Comedy Hour », Jim est à l'origine de deux accidents le même soir avec sa voiture, la Dame bleue. Lors du second, survenu sur La Cienega Boulevard, il fauche plusieurs arbustes, abandonne la voiture et téléphone à son avocat pour l'informer qu'on lui a volé le véhicule. Ce réflexe puéril en dit long sur un homme capable d'envoyer à ce même Max Fink un cadeau accompagné d'une lettre, dans laquelle il lui confie qu'il le considère comme le seul père qu'il ait jamais eu.

Les amis du chanteur voudraient que les Doors financent la fin du projet *HWY*, encore à l'état d'ébauche, mais les sommes investies sont déjà importantes. Si Manzarek estime que le cinéma risque d'éloigner Jim de l'aventure des Doors, Pamela, de son côté, n'a de cesse de pousser Jim à abandonner sa carrière de chanteur et à quitter les Doors pour se consacrer à l'écriture. Jim doit aussi composer avec la pression de ses avocats qui lui demandent de mesurer les propos qu'il tient en public, trop souvent outrageants. Pour échapper aux désagréments de la notoriété, Jim surveille nettement moins son allure, cherchant à effacer le côté glamour de son image. S'il apparaît désormais souvent barbu sur les photos, c'est que, comme le précisent des proches, deux jours lui suffisent pour obtenir une barbe de cosaque.

Jim annonce à Ray Manzarek qu'il n'en peut plus et souhaite tout arrêter. Il dit à nouveau être malade et faire une dépression nerveuse, provoquée en partie par des traumatismes d'enfance non résolus, et par les procès auxquels il doit faire face. Mais personne ne semble véritablement le prendre au sérieux, même si on tente vaguement de le rassurer. Ce que regrettera Manzarek, bien des années plus tard : « Peut-être tirions-nous profit de sa douleur ? Je n'ai pas été attentif à ces mots[32]. »

En réalité, personne ne pense tout simplement à le *soigner*. Comme chacun redoute qu'il ne quitte l'aventure ou ne s'attire de sérieux ennuis par son comportement, on engage un autre compagnon de virées, Tony Funches. Cet impressionnant footballeur noir a été le garde du corps de Mick Jagger sur la tournée américaine des Rolling Stones qui s'achève. Revenu politisé du Vietnam en octobre 1968, cet ami de Bill Siddons est chargé de suivre le chanteur de près. Le costaud s'acquitte plutôt bien de sa tâche, dans la mesure où il reste longtemps le seul capable de boire avec Jim, jusqu'à rouler sous la table tout en lui évitant les problèmes les plus graves. Funches décrira Morrison comme un type courtois et charmant, à la voix douce et timide, spirituel, vivant chichement en dehors de ses virées dans les bars, capable de lier conversation avec toute sorte de gens ordinaires. Il le verra aussi comme un homme incroyablement généreux, mais haineux vis-à-vis de toute personne symbolisant l'autorité. Un homme capable de cloisonner son existence, de disparaître à tout moment pour se réfugier plusieurs jours d'affilée dans la solitude ou auprès de femmes et d'amis que ses familiers souvent ne connaissaient même pas.

En compagnie de Tony, autorisé par les Doors à utiliser ses cartes Amex et Mastercard en cas de coup dur, Jim fréquente les lieux interlopes, et en priorité la boîte de strip-tease le Booth Club. Funches le décrit comme préoccupé par la montée possible d'un nouveau fascisme, déçu par l'apparente futilité du Flower Power et la transformation prévisible de nombre de hippies en yuppies tournant le dos aux idéaux de leur jeunesse :

> Il était incroyablement malin face à la chose politique, constatant justement que la plupart des gens de notre génération ne faisaient que suivre la mode, sans se poser de questions sur ce qui se tramait autour d'eux. Avec cette prévalante excuse : « C'est cool, on fait ça jusqu'à ce que le vent (la morale) tourne. » Il aimait ce vers de Dylan : « Vous n'avez aucunement besoin d'un météorologue pour savoir où souffle le vent. » Toutefois, il ne s'est jamais vraiment engagé dans une action politique. Il préférait regarder les choses en observateur. Et ce qu'il voyait (tout comme moi) l'attristait, des lemmings sans intérêt, courant jusqu'à la mer en ordre serré pour « être comme tout un chacun »[33].

De toute façon, l'idéal de paix, d'amour et de solidarité commence à sérieusement vaciller. L'heure est à la désillusion, symbolisée le 6 décembre par le festival d'Altamont, avec les Stones en vedette. Le concert tourne au drame lorsqu'un des Hells Angels qui constituent le service d'ordre tue à coups de poignard Meredith Hunter, un jeune Noir. Avec les conséquences désastreuses de l'affaire Manson, des jours mauvais s'annoncent pour les idéaux progressistes et les valeurs de la contre-culture. Le rêve hippie est enterré, du moins pour ceux qui se trouvent en première ligne. Une révolution semble comme oubliée en route par une génération. L'Amérique aurait pu basculer du côté des forces positives, mais certains contestataires refusent jusqu'à l'idée même de partager le pouvoir. La gueule de bois de la société américaine sera au diapason.

Dans un geste de conciliation envers Pamela, Jim accède à l'un des plus chers désirs de sa compagne. Pour Noël, il lui offre une boutique de mode, proche à la fois du bureau des Doors et de ceux d'Elektra, au 947 North La Cienega Boulevard. Cette générosité vise à assouvir un caprice récurrent. Le plafond des lieux est constellé d'éclats de miroir et de plumes de paon. Des tentures et des étoffes marocaines pendent aux murs. La plupart des marchandises sont importées d'Angleterre, de France ou du Maroc. Pour payer ces folies, Jim utilise ses royalties correspondant aux ventes de l'album *Strange Days*. Le couple donne à la boutique le nom de Themis, en hommage à la déesse grecque de la Justice.

Cette boutique hyperbranchée, aux horaires fantaisistes et aux prix excessifs, devient vite un gouffre financier. Ouverte fin décembre, elle s'ajoute à la frénésie de dépenses de Pamela et à son « escalade dans l'extravagance », selon l'expression de Bill Siddons. Plusieurs groupes ou musiciens californiens deviennent clients de Themis, comme Miles Davis ou les Three Dog Night, qui portent ces vêtements sur la pochette de leur album *It Ain't Easy*. Jim investit près de 200 000 dollars dans la plaisanterie, sans parler de deux Porsche 911 et d'une Jaguar XKE qu'il offre successivement à sa compagne cosmique. Les notes de téléphone du 652-5916 devraient suffire à faire écarquiller les yeux, tandis que Pamela n'hésite jamais à prendre l'avion pour s'approvisionner directement à Londres, Milan ou Paris, ou jusque dans les souks de Marrakech. Pour la belle rousse, le prétexte est idéal pour voyager en compagnie du comte Jean de Breteuil. Elle n'accepte guère l'idée que Jim ait loué un bureau situé au-dessus de la boutique afin que Babe Hill, Paul Ferrara et Frank Lisciandro puissent travailler sur leurs projets cinématographiques. Selon elle, cette bande de fêtards fait tache avec la clientèle sophistiquée de Themis.

Maintenant que je suis un homme seul (1970)

> *J'invite à tes agapes noires*
> *Où gicle l'âcre vin des bruits*
> *Le rôdeur que poursuit la nuit*
> *Et l'adolescent sans mémoire*[1].
>
> Antonin Artaud

> *J'aimerais mieux être un superbe météore, chacun de mes atomes irradiant d'un magnifique éclat, plutôt qu'une planète endormie. La fonction de l'homme est de vivre, non d'exister. Je ne gâcherai pas mes jours à tenter de prolonger ma vie. Je veux brûler tout mon temps*[2].
>
> Jack London

L'année débute par une fête célébrant la récente ouverture de la boutique de Pamela. Jim n'apprécie guère la clientèle sophistiquée qui s'agglutine ce soir-là à l'enseigne de Themis, mais la présence des fidèles Babe Hill et Tom Baker l'aide à supporter l'événement. N'est-ce pas lui qui paie, après tout ? L'alcool aidant, Tom et Jim finissent par se battre et à tout renverser. L'affaire de Phoenix les divise encore. Ils se font expulser des lieux devant une Pamela accablée par le comportement de son compagnon.

Les Doors sont de retour à New York pour assurer deux sets par soir le week-end des 17 et 18 janvier, au Felt Forum, une salle située sous le Madison Square Garden. Ces dates marquent le début de la tournée « Roadhouse Blues ». Si une ville comme New York ne pose aucun problème, il en va autrement ailleurs où la rumeur joue contre un groupe jugé capable de tous les excès.

Le jeudi précédent, Patricia Kennealy déjeune en compagnie de Jim dans un restaurant japonais. Elle ne l'a pas revu depuis le mois de septembre et retrouve un homme préoccupé et distant, même s'il vient de lui dédier la chanson « You Make Me Real » (« Laisse-moi glisser dans ton tendre océan secret »). Lors d'une répétition des Doors pour les concerts au Felt Forum, la journaliste ne tarde pas à comprendre la raison de ce détachement. Une délicieuse rouquine au visage opalescent s'avance vers elle et se présente sans détour comme « Pam, l'épouse de Jim ». Patricia reste interloquée, tandis que Leon Barnard la présente à Pamela comme la rédactrice en chef du magazine *Jazz & Pop*. Lorsque Patricia se retrouve enfin seule face à Jim, celui-ci se contente de l'embrasser sagement sur la joue, lui adresse quelques mots anodins et retourne répéter. Lors d'un break, Jim se rapproche et tous deux, gênés, se regardent les yeux dans les yeux. Patricia laisse juste échapper un mot étranglé : « Épouse ? » Jim plisse les yeux et sourit de façon nonchalante, comme il sait si bien le faire : « Elle n'est pas vraiment ma femme. Nous ne sommes pas mariés[3]. » Jim tergiverse, bredouille qu'ils se fréquentent depuis deux ans environ et que Pam se sent peut-être autorisée à s'octroyer un tel titre, mais que lui ne voit pas forcément les choses ainsi. D'ailleurs, ils ne vivent pas ensemble. Il lui dit qu'il traîne le plus souvent dans des motels et qu'il lui arrive même de dormir dans les bureaux du groupe. Apparemment gêné, il précise que Pamela n'a rien à voir entre eux et qu'elle vit sa propre vie, tout comme lui. Gênée elle aussi, la New-Yorkaise répond qu'il n'a pas à se justifier, mais qu'elle le trouve moins prévenant que lors de leur précédente rencontre. Ce à quoi Jim rétorque qu'il meurt d'envie de lui faire l'amour sur place, ici même, sur le sol du Forum, devant tout le monde. À la fois envoûtée et malheureuse, Patricia reprend cependant son rôle de journaliste malgré les propos enflammés du chanteur. Meurtrie, elle rentre chez elle très seule en cette nuit glaciale de janvier.

Le Felt Forum est une enceinte de 4 000 places où les Doors sont décidés à frapper un grand coup. Ils ont préféré cette salle de taille moyenne afin de jouer dans une atmosphère de club. Celle où ils sont le plus à l'aise. Sur scène, les Doors sont en grande forme. John Sebastian les rejoint à l'harmonica pour les rappels. Magnifiquement enregistrés dans l'optique du double album *Absolutely Live*, ces concerts stratégiques sont destinés à relancer la carrière du groupe après les sérieux ennuis de l'année précédente. Il s'agit de reconquérir la presse autant que le public. Les enregistrements ne paraîtront dans leur intégralité que quatre décennies plus tard, sous la forme d'un coffret de six CD intitulé *Live in New York*. Sur scène, Morrison se veut explicite : « Toute cette soirée est enregistrée. Pour l'éternité. Et au-delà sans doute. Alors, si vous voulez être présents pour l'éternité, grimpez sur vos sièges et criez-le bien fort[4] ! »

Le lundi 19 janvier, les deux soirées de concert achevées, Jim et Patricia se retrouvent au 46e étage du Hilton, avec vue panoramique sur Manhattan et Central Park. Dans une suite présidentielle où coule du Dom Pérignon, Elektra et Jac Holzman donnent une fastueuse réception en l'honneur des Doors. Vers minuit, la fête est suivie par une projection du film *Les 39 Marches*, d'Alfred Hitchcock. Pour se donner du courage, Patricia a pris de la cocaïne et s'est habillée de façon provocante, afin de créer le malaise entre Jim et Pam. Elle porte une minijupe noire moulante, lacée sur le bas des reins. Fervent défenseur du chanteur, Holzman est bien décidé à conserver les Doors dans son giron. Tout le gratin du show-biz semble s'être donné rendez-vous dans le ciel de New York, jusqu'à Andy Warhol en personne. Arrivé au bras de Pamela, Jim parvient à glisser à l'oreille de la journaliste qu'il est en ville pour plusieurs jours et qu'il s'arrangera pour lui consacrer du temps. En attendant, au moment de quitter la réception, Pamela sidère Jac Holzman en lui adressant une phrase à l'humour acide : « Au cas où nous serions passés chez Atlantic l'année prochaine, merci pour cette gentille petite fête[5] ! » Rendu méfiant par les rapaces qui tournent depuis quelque temps autour des Doors, le président d'Elektra vient pourtant d'obtenir une prolongation du contrat, mais pour un seul album. Pas trop rancunière, Ellen Sander se souvient :

> Le fossé s'était creusé entre « les garçons » et leur leader trop fou, trop instable, trop intellectuel, trop prétentieux, et par-dessus tout trop anxieux. Il se vengeait de la froideur de ses musiciens en menaçant de quitter le groupe. Pour tromper sa solitude d'écrivain, il lui arrivait de se saouler et de se donner en spectacle. Mais la plupart du temps, c'était un homme plutôt agréable[6].

Dès le lendemain après-midi, Jim appelle Patricia. Moins d'une heure plus tard, ils sont dans le lit de la jeune journaliste pour des retrouvailles explosives. Le soir-même, Jac Holzman organise une nouvelle soirée pour fêter l'anniversaire de sa compagne, Ellen. Devant des convives triés avec soin, il s'agit aussi de fêter le franc succès des concerts des Doors. Mais Jim est contrarié lorsqu'il voit Patricia arriver en compagnie de son ami David Walley. Après le repas, le chanteur fait une sorte de crise de jalousie, demandant à Patricia comment elle a osé venir accompagnée de son « mari ». Narquoise, la jeune femme lui rétorque que Walley n'est pas son amant et qu'elle n'entretient aucune liaison, sinon avec un certain Roi Lézard. Si elle est venue accompagnée, c'est dans l'unique but d'éviter que la rumeur de leur relation se répande... Confus, Jim l'invite à le rejoindre à son hôtel, mais Patricia décline l'invitation, redoutant d'y croiser Pamela.

Si Jim Morrison s'est montré performant au Felt Forum, certains ne sont pas sans remarquer son état de lassitude et son corps alourdi. À tel point que Jim Nash, chroniqueur au *Village Voice*, note : « En l'observant à l'autre bout de la pièce, j'ai senti la mort, j'ai entrevu la destruction d'un homme[7]. »

Le mercredi 21 au soir, Jim, Pamela et Patricia se retrouvent en compagnie de Raeanne Rubenstein, la photographe venue fin 1969 à Los Angeles pour son reportage consacré à la boutique Themis. Afin d'écarter les soupçons de Pamela, Patricia est à nouveau venue accompagnée de son ami David. Le malaise est toutefois palpable, mais Jim et Pam sont invités vers minuit à une séance privée de cinéma. Les deux rivales ont alors l'occasion de s'embrasser *amicalement*, au moment de se séparer. Deux soirs plus tard, Jim arrive chez Patricia et lui offre une superbe bague antique. Au cours de cette nuit, il lui confie que Pam sait qu'il est en compagnie d'une autre femme, et que cela… ne pose aucun problème.

Jim et Pamela restent une semaine encore à New York, alors que les musiciens et leur entourage sont déjà repartis pour Los Angeles. Jim partage son temps entre les deux femmes. Il fait du shopping sur la 5ᵉ Avenue avec Pamela, puis retrouve Patricia pour arpenter la ville en amoureux. On peut ainsi les voir dans des restaurants comme le Sign of the Dove et le Ratner's Deli, où Jim raffole des célèbres sablés aux fraises, ou encore au Luchow sur la 14ᵉ Rue. Ils fréquentent les librairies Brentano's et, surtout, l'immense Strand située dans le Village, la plus grande librairie d'occasion au monde, avec ses millions de livres répartis sur des kilomètres de rayonnages ! Jim et Patricia passent de longues heures à errer dans ce labyrinthe des mots. Quand ils vont au cinéma, c'est pour voir un film de Jean-Luc Godard que Jim apprécie particulièrement, *À bout de souffle*.

Morrison confirme à sa complice que, depuis l'affaire de Miami, les choses ont bien changé. Il a l'impression d'être le bouc émissaire, ou plutôt l'agneau du sacrifice offert aux politiciens et aux policiers. Il s'estime désormais isolé au sein d'une foule, autant sur scène que dans la vie quotidienne.

Suite à la série de concerts new-yorkais, le label Elektra et son groupe majeur peaufinent le lancement de l'album *Morrison Hotel*. Mis en vente le lundi 2 février, il atteindra la quatrième place dans les *charts* pour devenir disque d'or le 21 mars. Les Doors sont le premier groupe américain à enchaîner consécutivement cinq disques d'or ! Dans cet album placé sous le signe du blues, on remarque les contributions du bassiste Ray Neopolitan et du guitariste Lonnie Mack, ainsi que celle de John Sebastian pour la partie harmonica sur « Roadhouse Blues ». Si le son gagne en puissance par rapport au précédent album, le groupe ne retrouve pas pour autant l'originalité propre à ses deux premiers vinyles. Jim aime visiblement chanter de longues dérives bluesy au sujet desquelles il dit ne souffrir aucune contrainte, même si les enregistrements ont été difficiles à boucler :

> Rothchild avait vraiment dû lui arracher ses voix comme des dents. Prise après prise, des jours, des semaines, des mois entiers. À recoller les petits bouts[8].

Alors que Lester Bangs boude son enthousiasme dans *Rolling Stone*, l'ensemble de la critique donne à nouveau sa confiance au groupe, parlant même de retour aux sources et de véritable résurrection. La presse se montre enthousiaste après le désamour provoqué à la fois par le décevant *The Soft Parade* et par les ennuis judiciaires qui ont suivi le concert de Miami. Plusieurs journalistes — dans *Rock Magazine*, *Circus*, et d'autres magazines encore — se laissent emporter par leur enthousiasme, parlant du meilleur album du groupe, du meilleur album de la décennie, et même, pour le magazine *Creem*, du meilleur album jamais écouté.

Comme convenu, il faut frapper vite et fort sur les deux rives du pays, avant de se lancer dans une tournée de soutien au nouvel album. Pour leur retour à San Francisco début février, les Doors sont invités deux soirs de suite au Winterland par l'inévitable Bill Graham. En fait, le groupe et son chanteur apparaissent pour la toute dernière fois ensemble dans cette ville.

Le samedi 7 février, les Doors sont de retour à Los Angeles pour se produire à la Long Beach Sports Arena. L'heure est venue de se lancer dans une tournée passant par des villes majeures comme Cleveland, Chicago, Detroit, Boston et Denver. Mais les Doors restent étroitement surveillés lors de chacune de leurs apparitions sur scène, autant par la police que par le FBI. Morrison doit faire le rude apprentissage de la prudence. Comme il semble en meilleure condition physique, la qualité des concerts s'en ressent positivement.

Morrison n'en oublie pas pour autant ses projets cinématographiques. Ainsi, le vendredi 13 mars, à la Cinematique 16 de Hollywood, assiste-t-il à la première de son documentaire musical consacré aux

Doors, *Feast of Friends*. Un film dont on attribue généralement la réalisation à Paul Ferrara, avec la participation technique de Frank Lisciandro et Babe Hill. Mais Jim reste avant tout préoccupé par le procès de Phoenix, venu s'ajouter à celui de Miami. Convoqué devant la cour fédérale, il doit faire annuler une tournée des Doors au Japon. Déprimé, dans une pièce aux volets clos, il passe une semaine entière au lit, sans se laver ni se raser, se nourrissant à peine. Rattrapé par la réalité. Le mercredi 25 mars, accompagné des fidèles Frank et Leon, Jim rejoint son avocat Max Fink à Phoenix. Le lendemain, les cheveux plaqués à la hâte derrière les oreilles, en blazer bleu marine, chemise blanche et cravate, il tente de faire bonne figure au tribunal. Mais l'hôtesse Sherry Ann Mason se trompe et le désigne comme le responsable des gestes déplacés à son égard. Tom Baker est donc acquitté et Jim reconnu coupable d'avoir importuné les hôtesses et fait obstacle à leur activité. L'acteur ne cherche pas à protéger son *ami*, même si Jim règle encore tous les frais à sa place. De retour à Los Angeles, Morrison et l'ingrat Baker ont une violente altercation, après laquelle ils ne se fréquenteront plus pendant des mois.

Le 27 mars, Jim se rend à Vancouver pour la première mondiale de son film *HWY*. Il participe aussi à une lecture de poésie au Queen Elizabeth & Orpheum Theater. Le 4 mai, il s'associe à une autre lecture, au Village Gate de New York, avec Allen Ginsberg, à l'occasion d'une soirée de soutien au provocateur Timothy Leary. L'auteur de *The Psychedelic Experience*, menacé de prison, a été désigné par le président Nixon en personne comme l'homme le plus dangereux d'Amérique ! Le milieu de la poésie fascine à ce point Jim Morrison qu'il finance une anthologie de Michael C. Ford et règle les frais médicaux de Kenneth Patchen, un auteur fauché.

Pendant ce temps, Max Fink prépare un solide dossier concernant le procès de Miami, même s'il faut retourner à Phoenix le 6 avril, pour le verdict. Et là, coup de théâtre. Au bar de l'hôtel, les deux hommes se retrouvent en compagnie des hôtesses et du pilote de l'avion. Les invitant à boire, ils passent un moment agréable en leur compagnie, Jim flattant habilement Sherry. L'entreprise de séduction porte ses fruits. L'hôtesse accepte à la fois de le rejoindre dans sa chambre… et de modifier sa déposition à son bénéfice. Le juge, interloqué, se voit contraint de renvoyer sa décision à la fin du mois.

Le lendemain, 7 avril, est un grand jour pour Jim. Le prestigieux éditeur new-yorkais Simon & Schuster lui fait parvenir ses exemplaires d'auteur de *The Lords and the New Creatures (Seigneurs et Nouvelles Créatures),* qui rassemble ses deux premières plaquettes auto-éditées. Bien qu'on ait imprimé Jim Morrison comme nom d'auteur sur la couverture, alors qu'il avait réclamé qu'on y inscrive son nom d'état civil, James Douglas Morrison, et bien qu'on ait placé en quatrième de couverture un texte inepte et une photo du « chanteur », le plaisir est intense. Il va enfin être reconnu pour ce qu'il est : un poète, un écrivain.

Michael McClure vient fêter l'événement : « J'ai trouvé Jim en pleurs dans sa chambre. Il était assis là, le livre à la main, et il m'a dit : "C'est bien la première fois que je ne me fais pas entuber." Et il l'a répété. Je pense qu'il estimait que c'était la première fois qu'on le voyait tel qu'il était vraiment[9]. » Jim adresse un chaleureux télégramme de remerciements à son éditeur new-yorkais. Manzarek avouera qu'il n'a jamais vu Jim Morrison aussi fier qu'à l'occasion de la parution de ce livre.

Pourtant, la presse rock ne donne que peu d'écho à cet ouvrage qui ne reste pour elle que le livre d'un chanteur de rock. Dépité mais guère surpris par ce qu'il a tant redouté, Jim revient à l'auto-édition durant l'été, publiant à 500 exemplaires son recueil *An American Prayer*. La notoriété du chanteur aura donc toujours étouffé sa véritable identité d'écrivain. Jim rédige alors « Anatomy of Rock », une suite de poèmes qui sera publiée en septembre par Patricia Kennealy dans sa revue *Jazz & Pop*. Jim y évoque à nouveau la fin inexorable de l'aventure musicale, en dépit de quelques sursauts d'énergie : « Le haut-parleur vibrait, / signe de pouvoir. / L'encens brûlait dans l'ombre. / Qui aurait pu dire alors / que c'était déjà fini ? »

À l'occasion de trois semaines de vacances, Jim se concentre sur ses projets cinématographiques. Avec Bill Belasco et Michael McClure, il signe un contrat avec la MGM pour l'adaptation de *The Adept*, le deuxième roman, encore inédit, de Michael McClure. Une histoire où trois personnages sont à la recherche d'un trésor imaginaire. Bien que le projet reste inabouti, le patron de la MGM, James Aubrey, considère déjà Jim Morrison comme le James Dean des années 1970. Le magazine mexicain *Revista de Revistas* associe d'ailleurs en couverture les portraits dessinés de Jim Morrison et James Dean, en titrant : « *Dos mitos de rebeldia* » (deux figures mythiques de rebelles).

Grâce à Ronnie Haran, Jim contacte l'écrivain John Gilmore. Il cherche à acquérir les vêtements portés par James Dean le jour où celui-ci s'est tué en voiture. Mais Gilmore ne sait plus ce que sont devenus ces habits qui ont transité dans un hôpital de Paso Robles. Jim comptait les utiliser dans un film. À cette occasion, il se dit fasciné par ce destin en transit, affirmant qu'il sait pertinemment qu'il mourra lui-même avant d'avoir 30 ans. Ami de Marilyn Monroe et de James Dean, John Gilmore rapporte une étonnante confidence d'Elvis Presley :

> Les Doors étaient un bon groupe. Leur musique était vraiment super, mais ce n'était pas du rock'n'roll. Ce n'était ni du rock ni du blues. Le type à la batterie — ce Densmore — était sacrément bon. Un véritable artiste. Mais Morrison avait son propre truc. Peut-être était-il le produit des temps et de l'état d'esprit relatif au symbolisme hippie. Mais ce n'était pas du rock, et ce n'était pas destiné à durer[10].

Mais le symbolisme hippie, justement, est sérieusement battu en brèche. La répression est rude, notamment dans le milieu étudiant. Le 4 mai, sur le campus de l'université de Kent State, des soldats de la garde nationale de l'Ohio tirent à balles réelles sur les manifestants, faisant de nombreux blessés, mais aussi quatre morts.

Depuis les concerts de janvier au Felt Forum et jusqu'à fin avril, les Doors n'ont pu se produire que huit fois sur scène. Décidément, Miami a laissé des traces. Jim renoue avec ses frasques à Boston, ce qui entraîne de nouvelles annulations à Salt Lake City et Honolulu. Des représentants de la brigade des mœurs et de celle des stupéfiants continuent de traîner en coulisses, prêts à intervenir au moindre débordement, mandat d'arrêt en poche. La revue spécialisée *Amusement Business*, bible des organisateurs de spectacles, brocarde les Doors et met le doigt sur leurs incartades. Entre Morrison et son groupe, la complicité des débuts s'est muée en une sourde rancœur. Ray, John et Robby reprochent à leur chanteur de mettre leur carrière en péril.

Par provocation, Jim Morrison se lance dans une relation avec la blonde protégée de Meyer « the Brain » Lansky, un ponte de la Mafia lui aussi poursuivi par la justice, pour racket et évasion fiscale. Max Fink doit encore une fois intervenir avec habileté pour épargner à son client les représailles de cet associé du terrible Lucky Luciano. Longtemps trésorier du Syndicat national du crime, et quoique traqué par le FBI, Lansky a mis en place un véritable empire du jeu autour de Miami. Heureusement pour Morrison, le mafieux ressort libre du tribunal grâce à un vice de procédure et se lance dans d'autres aventures, négligeant de punir l'inconscient.

Le 20 avril, Jim est de retour à Phoenix en compagnie de Bill Siddons. Il retrouve son avocat, Max Fink, pour se présenter devant la cour fédérale. Cette fois, la chance est au rendez-vous : l'hôtesse Sherry

Mason confirme qu'elle revient sur son témoignage. Jim est acquitté. Le soulagement est immense, même s'il faut régler une amende de 600 dollars auprès de l'Agence fédérale de l'aviation.

Patricia Kennedy rejoint les Doors au Spectrum de Philadelphie, le vendredi 1er mai. Leon Barnard a laissé un passe à son nom aux guichets. La jeune journaliste est loin d'imaginer qu'elle voit Jim pour la dernière fois sur scène. Arrivée backstage, elle reste interloquée. Bruce Harris, le chargé de promotion d'Elektra pour la côte Est, la saisit par le bras et la prie de faire attention. Jim semble furieux contre elle suite à sa chronique parue dans *Jazz & Pop*, consacrée à sa poésie. Mais il n'en est rien. Jim se montre même plein de désir, avouant qu'il a hâte de la retrouver à New York la semaine suivante. Le jour venu, le couple se rend à un concert du Jefferson Airplane au Fillmore East, où Jim retrouve en coulisses le poète beat Allen Ginsberg dont il apprécie le rythmique livre-poème *Howl*. Un ouvrage incantatoire paru en 1956 et censuré un temps pour le simple emploi des mots *cock*, *fuck* et *suck*. Des mots qui ont décidément du poids pour les deux poètes…

Jim annonce à Patricia qu'il vient de rompre avec Pamela… et qu'il aimerait voir comment les sorcières se marient. Le chanteur confirme qu'il a toujours été intéressé par ces pratiques et que Patricia n'a fait qu'aiguiser sa curiosité. Rasé de près, il continue son étonnant yo-yo physique, perdant à nouveau du poids, alors que le cocktail drogue-alcool tendrait plutôt à épaissir sa silhouette.

Après des shows à Pittsburgh et Detroit (où les Doors donnent le plus long de tous leurs concerts, jouant plus de quatre heures !), à Columbus, Baltimore et Seattle, les Doors sont sur scène le 6 juin au Coliseum de Vancouver. Jim s'arrête dans cette ville pour rencontrer un peintre beat d'origine polonaise, Ihor Todoruk, ami du Grateful Dead et de Janis Joplin. L'artiste est aussi l'animateur de *Poppin*, un magazine musical canadien. Resté quelques jours à Vancouver pour envisager une action en soutien à la revue, Morrison confie au peintre qu'il rêve de s'installer un jour à Paris. Avec l'accord du chanteur, Todoruk organise cette année-là le seul et unique « Jim Morrison Film Festival », aux Queen Elizabeth and Orpheum Theaters, programmant notamment *HWY* et *The Doors Are Open*, ainsi que les clips promotionnels d'Elektra.

De retour à New York auprès de Patricia, toujours intéressé par le cas Mick Jagger, ici acteur, Jim voit *Ned Kelly*, le film de Tony Richardson. Le couple court à nouveau les librairies, achetant des livres chez Brentano's. Patricia Kennealy possède la singularité de jouer les sorcières wiccanes et d'être une prêtresse du groupe mystique Acer Altos. Intrigué, Jim se laisse prendre au jeu, allant même jusqu'à épouser la sorcière un soir de pleine lune, comme il se doit, le 24 juin, selon l'ancien rituel wiccan du *handfasting* (le « liage de mains »). Mais cette union est dépourvue de toute valeur juridique.

Patricia se doute que la rupture entre Jim et Pamela risque d'être temporaire. Elle sait également que plusieurs « privilégiées » occupent les recoins secrets de sa vie à Los Angeles, sans compter les inévitables groupies d'un soir. Mais elle aime sincèrement cet homme. Cette union n'est qu'une façon comme une autre de le retenir. Ce mariage païen est voué à la Déesse et au Seigneur cornu. Il s'agit d'une pratique druidique qui trouve son origine dans les pays celtes et scandinaves. Selon les *covens* (loges ou cénacles) wiccans, le protocole est différent. Pour certains croyants, l'union, valable un an et un jour, est renouvelable. La formule wiccane consacrée est « Tant que l'Amour existe », au lieu du traditionnel « Jusqu'à ce que la mort nous sépare ».

Si Jim aborde l'affaire avec une curiosité amusée, il en va bien autrement de la journaliste qui croit en la magie et ne peut imaginer nulle autre forme de mariage. La cérémonie a lieu chez elle, à la lueur des bougies, en compagnie de deux officiants du *coven*, Patricia ne pouvant bien sûr célébrer son propre mariage. Selon le rite, la femme est vêtue d'une longue robe noire et arbore des bijoux en argent, tandis que l'homme, habillé de rouge, porte des bijoux en or, atours associés à la Déesse et au Seigneur. L'athamé, le couteau rituel wiccan, possède une lame à deux tranchants et un manche de couleur noire ; la femme doit en diriger la pointe vers le cœur de l'homme.

Patricia opère deux légères entailles sur son poignet gauche pour laisser paraître des gouttes de sang qu'elle laisse tomber dans le calice consacré. Puis la Grande Prêtresse fait de même avec Jim, avant de lier les poignets des conjoints à l'aide d'une cordelette. Patricia et Jim récitent chacun le vœu sacré et trempent leurs lèvres dans le calice. Des chandelles procurent une lumière vacillante sur les murs mauves. De l'encens de gardénia est répandu dans la pièce, symbole d'amour. Le couple doit alors s'unir dos à dos, les mains jointes, celles-ci formant un 8, signe de l'infini, de l'éternité et de la complétion. Les « fiancés » s'abreuvent ensuite trois fois à la coupe de l'amour, puis le calice est renversé sur le sol, en hommage à la Terre Mère. Si les accordés le désirent, ils peuvent procéder sur place à la fusion des corps.

Jim offre alors à Patricia la bague célébrant leur union. Le bijou en argent, acheté dans une petite boutique d'import irlandaise, est un *claddagh*. Cet anneau de mariage irlandais, conçu selon un modèle du XVIe siècle, représente deux mains enserrant un cœur couronné. Patricia et Jim mélangent quelques gouttes de sang — ne supportant ni les aiguilles ni la vue du sang, Morrison défaille — et signent, ainsi que les témoins, deux brefs documents manuscrits préparés par la jeune femme, l'un en écriture runique, l'autre en anglais, stipulant :

> En ce jour du Solstice d'été
> 24 juin 1970
> Patricia Kennely
> et
> James Douglas Morrison
> se sont unis l'un l'autre par le liage de mains
> et
> se déclarent mariés selon ce rite
> sous le regard de la Déesse
> avec comme témoins
> la Grande Prêtresse et le Grand Prêtre
>
> *Patricia Kennely (Patricia Morrison)*
> *Jmorrison*[11]

À noter que la prêtresse consort signe en calligraphiant de façon extrêmement lisible *Patricia Kennely (Patricia Morrison)*. Si elle ne change légalement son nom en Kennealy qu'en décembre 1979 — pour « l'esthétique orthographique et la plus grande gloire de [mon] héritage celtique[12] » —, elle s'approprie immédiatement le patronyme Morrison. Quant à Jim, il se contente de signer prudemment, accolant une seule initiale de ses prénoms à son nom. Les patronymes des témoins ont plus tard été masqués sur le document par mesure de protection. Les deux contractants ajoutent quelques gouttes de leur sang sur le document. Après le départ des témoins, la Reine Lézard affirmera que Jim et lui ont alors fait l'amour comme jamais. Les propos rapportés par Patricia Kennealy quant aux moments intimes passés avec Jim restent à prendre avec précaution, même si sa liaison avec le chanteur est étayée par des témoignages aussi nombreux que précis.

Jim semble faire une allusion prémonitoire à Patricia Kennealy dans un poème sans titre extrait de *The New Creatures*. Il décrit une visite dans le « refuge éclairé à la bougie » de celle qui « lit le futur dans la main » : « Elle est magicienne / Prophète femelle / Sorcière / Habillée comme dans le passé / Toute adonisée. »

Aucune lune de miel n'est programmée, d'autant que, dès le lendemain, Jim tombe malade, atteint d'une pneumonie. Soigné par Patricia, il la prévient que des affaires pressantes risquent de l'éloigner de New York pour un bon mois. Après un voyage à

Paris, il lui faudra en effet repasser par Los Angeles pour faire le point avec ses avocats… et notamment acheter les habits adéquats, destinés à amadouer les juges et le jury. Soucieux en raison du procès programmé à Miami, il a aussi pris ses distances avec Pamela, occupée au Maroc et ailleurs avec le comte Jean de Breteuil.

Pour fuir un temps ses ennuis judiciaires, Jim Morrison effectue donc son tout premier voyage à Paris le samedi 27 juin. Il arrive en compagnie de Leon Barnard, promu agent des Doors pour l'Europe. Les deux Américains descendent au prestigieux George-V, mais trois jours plus tard Leon doit se rendre à Copenhague. Il est chargé d'organiser la nouvelle tournée européenne des Doors, prévue pour septembre. Étonnante coïncidence, Jim retrouve par hasard son ami franco-américain Alain Ronay, lui aussi de passage à Paris, hébergé chez Agnès Varda et Jacques Demy. En compagnie d'Alain, Jim visite la ville, de la maison de Balzac aux catacombes, du tombeau de Napoléon à la butte Montmartre. Agnès Varda l'invite au dixième anniversaire de sa fille, Rosalie. Comme faveur, il demande à assister au tournage de *Peau d'âne*, film que son mari Jacques Demy tourne alors dans le Loir-et-Cher. Ainsi, Jim, Alain et Agnès prennent-ils le train pour Orléans où ils louent une voiture. Jim débarque en pleine féerie au château de Chambord. De brefs moments filmés par Agnès Varda montrent un Jim barbu, déambulant près du château et faisant une dédicace à Duncan, le fils de l'actrice Delphine Seyrig, ou s'allongeant dans l'herbe auprès de Ronay : « C'était des actes d'amitié simple et de curiosité simple. De cinéphile[13]. » Jim croise également Catherine Deneuve et François Truffaut, foulard autour du cou et cigarette au bec, un réalisateur qu'il admire depuis ses années de fac à l'UCLA.

Jim et Alain se rendent ensuite à Tanger, au Maroc, sans trouver trace de Pamela, celle-ci se prélassant dans la villa du comte à Marrakech. De retour à Paris début juillet, Jim succombe au charme singulier de cette capitale qu'il voit très littéraire et cinématographique. Il loge dans la chambre 4 du modeste hôtel Médicis, au 214 rue Saint-Jacques, fréquente la Cinémathèque et se promène sur les quais de la Seine, définitivement conquis.

De retour à Los Angeles le 18 juillet, après son périple de trois semaines, Morrison est à nouveau fiévreux, séquelle de sa pneumonie contractée à New York. Il accepte enfin de consulter un médecin pour ses ennuis pulmonaires, mais sans suivre de traitement particulier. Il recommence, au contraire, à fréquenter les bars de Santa Monica.

Jim retrouve enfin Pamela, de retour à Los Angeles dans l'appartement de Norton Avenue, mais le comte Jean de Breteuil rôde dans les parages, jouant encore les fournisseurs de charme. Morrison constate que l'héroïne a fait son œuvre sur Pamela, ce qui le déprime.

Absolutely Live est mis en vente le 27 juillet. La pochette, qui met à nouveau le chanteur en avant, pantalon de cuir, micro en main, le déçoit. Constitué d'un rapiéçage d'enregistrements de concerts étalés entre août 1969 et juin 1970, le double album grimpera jusqu'à la huitième place au *Billboard* en septembre, phénomène exceptionnel pour un album *live*. Les fans sont nombreux à souhaiter un souvenir sonore des concerts auxquels ils ont assisté. Six titres ne figurent sur aucun disque studio des Doors, notamment la longue suite « The Celebration of the Lizard », ce qui représente un soulagement pour Morrison, très attaché à cette composition. Toujours aussi perfectionniste, Paul Rothchild n'a pas hésité, pour un même morceau, à mixer des extraits issus de différents concerts. Il se targue d'avoir effectué près de deux mille interventions de montage. Un nouveau travail de dentelle confectionné en studio. L'album enchante la critique, de Richard Meltzer jusqu'au redoutable Lester Bangs qui compare le chanteur à Lenny Bruce lorsqu'il s'adresse directement au public durant un morceau. Jim Morrison semble finalement satisfait du résultat :

> Je pense que c'est un document vrai et honnête, montrant ce que peut faire le groupe un soir où il est en forme. [...] À mon sens, les gens ne se rendent pas compte à quel point jouer en public diffère d'une session d'enregistrement. En studio, on a des jours et des jours pour mettre au point la partie instrumentale, et encore des heures et des heures pour la partie vocale. Sur scène, il n'y a qu'une seule prise. Écoutez bien l'album, et vous constaterez le progrès d'une chanson à l'autre, comment les choses deviennent progressivement meilleures, intéressantes... professionnelles[14].

Mais durant ce temps, fin juillet, Patricia a eu la confirmation qu'elle est enceinte. Apprenant par hasard la chose, Jac Holzman, agacé par les retombées négatives dues aux frasques de son artiste, se laisse aller à une délicate repartie où il se dit étonné que Jim puisse encore « la » lever. D'autres, comme Diane la perfide, conseillent à Patricia de réclamer une somme importante au chanteur, comme certaines l'ont déjà fait. Mais le seul argent que la journaliste attende de Jim, c'est celui destiné aux frais d'avortement. Elle n'imagine plus d'autre solution, étant donné son âge et la personnalité si spéciale du géniteur. Elle n'entend sacrifier ni son indépendance, ni sa carrière, en élevant seule un enfant. Dans un premier temps, elle décide de taire sa grossesse.

En juillet 1970, Jac Holzman déconcerte le milieu musical en cédant partiellement ses labels Elektra et Nonesuch au groupe Kinney, déjà possesseur du département musique de Warner Bros et du label Atlantic. L'heure est à la rationalisation du marché du disque, à la fusion des labels et à la création des toutes-puissantes majors au niveau planétaire, dont WEA Distributing Corp (Warner-Elektra-Atlantic) : « Le rock a basculé de l'hallali stoned dans l'abattage industriel, stars et fans[15]. »

Devenu simple filiale, Elektra perd de son aura de label indépendant. Si les artistes phares vont souvent en profiter, les autres, par contre, en pâtiront. L'heure n'est plus à la patience mais à la productivité exacerbée, à la rentabilité à court terme. De toute évidence, les Diggers libertaires de San Francisco ne sont pas parvenus à creuser jusqu'au bout leurs « enclaves révolutionnaires » dans le système capitaliste...

Mais l'heure fatale est venue. Du 6 au 14 août, Jim Morrison doit se présenter face au juge Murray Goodman. Il descend à l'hôtel Carillon Resort, accompagné de son avocat Max Fink, de Babe Hill et Tony Funches. L'affaire n° 69-2355 — État de Floride contre James Douglas Morrison — est plaidée au palais de justice du comté de Dade, Miami, Floride. En accord avec Max Fink, Morrison décide de plaider non-coupable. Mais le chanteur est vraiment dans le collimateur des forces de l'ordre. Lors des photos d'usage, un policier lui conseille, goguenard, de bien profiter de sa chevelure, puisqu'elle sera coupée dès qu'il sera à l'ombre.

Les trois instrumentistes des Doors sont présents, convoqués en tant que témoins. L'avocat local Robert Josefsberg contribue à défendre les intérêts du chanteur au Metro Dade Justice Building. Comme prévu, Jim cherche à soigner les apparences, portant blazer et cravate. Il se déclare prêt pour ce qu'il nomme son « lynchage », prévoyant d'ailleurs de publier son journal du procès dans *Esquire*, sous le titre « Impressions sur mon lynchage ». Mais il cesse vite de prendre des notes tant le procès l'ennuie. L'atmosphère ne plaide pas en sa faveur, à tel point que le groupe est contraint d'annuler la tournée européenne préparée sur place par Leon Barnard. Le juge Murray Goodman, un républicain bientôt soumis à réélection, est visiblement victime de pressions qui pourraient remonter jusqu'au président Richard Nixon en personne. Six jurés sont désignés pour suivre le procès.

Le jeudi 13 août, Patricia se décide enfin à annoncer à Jim qu'elle est enceinte... Grâce à Bruce Harris chez Elektra, elle réussit à le joindre au téléphone en Floride. Jim réagit calmement, précisant que pour l'heure il est totalement absorbé par son procès, mais qu'ils doivent bien sûr en discuter. Le lundi suivant, Patricia prend l'avion pour retrouver Jim à l'hôtel Carillon. Elle apporte une trentaine d'exemplaires de *Jazz & Pop* où figure notamment le poème « The Anatomy of Rock ». Un Jim barbu l'embrasse et l'entraîne boire un verre. Tous deux prennent un Chivas and Coke, comme ils en ont l'habitude. Lorsque Patricia lui confirme qu'elle est enceinte, Jim détourne la conversation. Il lui parle du dramatique procès et de la menace d'emprisonnement qui met sa carrière en péril. Ils gagnent ensuite la chambre de Patricia où la conversation dégénère lorsque Jim entreprend de lui faire l'amour. La jeune femme lui jette le claddagh d'argent au visage, sans que le chanteur esquisse le moindre geste pour l'éviter. Jim ramasse l'objet et revient tranquillement passer la bague au doigt de Patricia. Il lui dit qu'ils sont trop bouleversés pour parler ce soir-là et qu'ils ne doivent pas prendre de décision sous l'emprise de la colère. Ils en reparleront le lendemain, journée où Jim sera moins sollicité. Mais le chanteur laisse Patricia dormir seule, avant de la fuir durant toute la journée du mardi, préférant se changer les idées avec Babe Hill.

Le mercredi, le procès reprend ses droits. Comme les amants ne peuvent se croiser qu'en public ou sous l'œil des caméras, Jim parvient discrètement à s'excuser, précisant qu'ils feront le point le soir même. Patricia assiste au procès dans le coin réservé aux journalistes. Parmi les témoins du jour, le photographe Jeff Simon a pris plus d'une centaine de clichés, placé juste devant la scène du Dinner Key Auditorium. Preuve à l'appui, il témoigne qu'aucune ne montre Jim exposant ses parties intimes. Par contre, une caissière de 17 ans et la nièce d'un policier, entre autres, se disent indignées d'avoir vu le pénis du leader des Doors. Elles se disent toutefois incapables de préciser s'il est circoncis, ce qui est le cas. Un autre crétin affirme que sa petite amie a été choquée en voyant le sexe du chanteur. Les photos les plus « osées » montrent simplement Morrison la main droite enfoncée dans son pantalon, au niveau de la braguette, ou simulant une fellation devant le manche de guitare de Robby Krieger.

Le soir venu, Jim retrouve Patricia et lui dit que si elle désire se faire avorter, il prendra les frais à sa charge, précisant qu'un enfant ne changerait pas vraiment sa vie, à lui, mais bouleverserait à jamais la sienne. Blessée, la jeune femme le menace de procès, mais Jim lui rétorque que ce serait inutile et qu'elle devrait de toute façon assumer la responsabilité d'un enfant pour le reste de sa vie. Patricia lui objecte qu'il ne fait sans doute que rapporter les propos de Max Fink, son avocat, pour lequel les femmes ne sont que de vulgaires poules intéressées. La seule chose qui importe à Patricia, c'est qu'il s'agit de *leur* enfant. Qu'elle n'en a jamais voulu jusque-là, et qu'il est le seul homme avec lequel elle accepterait d'en avoir un. Jim sait qu'il est incapable d'assumer une telle responsabilité, quelle que soit la mère, et que si Patricia décide de garder l'enfant, cela risquerait de détruire leur relation. Il lui répète qu'elle peut garder l'enfant, mais que ce serait juste le sien à elle, alors que, si elle avorte, il s'occupera de tout et viendra à New York pour la soutenir. Ensuite, ils partiront ensemble en voyage. Mais la conversation s'envenime à nouveau. Patricia hurle qu'elle a entendu parler de ses quatre paternités non reconnues. Après avoir encore menacé Jim d'un procès, sans trop de conviction, Patricia succombe et tous deux finissent par faire violemment l'amour. La jeune femme est tout à fait consciente que Jim s'est laissé aspirer dans une spirale infernale, et que cette histoire de grossesse survient au pire moment.

Le lendemain, avant de repartir, épuisée, pour New York en compagnie du journaliste Mike Gershman, Patricia assiste à une nouvelle journée du procès. Jim lui réitère ses propos de la veille, mais le jour de l'avortement venu, le vendredi 6 novembre, Patricia Kennealy se retrouvera très seule à New York. La nuit précédente, elle a vainement attendu un appel de Jim... Pendant ce temps, Pam est restée à Los Angeles, prétendument souffrante ou écartée du procès par Jim. Elle envisage de retrouver son amant français à Paris, lequel la maintient dans sa dépendance à l'héroïne.

Si Jim reste calme en apparence, il se montre extrêmement préoccupé par l'enjeu du procès. Sa parodie du « Mon cœur mis à nu » de Baudelaire en « Mon sexe mis à nu » pourrait suffire à le détruire. Devant se présenter bientôt à des élections locales, le juge Goodman a besoin de soigner son image. Pour défendre son client, Max Fink demande que le jury assiste à une représentation de la comédie musicale *Hair*, où la nudité apparaît pour la première fois sur scène, et à une projection du film *Woodstock*. Le but est de montrer que les Doors ne font que s'inscrire dans le contexte d'un mouvement de société alternatif. Les mœurs ont rapidement évolué durant cette décennie. La nudité n'est plus aussi taboue. Le vocabulaire s'est décomplexé et la liberté d'expression ne semble plus un vain mot. La théorie de Fink est que Jim Morrison ne fait que se comporter selon la littérature et les spectacles de son temps. Toutefois, à y regarder de près, la composition du jury n'est guère encourageante. Parmi les six jurés, on remarque un ancien militaire et un garde-côte reconverti en mécanicien, ainsi que deux ménagères. Si le jeune procureur Terrence McWilliams n'hésite pas à demander un exemplaire dédicacé du double album *live* à Morrison, il charge pourtant sans retenue le chanteur. Il reprend même de façon détaillée les jurons prononcés par Jim.

Entre deux audiences, Jim, en compagnie de Babe Hill et de Tony Funches, assiste à un concert de Creedence Clearwater Revival, le nouveau groupe phare. Il croise les musiciens, mais le courant ne passe pas entre eux. Le batteur Douglas Clifford ne voit visiblement que la face sombre du chanteur qu'il qualifie d'exécrable alcoolique traitant son entourage comme des chiens :

> Je l'ai vraiment trouvé repoussant. [...] Il buvait du Jack Daniel's et prenait des pilules rouges. Des antidépresseurs et du whiskey. [...] On se regardait les uns les autres, convaincus que ce type avait un réel problème. En fin de compte, ça l'a tué[16].

Le 14 août, Jim a le plaisir de monter sur scène dans une salle de l'hôtel Hump avec le groupe Canned Heat, qui connaît alors un succès planétaire avec l'imparable « On the Road Again ». De retour au procès, Jim entend le plaignant Robert Jennings affirmer que le chanteur des Doors s'est caressé sur scène, les mains dans son pantalon, avant d'exposer son sexe « entre cinq et huit secondes ». Mais Jennings travaille depuis trois ans pour le procureur de l'État, et sa mère est employée au tribunal, ce que ne manque pas de souligner Max Fink. Une jeune fille de 16 ans prétend même que le chanteur a baissé son pantalon jusqu'aux genoux pour exhiber son sexe une dizaine de secondes, mais là encore son témoignage est annulé lorsqu'on apprend qu'elle est entrée au concert... grâce à son beau-frère policier. Un ami de Jennings, assis juste à ses côtés, certifie quant à lui qu'il n'a rien vu de tel. Mais lorsque le juge refuse de prendre en compte le fait que la nudité est partie prenante de spectacles à l'affiche, ou qu'elle s'est banalisée depuis Woodstock, l'entourage de Jim comprend qu'il sera difficile d'éviter une condamnation. Le procès prend une tournure peu équitable, d'autant que Max Fink a décliné le marchandage du juge, assurant que, en contre partie d'un concert au parc Brandon (la recette étant reversée à la ligue antidrogue locale), il classerait l'affaire. Jim est toutefois autorisé à rentrer en Californie les 21 et 22 août, les Doors donnant deux concerts à Bakerfield et à San Diego. Le juge pouvant difficilement empêcher l'accusé de travailler, Jim s'envole le 28 août pour Londres, afin de rallier l'île de Wight grâce à un petit avion de tourisme. Il y retrouve ses musiciens pour participer au gigantesque festival qui regroupe les plus grands noms du rock, du folk et du jazz, de Jimi Hendrix à Miles Davis, en passant par Ten Years After, Jethro Tull, Joni Mitchell, Leonard Cohen ou Joan Baez. Plus de 500 000 jeunes ont convergé de toute l'Europe vers cette île située au large de la côte sud de l'Angleterre. Les Doors, qui ont regretté d'avoir décliné l'invitation à Woodstock, figurent parmi les principaux invités de cette ultime kermesse hippie.

Exténué par le voyage et le décalage horaire, exaspéré par les affres de son procès, contrarié de jouer en plein air, Jim n'a pratiquement pas dormi depuis deux jours. Dans la nuit du samedi 29 au dimanche 30 août, les Doors montent sur scène aux alentours de 2 heures du matin, précédés du groupe Emerson Lake & Palmer et suivis par les Who, venus interpréter en intégralité leur opéra-rock *Tommy*. Vent glacial, matériel et éclairage insuffisants, les Californiens se produisent durant à peine plus d'une heure, dans des conditions difficiles. Barbu et comme absent, Morrison reste figé devant son micro, les yeux clos, fumant et ne s'adressant jamais au public. Ni danse du chaman, ni provocation. Les Doors jouent sept titres, commençant par « Backdoor Man » et finissant par « The End ». Derrière l'estrade, Jim se console un moment en compagnie de Roger Daltrey. Le chanteur des Who vient au-devant de Jim pour partager avec lui deux bouteilles de Southern Comfort et du schnaps à la menthe autour d'un feu de joie. Mais la magie a disparu. L'atmosphère est morose pour les Doors, contraints de renoncer à leur seconde tournée européenne qui devait les mener en Suisse, au Danemark, en Allemagne, en Italie et en France. Le concert prévu à l'Olympia le lundi 14 septembre est annulé. Le procès de Miami n'autorise pas une si longue absence. Chacun ressent un certain désenchantement : « L'ère des festivals touchait à sa fin. La distance entre les musiciens et leur audience était devenue beaucoup trop grande[17]. » Cette fois, peu importent les enjeux, Jim est fermement décidé à ne plus jamais se produire dans un festival en plein air.

À Miami, le 2 septembre, la parole est à la défense. La lassitude semble générale, même si Max Fink et Robert Josefsberg déploient leur talent face à l'absurdité de la situation. Afin de contrer la plaidoirie du ministère public, Fink propose soixante témoins à décharge. Le juge Goodman ne lui en accorde que dix-sept. La parodie de procès suit son cours, nuisant considérablement aux Doors, notamment avec l'abandon de cette tournée européenne qui s'annonçait lucrative. Babe Hill parle quant à lui de chasse aux sorcières.

En fait, les raisons ne manquent pas pour miner le moral du chanteur. Jointe au téléphone, Pamela donne de sérieux signes d'inquiétude. Ses propos paraissent incohérents, à tel point que Jim songe à quitter Miami pour la rejoindre, ce que ses avocats lui interdisent fermement. Au contact du comte, Pamela semble toujours plus en danger sous l'effet de l'héroïne. Elle se trouve même à l'hôpital pour malnutrition et déshydratation, dépressive à la suite d'un différend avec Breteuil.

La tragédie se déploie inexorablement autour de Morrison. Le 3 septembre, Jim apprend le décès de son ami Al Wilson, du groupe Canned Heat. Overdose de gin et Seconal. Ce grand dépressif de 27 ans a été retrouvé mort sur son sac de couchage, dans une clairière isolée de Topanga Canyon. Selon John Lee Hooker lui-même, il était le plus grand joueur d'harmonica de tous les temps. Le coup est rude pour Jim. La mort rôde.

Le numéro de septembre de *Jazz & Pop* est mis en vente, avec la reproduction du poème de Morrison intitulé « The Anatomy of Rock ». Prise quelques semaines plus tôt au Palacio Nacional de Mexico, une photo de Jim figure en une de couverture. Toujours attiré par le Mexique et sa civilisation ancestrale, à nouveau invité par Mario Olmos, Morrison est photographié par Frank Lisciandro devant un célèbre *mural* de Juan O'Gorman. Durant ce séjour, Morrison est invité au palais présidentiel Los Pinos par le fils du président. Mais la soirée tourne à l'orgie. Alerté, le président fait expulser son fils et ses invités, qui ont visiblement forcé sur l'alcool et la marijuana. On retrouve également Jim Morrison au Quid, où Olmos présente à la presse deux groupes californiens, Kimberly et Tower of Power, avant que le groupe Love Army, de Tijuana, ne monte sur scène. Quand Jim les rejoint pour une intervention improvisée, il s'écroule sur la batterie et brise un micro, avant d'être applaudi pour avoir chanté « Rock Me » de Steppenwolf. L'écrivain espagnol antifranquiste Fernando Arrabal est présent parmi le public, lui aussi invité par Olmos.

La MGM suit toujours le projet d'adaptation de

The Adept, même si le scénario semble poser problème. Comme Jim et Bill Belasco se rapprochent du réalisateur Samuel Fuller, puis de Ted Flicker, la société éditrice accorde 35 000 dollars pour mener à terme le scénario. Et promet 50 000 dollars supplémentaires si le film voit le jour. En fait, cette avance va surtout servir à se procurer de la cocaïne.

Heureusement, plusieurs journées de détente sont prévues à Nassau, aux Bahamas, au sud-est de la Floride. Babe Hill, Frank et Kathy Lisciandro, ainsi que Max Fink, rejoignent Jim Morrison. Durant une semaine, Jim navigue, pêche au gros et s'initie avec bonheur à la plongée sous-marine. Il semble oublier ses ennuis et reprendre goût à la vie. Sur une photo de Frank, on voit Jim et Babe, hilares et détendus, assis torse nu et barbus, en maillot de bain, sur le pont d'un bateau. Ils tendent à bout de bras de superbes poissons. Babe Hill, le plus proche ami de Jim durant les derniers mois passés à Los Angeles, dresse le portrait d'un Jim Morrison méconnu, drôle et joyeux avec les intimes :

> Il avait le sens de l'humour, un formidable sens de l'humour. Il aimait rigoler, et il riait tout le temps. Quand il arrivait un truc drôle au bureau, il transformait le tout en farce énorme. Je dirais qu'il avait une personnalité exubérante. Le type n'était pas morose[18].

De retour à Miami le samedi 12 septembre, Jim a le bonheur d'assister parmi 12 000 spectateurs à un concert d'Elvis Presley au Convention Hall. Pour sa première tournée des seventies naissantes, le King a fait appel à Jerry Scheff comme bassiste. Huit concerts en cinq jours, dont deux à Miami, à 15 et 20 heures. Pour Jim, Elvis est celui qui, par sa voix d'exception et son charisme, l'a introduit dans la liberté électrique. Presley chante dans un costume blanc, avec franges et perles multicolores sur le torse, et une large ceinture bleue en macramé.

Les 16 et 17 septembre, les Bahamas semblent soudain très loin. Jim est de retour à Miami, appelé à la barre. Pour l'occasion, il endosse le rôle du gentleman courtois du Sud, répondant posément aux questions. En fait, Jim est déçu par ses comparses des Doors dont il trouve le soutien plus que mollasson. Comme si tous trois se réjouissaient intérieurement des ennuis que le chanteur s'est attirés. Après s'être encore débattu trois heures durant pour contrecarrer les éléments de preuves contenus dans le dossier du procureur, Max Fink s'en remet à la cour. Le juge Goodman fait alors ouvertement pression sur le jury, poussant ses membres à déclarer l'accusé coupable.

Alors que Jim se rend au tribunal le samedi 19, pour une ultime audience avant délibération finale, il apprend la mort de Jimi Hendrix survenue la veille, à Londres. Le magicien qui mettait le feu aux guitares disparaît lui aussi à l'âge de 27 ans. Sujet au fatalisme, Morrison se demande s'il faut croire aux présages.

Les membres du jury commencent à délibérer vers 21 heures. Avant minuit, ils rendent leurs conclusions sur trois chefs d'accusation : Jim Morrison est reconnu innocent d'état d'ivresse publique et de conduite indécente (le jury étant divisé sur ce point), mais reconnu coupable d'injures publiques. Le juge décide alors de cloîtrer les jurés dans un hôtel afin qu'ils délibèrent à nouveau le dimanche matin. Et là, revirement, Jim est déclaré coupable : il a bien utilisé un langage obscène en public et s'est livré à une exhibition indécente. La sentence est attendue pour fin octobre. Il est question de huit mois de prison ferme. S'agissant de délits, la caution de remise en liberté passe de 5 000 à 50 000 dollars. Une somme exorbitante que Max Fink a pourtant prévu de régler, préparant à l'avance plusieurs chèques certifiés. Jim Morrison déclare alors aux journalistes présents que ce procès et son issue ne changeront rien à sa façon d'agir. Il maintient qu'il n'a rien fait de répréhensible.

Rentrant en voiture à Los Angeles avec Babe Hill, Jim ressent le besoin de visiter les endroits où il a habité dans son adolescence, notamment chez ses grands-parents à Clearwater, et du côté de la fac de Tallahassee. Et c'est le retour par La Nouvelle-Orléans, puis par le Tennessee où les deux amis se font arrêter pour excès de vitesse.

L'année 1970 est décidément celle des mauvaises nouvelles et des prémonitions... Le 4 octobre à 1 h 40 du matin, Janis Joplin décède à son tour d'une overdose d'héroïne, dans sa chambre du Landmark Hotel, à Hollywood. Elle était sur le point d'achever l'enregistrement de son album *Pearl*. Cette disparition contribue à plonger Morrison dans une profonde dépression, d'autant que Pamela est partie rejoindre Jean de Breteuil à Paris. En situation irrégulière et impliqué dans la mort de Janis Joplin, l'aristocrate a dû fuir les États-Unis. Le temps de l'insouciance est loin, Jim est persuadé d'être le prochain sur la liste. En moins d'un mois, il a appris la mort brutale de ses amis Jimi Hendrix et Janis Joplin. Un soir, au Barney's Beanery, il dit à qui veut l'entendre : « Vous êtes en train de boire avec le numéro trois[19]. » Brian Jones, Al Wilson, Jimi Hendrix, et maintenant Janis Joplin... La liste s'allonge. C'est l'hécatombe dans le milieu du rock, mais aussi parmi les proches du chanteur. Felix Venable, le pote de l'UCLA, succombe à la fois aux amphétamines et à un cancer de l'estomac. En 1991, le magazine *Mondo 2000* prétendra avoir eu accès à un dossier médical de Jim Morrison datant de fin 1970. L'auteur du poème « Lament For My Cock » (« Complainte pour ma queue » : « Enflammée et crucifiée / [...] Train lent, la mort de ma queue donne vie / [...] Cellules perdues / La connaissance du cancer ») aurait été traité pour diverses maladies sexuellement transmissibles, dont une gonorrhée. Une biopsie aurait révélé un adénome de l'urètre pénien, souvent conséquence de gonorrhées répétées. Le journal évoque même la possibilité d'un cancer du pénis ou des testicules. Dans l'un de ses poèmes parisiens, Jim écrira ces vers troublants : « Le cancer s'est déclaré avec le cruel / coup de couteau et la verge / endommagée s'est redressée / à l'Est / comme une étoile / en feu. »

La veille de la disparition de Janis, le *Los Angeles Image* a publié la série de poèmes intitulée « Dry Water ». En proie à une sorte de paranoïa, le poète y parle d'homme-appât, de cimetière et de pierre tombale, du nœud coulant du bourreau : « La nuit est une machine d'acier / qui fait grincer son lourd rouage rouillé / Le cerveau est rempli d'horloges & de trépans / & d'écoulements d'eau [...] Shhhhhhhhhhhhh / le léger froissement des vêtements de deuil. »

C'est dans cet état d'esprit que Jim Morrison est de retour à Miami, le 30 octobre, pour entendre le verdict du juge Goodman. Une décision très dure. Reconnu coupable d'outrage aux bonnes mœurs, le chanteur est condamné à soixante jours de travaux forcés, à effectuer au pénitencier du comté de Dade. Il est également condamné à six mois d'emprisonnement à Raiford, auxquels s'ajoutent deux années et quatre mois de probation pour exhibitionnisme. Enfin, il doit s'acquitter d'une amende de 500 dollars. Au moment du verdict, Jim baisse le livre qu'il lisait — une biographie de Jack London, par Irving Stone. Pour parer la catastrophe, Max Fink fait aussitôt appel. Moyennant la bagatelle de 50 000 dollars, le chanteur reste en liberté. Mais il est dépité, harassé, abattu. Il doit désormais vivre sous une menace aussi concrète que permanente. Le juge qui vient de le condamner sera toutefois lui-même amené à comparaître devant la justice, des années plus tard, pour une affaire de corruption...

Seul et désabusé, Jim écume les bars de Los Angeles en compagnie de Babe Hill et de divers fêtards, pleurant, entre autres, la mort de Janis Joplin. Un soir, au dixième étage du Continental Hyatt, un hôtel où descendent les stars montantes du rock comme Led Zeppelin, sous l'effet conjugué de l'alcool et de la cocaïne, Jim se suspend dans le vide au balcon de la chambre de Babe Hill. Trente mètres plus bas, un attroupement se forme sur le trottoir. Lorsque la police investit la chambre, Babe est parvenu à faire rentrer Jim dans la pièce et à camoufler la cocaïne. Et c'est lui qui se fait arrêter. L'incident est clos, mais la direction de l'hôtel somme Morrison de quitter les lieux pour ne plus jamais revenir. Le chanteur se réfugie alors au Chateau Marmont où il retrouve notamment le chanteur héroïnomane Tim Hardin.

Interviewé par Salli Stevenson pour le magazine *Circus* le 14 octobre, l'article paraissant en deux parties fin 1970 et début 1971, Jim avoue au sujet du concert maudit de Miami : « J'en avais plus qu'assez de l'image que l'on avait créée à mon sujet, et que j'entretenais, parfois consciemment, la plupart du temps inconsciemment. C'était trop à supporter, alors j'ai préféré y mettre fin d'un coup, majestueusement, en une seule soirée. » Il reconnaît au passage avoir vraiment connu du bon temps durant ces quatre dernières années qui, pour lui, semblent s'apparenter « à vingt ans de vie ordinaire », et ajoute : « Je me vois comme un être humain sensible et intelligent, affublé de l'âme d'un clown qui me force à tout gâcher aux moments les plus importants[20]. »

Le 1er novembre, Elektra sort précipitamment le tout premier *best of* des Doors. Sobrement intitulé *13* (la lettre M, celle de Morrison, est la treizième de l'alphabet, et le disque réunit treize morceaux), ce disque restera l'unique compilation publiée du vivant de Jim Morrison. Comme le groupe ne s'est plus produit sur scène depuis deux mois et que les nuages judiciaires s'accumulent, le label entend profiter au mieux de la période des fêtes. Sur le montage recto de la pochette, le chanteur est encore une fois mis en avant par rapport aux musiciens. Pour Bob Heimall, alors directeur artistique chez Elektra, le groupe est avant tout considéré comme le « Jim Morrison Band ». Ainsi le portrait du chanteur occupe-t-il les trois quarts de l'espace, dans une image plutôt angélique sur fond de ciel éthéré, tandis que les trois autres Doors apparaissent simplement dans la partie basse. Au verso, Jim, féru d'occultisme, tient devant lui une statuette représentant le sulfureux mage sataniste Aleister Crowley (1875-1947). Engagé dans une voie ésotérique fondée sur une « magie sexuelle » sans tabou, ce peintre, poète, magicien et agent secret est aussi le fondateur de *covents* sataniques. Accusé d'avoir inventé les messages subliminaux dans la musique, Crowley aura également une influence sur des artistes comme David Bowie, Marc Bolan, Jimmy Page (qui ira jusqu'à racheter son manoir) et Jimi Hendrix.

Cette compilation des Doors est révélatrice de la désunion du groupe. Chaque morceau est crédité à son réel auteur, alors que les titres avaient jusque-là été signés collectivement. Le disque débute par la version longue de « Light My Fire » et s'achève sur « The Unknown Soldier », oubliant ironiquement le manifeste du groupe, « Break on Through (To the Other Side) ». Il atteindra la vingt-cinquième place du *Billboard* début janvier 1971, restant classé vingt et une semaines.

Il reste cependant un sixième album studio dû à Elektra. Ainsi, début décembre, le groupe entame-t-il des répétitions au Village Recorders de Los Angeles, en prévision d'un disque programmé pour

1971. Jim a déjà écrit la plupart des paroles. Certaines remontent à la fertile période de Venice Beach, tandis que l'on retrouve le lancinant « L'America », achevé depuis des mois et destiné à Antonioni pour son film *Zabriskie Point*. Jim a par ailleurs insisté pour reprendre le « Crawling King Snake » de John Lee Hooker, aux paroles sexuellement explicites. Cette histoire de Roi Serpent le séduit au plus haut point, mais les paroles provoqueront l'ire des franges féministes les plus radicales, puisqu'il y est question d'une femme qui doit s'avancer à quatre pattes pour venir ramper sur son homme. Les compositions récentes sont d'une grande force autobiographique, comme « The Changeling » et ses paroles prémonitoires : (« Je vis ici et je vis là, / Je vis partout dans la ville / [...] Je suis interchangeable, regardez-moi changer / Je quitte la ville par le train de minuit »). Le terme « changer » étant répété pas moins de sept fois au final.

Tout aussi autobiographique est « L.A. Woman », ode ultime à une Los Angeles personnifiée sous les traits d'une femme multiple et mythique, mais inspirée d'une stripteaseuse du Phone Booth. Cette vibrante mélopée est adressée aux femmes aimées, à toutes celles qui ont lié leur destin à celui du poète et chanteur, ne serait-ce qu'une nuit. Femmes et ville de lumière se confondent, chevelure en feu, collines en flammes : « S'ils disent que je ne t'ai jamais aimée, tu sauras qu'ils mentent. »

Le morceau fait par ailleurs référence aux écrits de John Fante et au roman de John Rechy *City of Night*, paru en 1963, qui a marqué Jim Morrison encore étudiant. Cette chanson est à ce point autobiographique que le chanteur s'y dissimule derrière l'anagramme de son propre nom, « Mr. Mojo Risin' », assumant ainsi son dédoublement de personnalité (« Invoquez Mister Mojo »), et aussi une certaine schizophrénie. Le terme d'argot afro-américain *mojo* sert avant tout à désigner le sexe masculin ou la puissance sexuelle. Jim Morrison précise aussi que c'est le surnom qu'il utiliserait pour appeler le bureau des Doors au cas où il plaquerait tout pour se retirer incognito en Afrique. Cette boutade alimentera bien des fantasmes après la mort du chanteur, quelques fans ultra, tels des vampires amoureux, refusant d'admettre la disparition de leur idole. Certains, rares heureusement, sont ainsi toujours persuadés que Jim vit retiré dans quelque recoin du globe. Les légendes sont multiples à ce propos, d'autant que Morrison, dès 1967, avait plusieurs fois fait circuler la rumeur de sa propre mort, par amusement et provocation. On l'aurait ainsi aperçu un peu partout à travers le monde au fil des décennies…

L'autre composition majeure (et ultime chanson enregistrée par Jim Morrison avec les Doors) s'intitule « Riders on the Storm ». Morrison personnalise ainsi son poème : « Dans ce monde où nous sommes jetés / comme un chien sans son os / un acteur sans contrat. Cavaliers de l'orage. » Sur cet album testamentaire, on sent Jim Morrison en osmose avec cette ville, la glorifiant et la rejetant à la fois pour ses pièges et ses hérésies. Il fait notamment référence au poème « Praise for an Urn » (« Cantique pour une urne funéraire ») de Hart Crane (1899-1932), poète ayant inspiré les Beats. Ce texte est dédié à Ernest Nelson : « *His Thoughts, delivered to me / From the white coverlet and pillow, / I see now, were inheritances — / Delicate riders of the storm* » (« Ses pensées, qu'il m'a confiées / Sur le couvre-lit blanc et l'oreiller, / Je le comprends ici, lui venaient — / Des fragiles cavaliers de l'orage »), où l'on trouve l'expression « riders on the storm ».

Dans la version Hart Crane *(of the storm)*, les cavaliers sont les mots qui bouleversent l'esprit ; dans la version Jim Morrison *(on the storm)*, les cavaliers sont plutôt les poètes eux-mêmes emportés dans la tourmente de la vie. Plus trivial et sans doute oublieux des intentions réelles de Morrison, Densmore croit se souvenir que le titre vient de « Ghost Riders in the Sky », une chanson vaguement country due à Vaughn Monroe & the Moon Men, reprise par Johnny Cash.

Avec « The Wasp (Texas Radio and the Big Beat) », Jim se remémore Wolfman Jack et les radios de la frontière texane qui l'ont tant marqué durant son adolescence. Le morceau évoque la perte de Dieu, la nuit sans espoir, l'errance du rêve occidental et les pyramides en l'honneur de la fuite (à Paris et non en Égypte). Sur « Been Down So Long », adaptée d'une chanson de 1928 du bluesman Furry Lewis, il fait référence à une autre lecture, *Been Down So Long (It Looks Like Up to Me)*, le roman de Richard Fariña, beau-frère de Joan Baez, décédé quatre ans plus tôt. Avec « Cars Hiss By My Window », inspirée par Jimmy Reed, Jim chante ce qui s'apparente à une étrange prémonition mortifère (« Une fille impassible te tuera / dans les ténèbres d'une chambre »), terminant le morceau en improvisant vocalement une guitare avec effet pédale wah-wah. Enfin, dans « Hyacinth House », chanson faisant référence à Oscar Wilde, Morrison semble encore ébloui par le flash prémonitoire de sa propre mort lorsque, de façon troublante, il évoque une salle de bains : « Je vois que la salle de bains est lumineuse, / Je pense que quelqu'un approche, / Je suis persuadé qu'on me suit. »

Toutefois, courant 1970, les liens se sont distendus avec Paul Rothchild. Jusque-là, à l'exception de l'album *The Soft Parade*, il s'agissait avant tout d'un travail d'équipe à six, avec les quatre Doors et Bruce Botnick. Le souci maniaque de la perfection défendu par son producteur a usé le groupe et en partie gommé la spontanéité triomphante des débuts. Pour certains morceaux, il a exigé des dizaines de prises. Mais surtout, Rothchild a récemment quitté le label Elektra pour devenir producteur indépendant. Il a, par conséquent, la tête ailleurs, déjà parti vers de nouvelles aventures. Ainsi, sincère ou non, vengeur ou vexé, désillusionné suite à la mort de Janis Joplin, Rothchild décrète que les chansons sont mauvaises :

> C'est normal, on avait très mal joué. On s'était retrouvés au studio de répétition des Doors pour lui jouer les nouveaux morceaux avant de les enregistrer. Mais on jouait mal, sans énergie, sans enthousiasme, on était ennuyeux à mourir[21].

Pourtant, l'album en gestation sera finalement considéré comme l'un des meilleurs des Doors, sinon le meilleur, et deviendra un classique. En aparté, Paul dit à Bruce Botnick, en quittant son poste : « As-tu déjà vu quelqu'un passer à côté d'un quart de million de dollars ? Eh bien, regarde, voilà… » Il annonce aux musiciens et au chanteur qu'il s'ennuie et se sent découragé par les tensions « phénoménales » qui minent le groupe. Faisant preuve d'une belle mauvaise foi, il affirme que « Riders on the Storm » n'est qu'un « cocktail jazz[22] ». Bref, le cœur n'y est plus et Rothchild ne se sent plus nécessaire. Il a d'autres projets, notamment avec Janis Joplin dont il vient de produire l'ultime album, finalement posthume lors de sa parution fin janvier 1971. Un condensé d'énergie dans lequel il s'est totalement investi. Paul est dévasté, démotivé par la disparition de Janis. S'adressant à Jim, il lui lance :

> C'est *ton* disque. Celui que tu voulais, et vous devez le faire ensemble. Pourquoi ne le produisez-vous pas vous-mêmes ? Quant à moi, je me tire[23]…

Le groupe reste choqué par la dérobade de son producteur fétiche. Son aventure discographique est étroitement mêlée au nom de Paul Rothchild… mais aussi à celui de son assistant, Bruce Botnick. Et c'est tout naturellement que les musiciens se rapprochent de leur ingénieur du son pour coproduire un disque où le miracle va avoir lieu :

> Je vais vous produire, les gars. Nous pouvons coproduire ensemble. Nous pouvons louer l'équipement mobile de Wally Heider et enregistrer dans votre salle de répétition, où vous serez vraiment à l'aise. Un peu comme autrefois[24].

Rassérénés, les Doors retrouvent leur son d'origine, mais avec une vigueur renouvelée, décuplée par l'expérience. Avec cet album où Jim semble en rémission alcoolique, même s'il lui arrive de boire jusqu'à trente-six cannettes de bière mexicaine dans la journée (Babe Hill se chargeant de l'approvisionnement), nous assistons à un retour aux racines, au blues. Ce que résume ainsi John Densmore :

> Nous avons débuté dans un garage à Venice, Californie, et nous avons fini dans un hangar de répétition — réalisant *L.A. Woman*, spontanément, avec conviction[25].

Huit titres sur dix sont écrits par Jim, avec comme thématique le départ, l'adieu magistral à une ville qui l'a fait star, à une existence qui l'a transcendé mais où il ne se reconnaît plus. Avec la menace carcérale, une profonde confusion des sentiments se fait jour entre image publique fallacieuse et image privée floutée. Dans le poème « The Horror of Business », Morrison avoue également que son plus grand souhait consiste désormais à se débarrasser des managers et des agents. « Après 4 ans je me trouve avec / L'esprit comme un marteau flasque. » Il ne lui reste plus qu'à conclure par un émouvant au revoir. « Amérique Adieu / Je t'aimais. »

Un au revoir à Los Angeles surtout… Jim décrira d'ailleurs l'album, dans un texte manuscrit confié à Dave Marsh pour le magazine *Creem*, comme étant sa propre vision de Los Angeles en tant que microcosme de l'Amérique. Mais serait-il trop tard, alors que Morrison est affligé de graves quintes de toux, suite à sa pneumonie contractée au printemps ?

À la suggestion de son chanteur et de Bruce Botnick, et en accord avec Jac Holzman, le groupe décide d'enregistrer en totale autarcie et à l'instinct dans sa propre salle de répétition, le Doors Workshop dont on calfeutre les fenêtres et isole les murs avec matelas et couvertures. Bruce Botnick sait que le secret de la réussite passe par cette prise de risque :

> Beaucoup d'artistes détestent le studio, car cet environnement n'est pas naturel. Ils préfèrent se sentir chez eux, et c'est la raison pour laquelle beaucoup d'entre eux, aujourd'hui, se font construire leur studio dans leur propre maison. J'ai donc installé du matériel d'enregistrement dans le local des Doors. Trois jours plus tard, on était en train d'enregistrer. Six jours après, l'album était en boîte. Six jours, exactement comme pour le premier disque[26].

Bruce Botnick se charge de transformer les lieux en studio provisoire où les musiciens sont contraints de jouer en cercle, vu l'exiguïté de la pièce. La console huit-pistes à lampes (celle-là même qui a servi à enregistrer *People Are Strange*) est installée à l'étage, sur le bureau de Bill Siddons qui, invisible, communique avec les musiciens à l'aide d'un interphone. Le système du retour passe par un haut-parleur fixé au plafond. Si l'influence de Botnick est prépondérante — c'est lui qui initie le dédoublement de voix de Jim sur « Riders on the Storm » —, il contribue surtout à redonner une atmosphère apaisée aux enregistrements.

Toujours sur une suggestion de Bruce Botnick, le groupe fait appel à l'excellent Jerry Scheff, accompagnateur d'Elvis Presley au sein du TCB Band, pour tenir la basse. Unanimité des musiciens et de Jim : si ce type est suffisamment bon pour Elvis, il le sera forcément pour les Doors ! On invite également le guitariste rythmique texan Marc Benno, complice de Leon Russell, Eric Clapton ou Rita Coolidge, qui déclare :

> Morrison était un type sympa, en pleine bourlingue. Mais durant les sessions, il avait l'air d'un gorille à l'état sauvage. La plupart du temps, il avait son micro à la main, et de l'autre, il tenait un gros calepin rempli de chansons[27].

Benno dîne plusieurs fois avec Morrison, partageant ses plats favoris du moment, de la venaison faisandée, ainsi que du castor. Irréprochable durant cette période de travail intense, Jim propose même de donner un dollar à chacun en cas de retard. Motivé comme jamais face à son micro Electro-voice 676-G, il retrouve l'enthousiasme et pousse la production vers le blues plutôt que vers le rock. Le groupe se resserre pour redonner vie et cohésion au *garage band* des débuts, avec la spontanéité comme moteur. Les musiciens jouent parfois en même temps, *live*, dans la même pièce, Jim chantant soit avec eux, soit à l'écart dans les toilettes, sur son « trône ». Une ardoise est posée contre un mur où quelqu'un (l'écriture n'est pas celle de Morrison, même si Manzarek prétend le contraire) a tracé à la craie les mots A CLEAN SLATE (une ardoise propre, nettoyée) : on passe l'éponge, on remet les compteurs à zéro. Clarification. Liberté retrouvée. Tout est possible. En fait, c'est l'ardoise magique, d'autant que plus personne ne se souvient de la paternité de ces mots. Jim se sent chez lui, dans sa coquille, avec ses meubles, son flipper, ses habitudes. Libéré pour quelques jours de son anxiété, il limite sa consommation d'alcool. Accordant un entretien à *Village Voice*, il s'explique au sujet de son poids :

> Pourquoi serait-il si pénible de grossir ? Je me sens bien quand je forcis. Je me sens comme un tank. Je me sens comme un opulent mammifère, une grosse bête. Quand j'emprunte des couloirs ou traverse une pelouse, je me sens juste capable d'éjecter quiconque se met en travers de mon chemin. C'est terrible d'être svelte et fluet — on peut être emporté par la force du vent. *Fat is beautiful*[28].

Son surnom, Jimbo, utilisé par Manzarek pour spécifier la face sombre de sa personnalité, est le même que celui de James Dean dans *La Fureur de vivre* :

> Cette créature n'était pas le poète inspiré que je connaissais et aimais. Jimbo avait une tout autre personnalité, celle d'un homme cruel et désespéré. Un homme fruste et grossier. [...] Jimbo était le monstre de Frankenstein de Felix, le golem destructeur. Et il était le frère siamois de Jim. Un homoncule maléfique obtenu par distillation de Jim Morrison dans de l'alcool de grains[29].

John Densmore regrettera bien plus tard que l'entourage du chanteur n'ait pas compris ou voulu voir qu'il s'agissait là d'une maladie.

Tandis que Pamela est en Europe début novembre, et que Patricia se morfond à New York, Jim fréquente Ingrid Thompson, une blonde scandinave. Les amants se voient surtout chez elle, et parfois au Chateau Marmont, en l'absence de son mari en voyage d'affaires au Portugal. Mais l'aventure n'est pas sans risques, comme le reconnaîtra Ingrid, évoquant leur consommation de cocaïne… Depuis le début de l'année, sur les traces de Michael McClure, Steve Stills et Paul Rothchild, Jim s'est habitué à cette drogue.

Fin novembre et début décembre, au Chateau Marmont, Jim travaille assidûment auprès des scénaristes Larry Marcus et Syrus Mottel. L'idée de scénario contribuera à étayer la légende entourant la mort du chanteur. Marcus et Morrison imaginent en effet un monteur de cinéma de Los Angeles qui décide de tout quitter pour disparaître au Mexique et rejoindre le néant absolu. Cette idée de disparition sociale imprègne Jim depuis longtemps, excédé par la surreprésentation de sa propre icône. Il imagine une mort déguisée afin de jouir d'un anonymat salvateur. Max Fink se charge de ficeler le contrat de 25 000 dollars en faveur de Morrison, en tant que coproducteur, coscénariste et acteur.

Pour fêter son vingt-septième anniversaire, le 8 décembre, Jim décide de s'offrir une session de lecture de ses poèmes en studio. Il obtient l'aval de Jac Holzman pour la publication d'un album solo de poésie chez Elektra. Le subtil éditeur sait qu'il tient là une sorte de garantie sur l'avenir. Morrison ne pourra que lui être reconnaissant, ce qui s'avérerait précieux en cas de renégociation de contrat avec les Doors, ou pour obtenir un album solo de Jim entouré d'autres musiciens…

Morrison est donc autorisé à enregistrer aux studios Village Recorders, proches de son bar-restaurant mexicain favori, le Lucky U. Construit par les francs-maçons dans les années 1920, le bâtiment accueille également le centre de méditation transcendantale du Maharishi Mahesh Yogi. Barbu, portant un sweat-shirt arborant un large numéro 66, Jim s'enferme en compagnie de Frank et Kathy Lisciandro, d'Alain Ronay, de la jeune journaliste autrichienne Florentine Pabst et de l'ingénieur du son John Haeny. Durant quatre heures, Jim récite ou fredonne une quarantaine de poèmes inédits dont le poignant « Bird of Prey » (« Oiseau de proie, oiseau de proie / volant haut, si haut dans le ciel / suis-je près de mourir ? ») et le fondamental « Indians Scattered on Dawn's Highway », où il raconte son grand traumatisme d'enfance. Ceci tout en buvant une bouteille de whisky irlandais Bushmills qu'il a reçue en cadeau d'anniversaire.

Morrison est en intimité avec ses mots, comme délivré de cette musique qui a fini par dominer sa passion première, la poésie. Plus personnels et complexes que ses chansons, ces poèmes lui tiennent particulièrement à cœur. Ils seront tantôt déclamés, tantôt chantonnés, Jim pianotant parfois sur un clavier ou agitant un tambourin. Fidèle à lui-même, il confirme sa déclaration d'intention : « Je suis un homme de mots. »

En 1976, Haeny, qui possédait toujours les enregistrements originaux dans des cartons, suggérera aux trois Doors survivants de venir écouter les bandes. Émus et surpris par la qualité de l'enregistrement sur un quatre-pistes, les musiciens décident de réaliser un album où ils juxtaposent des parties musicales sur les textes de leur chanteur.

Intitulé *An American Prayer*, cet album paraîtra finalement en 1978. On critiquera assez injustement les musiciens pour cette initiative de « surcharge musicale », alors qu'ils ont parfois écarté les tentatives purement poétiques de Morrison lors des enregistrements officiels des Doors.

Jim Morrison propose de tester sur scène quelques morceaux de l'album encore inédit. Le vendredi 11 décembre, les Doors sont en concert à Dallas. Régénéré par l'enregistrement de ses poèmes trois jours plus tôt, Jim accomplit une remarquable performance au State Fair Music Hall, devant 7 000 personnes. Les Doors s'y montrent au meilleur de leur forme, en osmose avec leur chanteur, notamment en testant sur scène « Riders on the Storm » et « L.A. Woman ».
Mais le lendemain soir, samedi 12 décembre, le concert donné à la Warehouse de La Nouvelle-Orléans tourne au fiasco. À tel point que Ray Manzarek prétend que, ce soir-là, il a clairement *vu* et *senti* l'esprit de Jim abandonner son corps. Le chanteur reste prostré de longues minutes, sans énergie, définitivement vidé, l'intensité de sa voix jadis caverneuse baissant jusqu'à s'éteindre. Morrison bafouille, oublie certaines paroles, se cramponne désespérément au micro. Sentant l'imminence du désastre, le groupe s'interrompt au beau milieu de « Light My Fire ». Après s'être finalement redressé, furieux, le chanteur martèle la scène avec le pied du micro, comme pour défoncer de rage le plancher. Le groupe improvise pour faire diversion, tandis que Jim s'effondre pitoyablement sur la batterie de John

Densmore. Ainsi s'achève le dernier concert des Doors avec Jim Morrison. Suite à ce désastre, le groupe prend la décision de se consacrer exclusivement aux enregistrements en studio. John Densmore résume le sentiment commun : « Trois porteurs de cercueil, debout sous la pluie, qui viennent tout simplement d'enterrer leur vie de scène[30]. »

Courant décembre, Michael McClure décide de cesser de boire. Il écrit à Jim pour le pousser à faire de même. Une lettre restée sans réponse. C'est l'époque où le chanteur, désormais légèrement voûté, répète à plusieurs reprises qu'il se sent vingt ans plus vieux que son âge. Ce qui ne l'empêche pas de se montrer facétieux à l'occasion. Ainsi semble-t-il accepter de laisser un message enregistré pour la fondation antidrogue Do It Now. Un message destiné à être diffusé sur les ondes. Frank Zappa, Alice Cooper et d'autres viennent de le faire. Après une dizaine de prises où il invente des slogans impossibles à diffuser, Jim rend totalement fou l'envoyé de la fondation. La seule réponse à peu près admissible aurait été celle-ci : « Se shooter au speed n'est pas assez classe. Se shooter au speed tue les oies. Quand on shoote une oie au speed, cette oie se met à nager en rond pour l'éternité[31]. » Toutes les autres réponses utilisent un vocabulaire qui les censure d'office, ou ne sont que des encouragements déguisés à boire de l'alcool, à fumer de l'herbe ou à prendre toute autre drogue que de la méthédrine.

Deux semaines avant Noël, Patricia Kennealy accepte un voyage de presse à San Francisco. La fête hippie vit ses derniers feux, à tel point que Bill Graham décide de fermer ses deux Fillmore, à San Francisco et à New York. Il n'aspire plus qu'à organiser des concerts ou des événements caritatifs, comme il le fera en 1985 avec le Live Aid. Le groupe Creedence Clearwater Revival fait venir à grands frais une quarantaine de journalistes new-yorkais et les loge somptueusement au Claremont, sur les hauteurs de Berkeley. Pour un simple show privé ? Non, Patricia est là avec Los Angeles en point de mire...

Jim apprend alors que Pamela est de retour en Californie, contrainte de reconnaître que son expédition européenne ne s'est pas passée au mieux. Très amaigrie, elle prend de fortes doses d'héroïne. Momentanément brouillée avec Jean de Breteuil, parvenu à s'incruster dans la sphère des Rolling Stones, elle espère toujours voir Jim quitter les Doors... et surtout les États-Unis.

L'échiquier sentimental se complique lorsque Patricia Kennealy profite de son voyage sur la côte Ouest pour faire un crochet par Los Angeles où elle est accueillie chez Diane Gardiner... voisine de Pamela ! Patricia arrive le lendemain au bureau des Doors où elle laisse un message planté au couteau sur le bureau de Jim : « Je suis en ville. Appelle-moi ! Patricia. »

Avant la fatale rencontre, Diane Gardiner, plutôt retorse, propose à Patricia Kennealy de visiter Themis, la *fashion shop* de Pam... en l'absence de celle-ci, bien entendu. Et le jour de Noël, les deux femmes s'affrontent. Patricia monte chez Pamela et toutes deux s'expliquent pendant plus de deux heures, fumant et buvant. Patricia révèle son avortement à Pamela qui lui rétorque, non sans ironie, qu'une grande preuve d'amour envers Jim aurait été de garder l'enfant. Mais Patricia répond que c'est précisément parce qu'elle aimait Jim *et* l'enfant qu'elle a décidé d'avorter.

Lorsque Jim survient à l'improviste, la scène tourne au vaudeville et un étrange ballet se met en place entre les deux appartements. Diane joue le rôle de la conciliatrice, raccompagnant Pamela chez elle et l'assommant avec du nitrate d'amyle. Jim et Patricia se retrouvent seuls. Accablée, la New-Yorkaise lui assène l'évidence, à savoir qu'elle a terriblement souffert de son absence lors de l'avortement. Et qu'on lui a même fait signer un certificat de *décès* pour *leur* enfant. Elle lui rappelle qu'il avait *promis* de venir. Jim balbutie qu'il a annulé une douzaine de fois des réservations de vol pour New York et qu'il n'a jamais pu se décider à la rejoindre. Il ne s'est pas senti suffisamment fort pour ça, ni assez responsable, et prétend avoir été sincère en affirmant qu'il viendrait la soutenir. Il s'excuse pour sa lâcheté et tous deux finissent en larmes dans les bras l'un de l'autre, avant de vider plusieurs bouteilles de vin. Ivres, ils s'endorment sur des coussins, blottis sous un couvre-lit, dans l'appartement de Diane, incapables de rejoindre le Chateau Marmont.

Le lendemain, Patricia regagne New York, raccompagnée à l'aéroport par Jim. Tous deux vont communiquer quelque temps par téléphone, mais Jim est vite accaparé par l'enregistrement de son dernier album. Approchée par le label RCA, Patricia songe sérieusement à quitter *Jazz & Pop*. Puis la vie reprend son cours, voilée d'amertume. Jim et Pamela finissent par vivre à nouveau ensemble dans l'appartement de Norton Avenue. Une connivence retrouvée leur fait même partager un nouveau rêve : quitter les États-Unis pour se réfugier en Europe. Loin de toute cette folie. À Paris.

L'avenir est incertain et la fin toujours proche (1971)

> *Il faut une bonne raison pour empêcher quelqu'un de se détruire*[1].
>
> NICO

> *Vivre vite, mourir jeune et faire un beau cadavre, voilà l'idéal d'une vie réussie*[2].
>
> JAMES DEAN

Le marché de dupes entre Pamela et Jim repose sur la culpabilité. La junkie ne peut empêcher l'alcoolique de boire, et la réciproque se vérifie. Au lieu de se sauver l'un l'autre, ils vont « respecter » leurs addictions, lentement se regarder décliner et glisser vers l'irrémédiable : « Quand on s'est rencontrés, c'était encore une gamine. Je me sens responsable d'elle parce qu'elle n'a jamais grandi[3]. » Leur relation tumultueuse reste fondée sur ce lien d'aliénation réciproque, même si Jim se sent garant de Pamela, la sachant à fois vulnérable, dépendante, immature, éloignée des réalités quotidiennes.

Jim demande à Max Fink de négocier auprès d'Elektra l'édition du disque de poèmes pour lequel Jac Holzman a donné son accord oral. Particulièrement investi sur ce projet qui n'aboutira pas de son vivant, Morrison contacte le compositeur de musique de film Lalo Schifrin pour lui en confier l'orchestration. Il a beaucoup de considération pour l'auteur des thèmes de Luke la main *froide*, *Bullitt* et *L'Inspecteur Harry*. Il confie aussi au très jeune artiste Thomas Breitenbach (futur prix de Rome) la maquette de la pochette, conçue sous la forme d'un triptyque. Cette maquette ne sera pas davantage utilisée pour l'album *An American Prayer*, réalisé par les musiciens sept ans après la mort de leur chanteur. Les producteurs du disque, soi-disant ignorants du projet initial, préféreront utiliser une photo de Jim Morrison par Edmund Teske. Le cinéma est lui aussi toujours présent. Morrison reste ainsi en contact avec Larry Marcus pour des projets qui demeureront sans suite.

Jim est plus que jamais décidé à quitter Los Angeles, d'autant que certains signes le poussent en ce sens. Le 9 février, à 6 heures du matin, premier jour du mixage de *L.A. Woman*, un tremblement de terre frappe le nord de Los Angeles. D'une magnitude de 6,6 sur l'échelle de Richter, les secousses font soixante-cinq morts. Le bâtiment qui abrite les bureaux des Doors n'est pas épargné et le mixage est interrompu plusieurs jours. Jim sait qu'il lui faut fuir la Californie et les États-Unis. Fuir sa gloire étouffante et ses effets pervers, et bien sûr les menaces du procès en cours à Miami. Il aspire à changer de vie loin du monstre qu'il a créé malgré lui. Bill Siddons, catégorique, estime que Jim en a fini avec la musique et qu'il est en quête d'autres expressions littéraires, comme la poésie, bien sûr, mais aussi l'écriture de scénarios. Si lui et Pamela n'en informent pas encore les Doors, ils en parlent régulièrement avec leur voisine Diane Gardiner, tout comme avec Fred Myrow et Alain Ronay.

Fin février, le mixage de l'album reprend au studio Poppy Sound de la Motown, à Hollywood. Alors qu'il ne reste que deux morceaux à finaliser, Jim annonce à ses partenaires qu'il a décidé de tout quitter pour retrouver stabilité et équilibre en Europe. Le moment n'est-il pas idéal ? Sur le point de livrer le dernier album qu'ils doivent par contrat à Elektra, les Doors se retrouvent libres. John, Ray et Robby doivent l'admettre, pour leur chanteur c'est l'occasion rêvée de tout plaquer et de s'éloigner. Morrison souffre des contraintes croissantes imposées par ce qui est devenu l'*industrie* du disque. Il déplore aussi qu'une certaine décadence gagne la musique rock, devenue à ses yeux trop « consciente » :

Il n'y a plus l'élan initial. La spirale s'est inversée. C'est devenu presque incestueux. L'énergie n'est plus là. Plus personne n'y croit. Pour que chaque génération puisse s'affirmer comme une entité humaine consciente, il faut qu'elle rompe avec le passé. Les gamins à venir n'auront plus grand-chose en commun avec nous. Ils vont créer leur propre son, et il sera unique[4].

Le rock dit progressif, le rock symphonique et le glam rock (strass et paillettes) commencent déjà à se manifester, pour peu à peu engourdir la musique que Jim apprécie, jusqu'au sursaut hard rock, puis punk. La musique rock dans son ensemble paraît à la fois moins spontanée et moins engagée, plus réfléchie et, surtout, plus sophistiquée. Jim en profite pour annoncer aux musiciens médusés qu'il part vivre à Paris. Il précise à Ray qu'il compte rester un an au minimum sur ce qu'il considère comme une terre d'asile. Et il avoue même à Fred Myrow, l'ancien assistant de Leonard Bernstein avec lequel il travaille à un projet de spectacle sur Los Angeles, qu'il songe sérieusement à ne *jamais* revenir.

Dans le studio de mixage, l'ambiance est électrique. On vient de réécouter les bruitages inquiétants ajoutés à « Riders on the Storm », sur fond de pluie d'orage et de coups de tonnerre. Une chanson prémonitoire. Pour les musiciens et le cercle rapproché, le choc est rude. Bien des années plus tard, Siddons affirmera qu'il était évident que le chanteur ne reviendrait plus : « Jim avait pris la décision de sa vie et poursuivait son destin, à savoir devenir un poète[5]. » Jim en profite pour distribuer généreusement des exemplaires de son livre *Lords and the New Creatures*, comme si ce cadeau d'adieu signifiait que c'est bel et bien l'écrivain qui prend la tangente. Les musiciens se rendent vite à la raison. Ils savent que leur chanteur n'a guère le choix, qu'il lui faut fuir à la fois la justice et ses démons. Se ressourcer, se refaire une santé, s'éloigner du spectre de la boisson. Du moins l'espèrent-ils.

Trop conscient du rôle joué par Paul Rothchild dans l'aventure des Doors, inquiet des conditions artisanales d'enregistrement de *L.A. Woman*, Jac Holzman n'attend rien de bon de l'album. D'autant qu'il a tenu sa promesse de ne jamais assister aux sessions et de n'écouter que la version finale. Mais il ne sait pas que, cette fois, libéré de l'emprise maniaque de Rothchild et de ses méthodes devenues laborieuses, Jim s'est réellement comporté en leader responsable, dirigeant les sessions sans trop s'éloigner de l'Alta Cienega Motel, situé de l'autre côté de la rue. Comme les « parasites » et les drogues ont été tenus à l'écart, l'écoute des bandes constitue pour Holzman une surprise de taille. Aussi ému qu'enthousiaste, le patron d'Elektra fond littéralement en larmes. Programmé pour avril, ce disque risque fort d'être le dernier des Doors à figurer à son catalogue. Depuis de longs mois, en effet, les labels concurrents font une cour pressante à son groupe et, avant tout, à son chanteur. Mais Holzman sait surtout que les Doors sont au bord de l'implosion, le chanteur entretenant des rapports de plus en plus tendus avec ses partenaires.

Entre deux séances de mixage, Jim se met avec frénésie à arpenter Los Angeles et à fréquenter ses lieux favoris, comme pour un adieu grandiose à cette ville de plus de mille kilomètres carrés qui l'a envoûté. Il reste souvent dans l'appartement de Norton Avenue avec son chien Sage, Pamela continuant de jouer à la marchande dans sa boutique. Pour le couple, l'Europe représente la terre d'expiation, comme elle le fut pour Ernest Hemingway, Henry Miller et tant d'autres écrivains américains que Morrison admire. Pamela est soulagée que Jim quitte enfin le groupe et ses compagnons de beuverie. Elle espère que son ami va changer du tout au tout. Alain Ronay contribue à ce départ. Aucun des projets américains du chanteur n'est suffisamment engagé pour le retenir, même ceux avec Larry Marcus, en pourparlers avec le réalisateur Arthur Penn.

Jim semble vouloir ralentir sa consommation de drogues, hormis la cocaïne. Il s'est mal remis de sa chute au Chateau Marmont. Son dangereux jeu favori lui a laissé le dos endolori. Boitant légèrement, il lui arrive même de cracher du sang et d'éprouver des difficultés à uriner. Arnold Derwin, médecin proche de Max Fink, le trouve toutefois en assez bonne forme, en dépit d'une infection virale. Les urétrites, provoquées par des bactéries transmises lors de rapports sexuels, se traitent par la prise d'antibiotiques, mais le praticien se contente de conseiller à son client de limiter sa consommation d'alcool. Spécialiste en andrologie, Arnold Derwin n'est sans doute pas le mieux placé pour réclamer le bilan général qui s'imposerait.

Pour Jim Morrison, boire reste à la fois la conséquence d'un ennui existentiel et un moyen de tenir le coup face à la pression intolérable du show-biz. Difficile à gérer, la célébrité est devenue un fardeau. Il déclare à ce sujet dans le *Los Angeles Free Press* :

> J'aime boire. Ça détend les gens et ça stimule la conversation. Ça tient aussi du jeu... Vous sortez pour vous saouler toute la nuit, sans savoir ni où ni avec qui vous vous réveillerez le lendemain matin. Ça peut aussi bien être agréable que virer à la catastrophe. C'est comme un lancer de dés[6].

Le journaliste Bob Chorush ne manque pas de noter que l'homme qu'il interroge est plus vieux que celui auquel il s'attendait à parler. Ses cheveux et sa barbe commencent légèrement à grisonner, et il parle de sa carrière de star du rock au passé, comme un détenu parle de son cursus de criminel avec son avocat. Il s'attendait plutôt à interroger un alcoolique mégalomane, un beau parleur exhibitionniste.

Jim a pris ses dispositions, notamment auprès du comptable des Doors. Judy, la sœur de Pamela, prend en charge la boutique Themis. À Paris, point de repli stratégique, Jim a l'intention de se remettre à l'écriture et de vivre sans pression. Il est décidé que Pamela partira en éclaireuse afin de dénicher un logement. En attendant, accompagnée de Jim, elle se rend en voiture dans sa ville natale. Weeds est située à plus de 800 km de Los Angeles. Si Pamela ressent ce besoin des origines, c'est bien que tous deux sont décidés à quitter pour longtemps les États-Unis, même si Jim, fidèle à lui-même, n'emporte que de rares objets, hormis ses carnets d'écriture, quelques livres fétiches, des photos et des disques, ainsi que les bandes de ses deux films, *HWY* et *Feast of Friends*. Avant de revenir à Los Angeles, le couple confie son golden retriever à la famille Courson.

Arrivée à Paris sous une pluie hivernale en ce lundi 15 février 1971, Pamela Courson prépare la venue de Jim. Elle s'installe au George-V, un palace que le chanteur aime décrire sous la forme d'un bordel en peluche rouge dans le style Nouvelle-Orléans. Mais Pamela a retrouvé le comte Jean de Breteuil, celui-là même que les Américains appellent, non sans un certain mépris, le « junkie aristo » ou le « prince du smack ». Le comte considère d'ailleurs lui-même la noblesse contemporaine comme le dernier carré des dinosaures avant extinction. Entre la belle rousse et le jet-setter, il s'agit avant tout d'une affaire d'intérêt, d'« approvisionnement », plutôt que d'une liaison sentimentale. Tandis qu'entre Jim et elle, il s'agit surtout d'une interdépendance où chacun semble paniqué face à l'éventualité de perdre l'autre.

Aussitôt Pamela envolée pour la France, l'intrigante Diane Gardiner joue les entremetteuses. Elle téléphone à Patricia Kennealy pour l'informer que la voie est libre et qu'elle peut rappliquer. La journaliste quitte précipitamment New York pour venir surprendre son amant à Los Angeles où elle compte passer une semaine. La surprise est de taille pour Jim lorsque Patricia surgit dans l'appartement où il ne reste quasiment qu'un matelas, une télévision et quelques livres. Les amants ne se sont plus vus depuis un mois et demi. Patricia fréquente les mêmes bars que Jim, se rend avec lui dans les locaux des Doors, et même au studio Poppy en pleine effervescence. Jim semble revigoré par cet enregistrement considéré comme « son » disque de blues, cette musique qu'il a le plus de plaisir à chanter. Barbu, les cheveux sur les épaules, il ne semble pas avoir exagérément pris de poids depuis sa dernière rencontre avec Patricia. Tout juste remarque-t-elle l'apparition d'un discret double menton. Suite à la séance de mixage, Jim entraîne Patricia et lui fait part de son enthousiasme à propos de l'album à paraître. Il insiste sur le fait qu'il s'agit sûrement du meilleur disque des Doors depuis *Strange Days*, l'album dont il était le plus fier jusque-là en raison de son côté conceptuel. Mais il confirme surtout à Patricia qu'il arrête sa carrière de chanteur pour se consacrer à l'écriture et au cinéma. Il n'exclut pas d'enregistrer à l'avenir, mais ne veut absolument plus faire de scène. Il se plaint de ce public à l'instinct grégaire qui l'a si peu soutenu lors de l'éprouvant procès de Miami. Patricia est à nouveau frappée de constater qu'il ne possède pratiquement aucun bien matériel, pas même l'affreuse voiture verte qu'il loue. À l'hôtel, où ils font l'amour, Patricia prend soudain conscience qu'ils sont voués à ne plus se voir avant longtemps. Elle sait que l'heure est cruciale pour leur relation et qu'il lui sera sûrement difficile d'écarter Pamela. Elle avoue à Jim qu'elle souffre beaucoup à cette idée, mais qu'elle sait pertinemment qu'il ne peut en être autrement. C'est un fait, elle préfère encore le voir de loin en loin plutôt que de le perdre : « C'était comme se dresser devant un train lancé à toute allure, on ne pouvait plus rien faire. C'était inévitable, selon la trame d'une tragédie grecque... On ne peut pas sauver quelqu'un malgré lui. Et Jim ne le voulait pas[7]. »

Lorsque Morrison retourne au studio de mixage auprès de Bruce Botnick et des musiciens, Patricia en profite pour faire le tour de ses connaissances à Los Angeles. Elle recueille plusieurs interviews pour *Jazz & Pop*. Lors d'une conversation avec Diane Gardiner, cette dernière décrit Pamela comme étant la femme de Jim à Hollywood, tandis que Patricia représente son équivalent à New York. Jim a toujours fonctionné par territoires définis, par zones mentales compartimentées. Avec un sens très fragmentaire de la fidélité. Jim et Pam partagent ainsi depuis des années un lien mystérieux. Bill Siddons décrit leur relation complexe comme s'ils étaient toujours proches, mais sans que l'on soit pour autant persuadés qu'ils forment un couple. Depuis leur rencontre, ils ne vivent ensemble que par intermittence. Ainsi, Jim demande à Patricia de venir le rejoindre à Paris, d'autant qu'elle parle assez bien le français. Mais la journaliste répond qu'elle ne viendra que lorsque Pamela et lui seront vraiment séparés. En fait, elle semble résignée à ce que Jim les aime toutes les deux (sans parler des autres !) dans une perpétuelle indécision. Elle répète alors qu'elle sera toujours là pour lui, mais à New York. Par contre, ce que Patricia ignore, c'est que deux ans plus tôt, le 12 février 1969, avec Paul Ferrara comme témoin, Jim a signé un testament d'une seule page, établi par Max Fink, dans lequel le chanteur fait de Pamela Susan Courson l'unique légataire de ses biens. Et si celle-ci devait lui survivre moins de trois mois, ses biens reviendraient en ce cas à son frère Andrew et à sa sœur Anne.

Courant février, Ben Fong-Torres, rédacteur pour *Rolling Stone*, est le tout dernier journaliste américain à s'entretenir avec Jim Morrison avant son départ pour Paris. Il passe une heure en sa compagnie chez Diane Gardiner, cette fois dans son rôle d'attachée de presse. Jim vient de se blesser en jouant au football avec des amis. Il ne parle pas explicitement de quitter le groupe, précisant simplement que la formation se trouve à un croisement. Le chanteur laisse toutefois entendre que cet album pourrait bien être son dernier avec les Doors. Au sujet du concert de Miami, Jim pense qu'il a inconsciemment cherché à pousser l'expérience des Doors jusqu'à l'absurdité, et qu'il n'y est que trop bien parvenu. Il précise aussi que le travail en cours sur le nouvel album le satisfait pleinement. Quant à se faire appeler le Roi Lézard, il signale encore une fois qu'il ne s'agit que du reflet d'un bestiaire personnel : « J'imaginais que chacun comprendrait que c'était ironique, mais apparemment, on a pensé que j'étais cinglé[8] ! » Il confirme aussi qu'il quitte les États-Unis pour Paris dans le but d'écrire de la poésie et de s'engager dans des projets cinématographiques. Ben Fong-Torres témoigne que Jim Morrison lui apparaît alors plutôt autocritique qu'autodestructeur.

Tandis que Pamela s'active à Paris, Jim et Patricia musardent dans la région de Los Angeles. Morrison lui fait découvrir ses endroits favoris. On les voit notamment dîner au Barney's Beanery où Patricia remarque que son ami boit comme elle ne l'a encore jamais vu faire jusque-là. Il se remet également à fumer de façon excessive, avouant à Ray Manzarek qu'il lui arrive de cracher du sang. Par ses abus, il semble chercher à mutiler le corps parfait de l'idole, du sex-symbol, du monstre qu'il a créé.

Alors qu'ils prennent de la cocaïne, Jim confirme qu'il est opposé à l'héroïne, et qu'il n'en a d'ailleurs jamais pris lui-même. L'exemple de Pamela suffit à l'en dissuader, tout comme la fin tragique de Janis Joplin ou celle d'autres connaissances. Mais le moment du départ approche. Jim et Patricia écument les bars *topless*, le Phone Booth en particulier, éclusant force bières et tequilas. Les dernières heures sont poignantes. Tout se brouille : Pamela,

Paris, la fin des Doors avec leur ultime album, l'avortement, les ennuis de santé, les virées avec les amis, le procès… D'autant qu'une dispute éclate lorsque Jim séduit une autre femme et propose à Patricia que tous trois s'amusent ensemble. Excédée, la New-Yorkaise décide de reprendre l'avion. Tandis que Jim est endormi, elle lui jette un dernier regard et remarque qu'il a le teint cireux : « Il avait déjà l'air mort, couché sur ce divan qui l'encadrait comme un cercueil. J'ai su alors que je ne le reverrais sans doute plus jamais en vie[9]. » En effet, elle ne verra plus son amant, même si celui-ci l'appellera de Paris et lui adressera lettres et cartes postales. Dans ces missives, Jim prétend être malade, se sentir fatigué et être contrarié dans son travail d'écriture. Il laisse entendre qu'il prévoit de venir à New York vers le mois d'octobre.

Juste avant son départ pour la France, Jim retrouve Tom Baker, de retour d'un séjour de huit mois à Londres. Brouillés depuis l'affaire des hôtesses à Phoenix, l'exil prochain du chanteur les rapproche. Tous deux prennent une ultime cuite sur Santa Monica Boulevard. Jim revoit ensuite plusieurs femmes avec lesquelles il entretient des liaisons épisodiques, comme la journaliste Anne Moore, une certaine Gail et la Transylvanienne Eva Gardonyi qui se délecte de boire du sang et chez laquelle il passe plusieurs jours.

C'est la valse des adieux pour un Morrison entouré des fidèles Babe Hill et Frank Lisciandro. Sans rancune, Jim vient même saluer Paul Rothchild. L'atmosphère est déconcertante, avec en fond musical le tube posthume de Janis Joplin, « Me and Bobby McGee », numéro 1 dans les *charts*. Le 3 mars, Morrison fait même une apparition surprise dans les locaux d'Elektra où l'on fête l'agrandissement des bureaux et la rénovation du studio A. Le chanteur fanfaronne, proclamant qu'il est venu superviser ce qu'il a grandement contribué à financer. Jac Holzman l'invite ensuite à dîner avec quelques amis au Blue Boar. C'est là que Jim lui annonce qu'il a décidé de quitter les États-Unis pour rejoindre sa compagne à Paris, et qu'il ne reviendra vraisemblablement pas de sitôt à Los Angeles. Holzman se sent soudain mal à l'aise :

> Ce soir-là, il y avait quelque chose de poignant dans l'air. Je sentais la fin de quelque chose. Quand nous sommes sortis du restaurant, nous lui avons tous dit au revoir. Jim et moi nous sommes serrés dans les bras, puis il s'est retourné, l'air un peu gêné, et il est parti seul à pied. Je l'ai regardé s'éloigner, doutant de le revoir un jour[10].

À la mort de son artiste fétiche, Holzman déclarera que cette disparition l'a plus affecté que celle de ses propres parents :

> Ce fut comme perdre quelqu'un dont la présence a produit un profond changement dans votre vie et dont l'absence en modifiera à jamais le cours[11].

Le lendemain, avec Babe Hill et deux amies, Samantha et Denny, Jim entreprend une croisière sur le bateau des Doors, jusqu'à l'île rocheuse de Catalina, à 35 km au large de Los Angeles. Sur cette île, la baie d'Avalon servit jadis de cadre au film *Les Révoltés du Bounty*, avec Clark Gable. Alcool et cocaïne sont du voyage. En attendant, le 8 mars, les joyeux drilles jouent au billard et suivent à la télévision le « combat du siècle » entre Joe Frazier et Muhammad Ali. Pamela téléphone alors de Paris pour avertir Jim qu'elle a déniché un agréable appartement en sous-location.

La cour d'appel de Miami n'a toujours pas rendu son verdict et Max Fink sait à quel point son protégé risque gros. L'un des associés du cabinet, Mickey Rudin — dont les clients les plus célèbres sont Frank Sinatra et Richard Nixon —, finit de le persuader que Jim Morrison ne ferait sûrement pas de vieux os en prison. Fink, qui a ses entrées dans tous les milieux, sait de source sûre que le FBI et même la CIA tiennent le chanteur dans leur viseur. Par contre, il sait aussi qu'il n'existe aucune convention d'extradition entre la France et les États-Unis dans les affaires de mœurs. Aussi presse-t-il Morrison de quitter le pays avant que le jugement ne soit rendu et qu'on lui confisque son passeport. De toute façon, le document officiel sera bientôt caduc. Le temps presse.

Morrison projette de retrouver le couple formé par Agnès Varda et Jacques Demy, ses amis français. Il imagine qu'ils pourraient lui présenter des gens du cinéma susceptibles de l'aider à achever *HWY*. Depuis le succès de ses films *Les Parapluies de Cherbourg* et *Les Demoiselles de Rochefort*, quatre ans plus tôt, Jacques Demy est un cinéaste reconnu.

Faux départ à l'aéroport de Los Angeles, le jeudi 11 mars, en compagnie d'Alain Ronay, Babe Hill et Frank Lisciandro. Les adieux sont difficiles. Occupé à boire et à discuter au bar avec ses amis, Jim n'entend pas l'annonce du vol. Il est contraint de revenir le lendemain pour enfin s'envoler pour Orly, sur un vol TWA. Étant donné sa remise en liberté sous caution, son départ est illégal, mais les contrôles aériens ne sont pas encore drastiques.

Jim arrive au George-V où Pamela s'est installée depuis son arrivée. Elle est absente. Sa « compagne cosmique » est déjà happée par l'entourage du comte. Jim l'attend donc au bar Alexandre, proche de l'hôtel. Il sait pertinemment que Jean de Breteuil n'est pas du genre dont Pam peut réellement tomber amoureuse. Mais la jeune femme se laisse éblouir par cet aristocrate qui lui fournit sans peine de l'héroïne et lui permet de fréquenter des mondains de son espèce du côté de Saint-Germain-des-Prés.

Au tout début de son séjour, Jim cesse pratiquement de boire et se met à écrire. Il se sent comme soulagé, apaisé. S'il est vite envoûté par cette ville pour piétons, si différente de Los Angeles envahie par les automobiles, la prolifération des bistrots ne tarde pas à le séduire. On le voit ainsi attablé à la terrasse des cafés ou flâner le long des quais, sur le pont des Arts ou sur l'île Saint-Louis, donner la pièce à des musiciens des rues, s'attarder à la librairie Shakespeare and Company de George Whitman, en face de Notre-Dame (un paradis littéraire où traînèrent Ezra Pound, Gertrude Stein, Henry Miller, William Burroughs et tant d'autres), et acheter l'*International Herald Tribune*.

Sur la rive droite, aux abords du Marais, près de la place de la Bastille et dans le quartier Saint-Paul,

Jim et Pamela s'installent au 17 rue Beautreillis, escalier A, troisième étage droite. Ils logent dans un immeuble du XIXe siècle en pierre de taille, au portail impressionnant et aux balcons de fer forgé. Calme, confortable et ensoleillé, avec parquet et cheminée de marbre, l'appartement de quatre pièces leur est sous-loué par Élisabeth Larivière, dite « Zozo », un mannequin que Pamela a rencontré à Saint-Germain-des-Prés. À cette époque de l'année, Élisabeth, liée au guitariste Philippe Dalecky, a des engagements dans le sud de la France. Le nom « Morrison » n'est pas apposé sur la boîte aux lettres, où on peut juste lire une discrète mention : « JAMES DOUGLAS ». Dans cette rue vécut Charles Baudelaire en 1858 et 1859, ce qui n'est bien sûr pas pour déplaire au poète américain.

Amie du comte, Zozo vit jusqu'au 10 avril auprès de Jim et Pamela. Elle témoignera que la jeune femme semblait obnubilée par son homme, tout en fréquentant Jean de Breteuil et son entourage, des junkies pour la plupart. Jim occupe d'abord une chambre située côté cour. Élisabeth Larivière se souvient qu'il se comportait comme un convalescent et écrivait tout le temps, et que lui et Pam vivaient souvent chacun de leur côté. Morrison se retrouve donc souvent seul à déambuler dans Paris mais, comme il ne parle pas le français, il ne peut guère communiquer. Il en découle un réel sentiment de solitude, à la fois grisant et perturbant pour une star habituée à de multiples sollicitations. D'autant que le chanteur se garde bien de prévenir de sa présence sa maison de disques française. Cette découverte de l'anonymat, si elle représente un profond soulagement, donne aussi le vertige. Vertige que Morrison entretient aux Vins des Pyrénées, au 25 de la rue Beautreillis, où il s'approvisionne surtout en vin blanc du Bordelais, dont il raffole. Il fait ses courses de fruits et légumes rue Saint-Antoine, achète son fromage chez les Fils Pervrier.

Toujours sous le charme des étroites rues parisiennes, Jim continue de flâner sur les quais de Seine. Au 17 quai d'Anjou, il découvre l'hôtel de Lauzun, le lieu de rassemblement du club des hachichins (selon l'orthographe baudelairienne), jadis fréquenté par Baudelaire et Gautier.

Depuis sa chute du deuxième étage au Chateau Marmont, Morrison souffre de blessures internes qui n'ont pas été diagnostiquées avec précision. Peut-être s'agit-il de côtes fêlées mal soignées, ou même d'une légère perforation du poumon. Les séquelles ont provoqué une détérioration de son système coronaire et entraîné des complications respiratoires venues s'ajouter à des problèmes d'asthme récurrents. Jim est ainsi victime de fréquentes quintes de toux et de sévères crises de hoquet, possibles signes annonciateurs d'infarctus ou d'accident vasculaire. Sa santé est vacillante et il lui arrive de cracher du sang, à tel point que Pamela le pousse à consulter à l'Hôpital américain de Neuilly où on lui prescrit un médicament contre l'asthme. Les radios ne révèlent rien d'inquiétant. Par contre, on le presse de cesser de boire et de fumer. Mais, comme à son habitude, Jim ne tient aucun compte de ces recommandations de prudence. Tout juste consent-il à prendre quelques jours de repos au soleil.

Accoudé le 3 avril à l'Astroquet, au 153 boulevard Saint-Germain, Jim fait la connaissance d'un ancien du département cinéma de l'UCLA. Phil Trainer, dont le père travaille à l'ambassade américaine, joue au sein du groupe Clinic. Morrison lui révèle que Paris le fascine, mais aussi qu'il souffre de si mal parler le français. Étonné, Trainer remarque que Jim fume beaucoup, aspirant profondément la fumée et toussant de façon impressionnante. En mal d'expression musicale, le chanteur improvise un long moment avec Trainer et ses complices, chantant « Crawling King Snake » et d'autres standards du blues.

Le lundi 5 avril, Jim et Pamela louent une Peugeot et emportent avec eux leur caméra super-8 achetée à Paris. Ils traversent la France en direction du Sud-Ouest, vers l'Andorre et l'Espagne. À Madrid, ils passent une journée entière au Prado, où Jim tient absolument à voir *Le Jardin des délices* de Jérôme Bosch, toile qui le fascine et devant laquelle il reste près d'une heure. On voit aussi le couple déambuler dans les jardins de l'Alhambra de Grenade. Puis c'est la découverte de l'Afrique, par le détroit de Gibraltar, avec Tanger et l'hôtel Minzah ; Marrakech où ils logent à l'hôtel ou à la villa Taylor, oasis mauresque de la famille Breteuil. Pamela redécouvre son Jim :

> Un matin, à mon réveil, j'ai aperçu cet homme séduisant au bord de la piscine de l'hôtel, qui parlait à deux jeunes Américaines. Je suis immédiatement tombée amoureuse de lui. Puis j'ai réalisé que c'était Jim. C'était si agréable de tomber de nouveau amoureuse de l'homme que j'aimais déjà[12].

Jim et Pamela sont de retour en avion à Paris le 3 mai. Entre-temps, l'album *L.A. Woman* a paru le 26 avril aux États-Unis. Lorsque le couple reçoit par la poste un *test pressing*, Jim l'écoute plusieurs jours en boucle. Le disque enthousiasme aussitôt la presse américaine. Pour le *Detroit Free Press*, Morrison n'a jamais aussi bien chanté. Pour *Village Voice*, les parties d'orgue sont hypnotiques. Sûr de lui, Jac Holzman a tranché : « "Riders on the Storm" sera un des plus gros chocs radiophoniques de l'année, "L.A. Woman" deviendra un standard, mais le hit, c'est "Love Her Madly"[13]. » Même si ce titre est le moins original de l'album, il se classera 11ᵉ dans le hit des 45 tours, et « Riders on the Storm » 14ᵉ durant l'été. Cette fois, Jim Morrison n'est plus mis en avant au recto de pochette du 33 tours. Couleur rouge brique, coins arrondis, fenêtre de Celluloïd jaune, la pochette est signée Wendell Hamick et Carl Cossick. Jim y est méconnaissable. Ivre, barbu et ratatiné dans le coin droit, assis voûté sur un tabouret, il a perdu de sa superbe et semble déjà ailleurs. En son absence, le groupe continue de travailler dans son atelier, Ray Manzarek assurant les parties vocales. Mais, sans l'avouer ouvertement, les Doors comptent sur un retour plus ou moins proche de leur chanteur. Le succès du nouvel album laisse d'ailleurs Morrison songeur.

Comme l'appartement de la rue Beautreillis est provisoirement occupé par Élisabeth Larivière, de retour de Saint-Tropez avec des amis, Jim et Pamela se rendent dans un prestigieux établissement de vingt-sept chambres, doté d'une magnifique coupole. Appelé hôtel Guy-Louis Duboucheron depuis

1961, le quatre étoiles est laconiquement devenu L'Hôtel. Situé 13 rue des Beaux-Arts, il a été fréquenté par des artistes comme Dalí, Frank Sinatra, Elizabeth Taylor ou Marcello Mastroianni. Des vedettes françaises, ainsi que des personnalités du rock anglais ou américain, y ont leurs habitudes. Pamela apprécie ce lieu de repli, situé à deux pas du Café de Flore et des Deux-Magots, là où elle retrouve le comte et sa clique. Quant à Jim, il estime surtout cet hôtel pour avoir jadis abrité le sulfureux Oscar Wilde, comme lui d'origine irlandaise et naufragé de l'alcool. Opéré ici même dans sa chambre, l'écrivain anglais y est décédé d'une infection à l'oreille, le 30 novembre 1900, alors que l'immeuble n'est encore qu'un modeste garni à l'enseigne de l'hôtel d'Alsace. L'occupant de la chambre 16, d'abord enterré au cimetière de Bagneux, puis en 1909 au Père-Lachaise, a laissé une coquette ardoise, murmurant dans un souffle l'un de ces bons mots dont il a le secret : « Je meurs au-dessus de mes moyens. » L'auteur du *Portrait de Dorian Gray* a lui aussi été contraint à l'exil, victime du puritanisme anglais. Jim insiste bien sûr pour louer la chambre où est décédé Oscar Wilde.

Désœuvré, souffrant toujours du barrage de la langue, Jim traîne souvent sa peine. Le 7 mai, il tombe du deuxième étage de L'Hôtel, sa chute étant miraculeusement amortie par le toit d'une voiture stationnée en contrebas. Groggy, il se relève sans une égratignure, titube, entre dans un bar pour se remettre de ses émotions, mais n'écoute pas le conseil de Pamela l'enjoignant de consulter un médecin.

Morrison fréquente épisodiquement des cafés

comme La Palette, Le Mazet, Les Deux-Magots et Le Flore. L'après-midi, avec Pamela, il rencontre notamment la chanteuse et actrice Zouzou, à ne pas confondre avec Zozo Larivière :

> Pamela, apparemment, organisait tout, était la grande planificatrice, ce qui devait être bien pratique pour lui. Il lui donnait l'argent pour aller faire le shopping[14].

Shopping qui consiste avant tout à se procurer son héroïne ! Après avoir décroché durant leur expédition en Afrique du Nord, Pamela replonge. Jim, qui redoute toujours autant cette drogue, en fait le reproche à sa compagne. D'où des disputes en série, Pamela ayant beau jeu de renvoyer Jim à ses propres démons. Lorsque le comte de Breteuil est absent de Paris ou trop occupé par ses manigances, Jim finit par jouer le pourvoyeur, essayant de protéger Pamela. Dans cette quête d'héroïne pour sa compagne, Jim commence à fréquenter le Rock and Roll Circus, une boîte de nuit du quartier Saint-Germain-des-Prés, située au 57 rue de Seine. Ouverte deux ans plus tôt, le vendredi 13 juin 1969, elle fermera après trois années de folie. Appelé ainsi en hommage au show télévisé des Rolling Stones enregistré pour la BBC en décembre 1968 et en l'honneur de leur premier manager, Giorgio Gomelsky, ce club en vogue est dirigé, comme l'Alcazar, par Paul Pacini. Ce dernier en confie l'animation à un jeune homme de 26 ans, Sam Bernett, animateur de radio pour RTL, puis pour Europe 1, qui a déjà œuvré dans une autre boîte du quartier, La Tour de Nesle. Mais début 1971, l'ambiance s'est dégradée, surtout depuis que Paul Pacini a engagé un nouvel adjoint, rapidement entré en conflit larvé avec Sam Bernett.

Pouvant accueillir jusqu'à six cents noctambules, le Rock and Roll Circus se situe dans le prolongement du cabaret l'Alcazar, animé par Jean-Marie Rivière. Cet autre établissement est lui aussi dirigé par Paul Pacini. La discothèque aux voûtes rouges et aux larges murs de pierres de taille doit sa réputation au talent de son disc-jockey, Cameron Watson, un déserteur du Vietnam originaire du Nebraska. Ouvert toutes les nuits de la semaine, le lieu est pris d'assaut par des baby-boomers délurés et des hippies déjantés, par des bourgeois en mal de frissons et des étudiants dingues de musique, des artistes de tout acabit et des petits caïds. En contrôlant sans trop de zèle les entrées, la boîte est parvenue à attirer une clientèle assez huppée. Les filles y sont réputées magnifiques. On y danse et boit sans retenue. On y vient pour s'étourdir. Le public porte les cheveux longs et s'éclate à l'écoute des imports américains et britanniques, se défonce avec des psycholeptiques à la liste impressionnante : Mandrax, LSD, héroïne, herbe, haschich... Si quelques dealers fréquentent inévitablement les lieux, le trafic se fait surtout à l'extérieur. Les célébrités du jour ou en devenir se bousculent au Rock and Roll Circus, de Mick Jagger à Johnny Hallyday ou Eddie Barclay, en passant par Julien Clerc, Rory Gallagher, Richard Bohringer, Jean-Jacques Debout, Jean-François Bizot, Patrick Rambaud, Jimmy Cliff, Dave, Michel Polnareff ou Roman Polanski... et même Bernard Kouchner, Antoine Blondin et Raymond Poulidor ! Mais Cameron Watson finit par quitter les lieux pour prendre en charge l'animation d'une autre discothèque, La Bulle, située rue de la Montagne-Sainte-Geneviève.

Le Rock and Roll Circus possède une sono puissante et une étroite scène sur laquelle des artistes font de brèves apparitions, généralement après leurs concerts parisiens. Les Variations, Martin Circus, Richie Havens, Stephen Stills, Jimmy Page, Eric Clapton, Joe Cocker et Gene Vincent y font ainsi de mémorables prestations. Si la clientèle au style bohème de luxe aime danser, elle vient surtout pour écouter et découvrir les nouveautés les plus originales de la musique rock. Jim Morrison passe le plus souvent tard dans la nuit. Rares sont ceux qui le reconnaissent. Son look a radicalement changé depuis la pochette du premier album et, à l'époque, les images de stars étrangères circulent encore avec parcimonie. La presse musicale française est balbutiante, les émissions spécialisées inexistantes.

Dans la nuit du vendredi 7 mai, ivre et agressif, vêtu d'un battle-dress délavé et d'un jean, renversant les tables et faisant voler les coussins, sautant tel le Marsupilami sur les poufs, Jim Morrison est viré du Rock and Roll Circus. Dans le couloir qui donne sur la rue, Gilles Yéprémian, un jeune étudiant, quitte les lieux pour se rendre à L'Open One, autre boîte branchée de Saint-Germain-des-Prés. Très au fait de l'actualité musicale grâce à ses fréquentations et à sa passion pour le rock, il lui semble reconnaître le chanteur des Doors, pourtant dans un sale état, aviné et éructant contre ceux qui entrent ou sortent du club. Après avoir insulté les videurs et donné force coups de pied dans la porte, Jim reste prostré, hagard. Gilles se porte spontanément à son aide et l'entraîne dans un taxi rue de Seine, dans lequel Morrison est incapable de donner son adresse. À un feu rouge, à proximité du pont de la Concorde, il descend, pris d'une soudaine envie de sauter dans la Seine… Il dit qu'il a chaud et veut juste se baigner. Il insulte en anglais des policiers. Son discours devient de plus en plus incohérent. Gilles hèle un autre taxi et réussit à y entraîner Morrison, toujours incapable de donner une adresse.

Comme Gilles vit encore chez ses parents, il a résolu d'emmener son encombrant compagnon chez son ami Hervé Muller, critique rock pour le mensuel *Best*. Le journaliste vit alors 6 place Tristan-Bernard, près de la place des Ternes, dans le 17e arrondissement, avec Yvonne Fuka, maquettiste pour ce même magazine qui n'existe que depuis trois ans à peine. Une fois arrivés, comme le chauffeur se plaint du maigre pourboire laissé par Gilles, qui règle la course avec l'unique billet qui lui reste, Jim s'approche et tend une liasse de billets de 500 francs. Soudain effrayé par ces étranges clients, le chauffeur refuse l'argent et démarre en trombe. Il est bientôt 4 heures du matin. L'ascension jusqu'au cinquième étage sans ascenseur, plutôt pénible, demande près d'une demi-heure au duo, Jim restant agrippé aux épaules de Gilles. La montée des marches alarme le voisinage, même si Jim semble se calmer, faisant parfois des « Chut ! », l'index posé sur ses lèvres.

Parvenus sur le palier, les visiteurs nocturnes doivent convaincre Yvonne et Hervé, profondément endormis, d'ouvrir leur porte. Fan des Doors, le couple connaît le chanteur de réputation et reste interdit par son intrusion soudaine. Incapable de s'exprimer vu sa torpeur alcoolique, Morrison titube et s'écroule en travers du lit pour aussitôt s'endormir. Deux amis de passage qui dorment dans des sacs de couchage, un Belge et une Américaine, sont ahuris par l'incident, tandis que Gilles rentre enfin chez lui. Après avoir tenté de repousser Morrison, Hervé et Yvonne se recroquevillent dans un coin du lit et tentent de se rendormir.

Morrison ne se réveille qu'en fin de matinée en ce samedi 8 mai. Hilare, il dit ne se souvenir de rien. Dessaoulé et rasé de près, il invite le couple et les amis hébergés à prendre le petit-déjeuner au bar Alexandre, avenue George-V, pour les remercier de leur hospitalité. Les serveurs n'acceptent ces clients chevelus qu'à la vue de la poignée de billets tendue par l'Américain. Agréable, la conversation tourne autour de la littérature et du cinéma. Godard, Rimbaud, Blake. Parlant de son recueil *An American Prayer*, Morrison dit qu'il aimerait le voir traduit en français. En attendant le premier service, Jim, à jeun, avale un bloody mary et plusieurs Chivas, et termine en buvant au goulot un cognac centenaire. Bientôt ivre, sous le regard imperturbable des serveurs, il insulte les hommes d'affaires assis à une table voisine, avant de régler une addition de 700 francs, somme astronomique pour l'époque.

Après avoir pris des photos durant le repas, Yvonne et Hervé, considérant l'état de Morrison, décident de rentrer chez eux et de le coucher. Mais Jim s'écroule d'abord sur un banc de l'avenue George-V. Dans la voiture qui les ramène ensuite place Tristan-Bernard, Jim, pris d'une crise de paranoïa, fond en larmes sur l'épaule d'Yvonne Fuka. Arrivée sur place, la troupe met en furie la concierge et les voisins excédés qui rameutent le propriétaire du studio d'Yvonne et Hervé. Suite à cet incident, le couple se fera expulser.

Il est alors aux alentours de 15 heures et Jim ne se réveille que tard dans la soirée. Apparemment en forme, il se fait raccompagner en voiture par Hervé Muller. Il s'agit de rassurer sa compagne, Pamela, pourtant peu étonnée par la disparition de son compagnon. Hervé Muller raconte :

> Lorsque je l'ai connu, Jim était sans conteste un alcoolique. Il devait bien savoir qu'il ne pouvait que perdre, et qu'il se détruisait. Mais il refusait obstinément d'aborder le sujet. Les amis qui voulaient l'aider, comme le poète Michael McClure, lui-même depuis peu désintoxiqué, se heurtaient à un mur[15].

Yvonne et Hervé invitent Jim et Pamela à déjeuner chez eux, en compagnie de Gilles Yéprémian qui prend une série de photos en bas de l'immeuble. La conversation tourne autour de Mai 68, de la poésie et de la Nouvelle Vague. Jim refuse de parler des Doors. Dès que le nom du groupe est évoqué, il se braque et se tait. Sujet tabou. Il fait simplement cette remarque :

> J'ai 27 ans. C'est trop vieux pour un chanteur de rock. Ça n'a plus de sens. Je ne suis pas resté en contact avec les musiciens, mais je crois qu'ils vont continuer. C'est tout de même un moyen facile de gagner beaucoup d'argent[16]...

Morrison choisit un disque de l'Indienne cree Buffy Sainte-Marie, dont il apprécie les chansons folk engagées comme « The Universal Soldier » et « Soldier Blue », qui font écho à son propre hymne pacifiste, « The Unknown Soldier », dans une variante amérindienne qui n'est pas pour lui déplaire. Le chanteur apprend à ses nouveaux amis qu'il a apporté des copies des films *Feast of Friends* et *HWY*, et qu'il aimerait les voir projetés à Paris. Il propose à Hervé de traduire son livre *An American Prayer*, ce que le journaliste fera effectivement en 1978 pour les éditions Christian Bourgois. Après plusieurs bouteilles de rosé corse, Jim confirme qu'il souhaite désormais écrire et, le cas échéant, faire du cinéma. Il a l'intention de rester vivre en France, tout en retournant à l'occasion aux États-Unis si ses ennuis judiciaires trouvent une issue favorable. Quant à Pamela, elle rêve d'acquérir une église désaffectée, en province, et de l'aménager en habitation.

Convaincus par le rosé corse bu chez Hervé et Yvonne, Jim et Pamela décident de partir une semaine sur l'île de Beauté, le 18 mai. Arrivés en avion à Marseille, Jim se fait voler son passeport et doit revenir en hâte à Paris pour en obtenir un nouveau à l'ambassade américaine. Le couple repart pour Marseille et arrive enfin à Ajaccio. Le périple corse, à l'exception d'une journée, se fait sous des trombes d'eau. Ce qui n'empêche pas Pamela de considérer l'expédition comme idyllique, même si, fatalement, le couple s'y ennuie.

Le 5 juin, Jim et Pamela retrouvent Alain Ronay à Londres. Leur ami leur a retenu une chambre à l'hôtel Cadogan, près de Sloane Square. Un hôtel choisi du fait qu'Oscar Wilde y fut jadis arrêté. Jim se montre très touché par cette délicate attention, même si Ronay, sous forme de boutade, lui dit de faire attention. À force de marcher sur les pas de l'écrivain, il pourrait bien finir comme lui. Pamela en profite pour revoir Jean de Breteuil, lié à Marianne Faithfull, fraîchement séparée de Mick Jagger et intéressée par l'héroïne du comte. Sur place, Morrison est victime de crises d'asthme et de hoquet qui le contraignent en pleine nuit à consulter un médecin. Le chanteur tousse de façon inquiétante mais, incapable de prendre régulièrement ses médicaments, il ne suit pas le traitement indiqué. Il est bientôt convenu qu'Alain vienne à Paris, d'abord rue Beautreillis, puis chez Agnès Varda.

Jim a beaucoup insisté pour que Ronay le rejoigne à Paris. Le fait que son ami parle le français n'y est pas étranger. Comme Pamela vit sa propre vie, Jim et Alain passent de longs moments ensemble en ce mois de juin. Ronay décrira Morrison comme vivant son rêve d'être à Paris et comme n'ayant plus rien à voir avec le rock, même s'il se réjouit du succès américain de *L.A. Woman*. Pourtant, si Ronay constate que son ami écrit pratiquement chaque jour, il le trouve aussi plutôt dépressif...

Alain et Jim visitent le Sacré-Cœur, d'où Morrison remarque au loin un relief qui l'intrigue. Comme Alain lui indique qu'il s'agit du Père-Lachaise, Jim lui déclare vouloir un jour être enterré là, au calme, aux côtés de Gertrude Stein, Isadora Duncan et, surtout, Oscar Wilde. Durant toute une journée, Jim visitera le cimetière aux allées sinueuses, la plus vaste nécropole de la capitale avec ses 44 hectares et ses 70 000 concessions. Plus tôt dans sa vie, Jim avait dit vouloir être incinéré, afin que ses cendres soient répandues sur la plage de Venice, en Californie. Là où tout a commencé.

Jim passe un coup de fil au bureau des Doors et parle à Bill Siddons. Il s'intéresse au sort du nouvel album, indique qu'il pense encore à la musique et qu'un de ces jours, peut-être, il pourrait envisager d'enregistrer un nouveau disque avec le groupe. Mais ses propos restent évasifs, il pense avant tout à récupérer et à changer d'univers. À Los Angeles, la situation est plus ambiguë. Cheri, la femme de Siddons, se met en colère lorsqu'elle comprend que les trois Doors envisagent de continuer l'aventure sans leur chanteur. Quelques jours plus tard, le 14 juin, Jim réussit aussi à joindre John Densmore, s'intéressant aux ventes de *L.A. Woman* et lui confirmant qu'il a des idées pour un autre disque. Pour lui, l'aventure Doors ne serait donc pas irrémédiablement terminée… mais c'est la toute dernière fois qu'il a l'occasion de parler avec l'un de ses musiciens.

Morrison pense désormais contrôler son rythme de vie, ce qu'il n'est encore jamais parvenu à faire. Pour l'aider dans ses projets, il engage une jeune Canadienne bilingue qui devient sa « fille du vendredi ». Robin Wertle, grande blonde qui travaillait jusque-là pour un photographe de mode, apprécie le parfum de liberté que lui laisse ce nouveau travail qui se limite à de l'intendance. Elle sert de traductrice pour régler les problèmes au quotidien, fait du classement et, sous la dictée, dactylographie des lettres et des textes. Elle effectue divers achats et est chargée de certains contacts téléphoniques avec les États-Unis. Elle tente aussi, mais en vain, de faire programmer à la Cinémathèque française *HWY* et *Feast of Friends*, et même *The Doors Are Open*, le documentaire britannique de Granada TV.

Hervé Muller rend visite à Jim et Pamela rue Beautreillis, le vendredi 11 juin. Le chanteur lui parle du dernier album des Doors, qui n'est toujours pas paru en Europe : « Il m'a fait écouter *L.A. Woman*. Il était très fier de l'album. C'était quand même une partie de lui[17]. » Les deux couples décident de sortir ensemble quelques jours plus tard, mais Pamela choisit finalement de partir en virée avec ses dandys du Café de Flore. Alain Ronay la remplace auprès de Jim, Hervé et Yvonne, pour assister, au Théâtre de la Musique, rue Papin, à la pièce *Le Regard du sourd (Deaf Man's Glance)*.

Cette création insolite de Bob Wilson le rendra mondialement célèbre. Dépourvu de dialogues, le spectacle événement de 1971, aussi baroque que contemplatif, s'étire sur une durée variant de cinq à sept heures. Écrit par Bob Wilson en collaboration avec un enfant noir qu'il a recueilli, sourd et muet, il met en scène une trentaine d'acteurs et de danseurs, ainsi que des animaux. Après avoir connu le succès au festival de Nancy, grâce à Jack Lang, il est programmé au Théâtre de la Musique (l'ex-Gaîté-Lyrique vient de rouvrir ses portes sous ce nom). « Je n'ai jamais rien vu de plus beau en ce monde[18] », écrit à son sujet Aragon, dans une lettre-hommage à son ami défunt André Breton. Le grand critique de l'époque, Bertrand Poirot-Delpech, parle quant à lui d'une « révélation plastique comme on en observe seulement deux par génération[19] ». Jim est tout aussi impressionné par ce spectacle que par le *Paradise Now* du Living Theatre. Dans une scène, un homme immobile couché dans une baignoire apparaît… comme le cadavre de Marat assassiné. Jim en parle longuement dans la nuit avec Ronay et Muller, au Rosebud, puis à La Coupole. Hervé Muller ne reverra plus Jim Morrison vivant. Composant le 272-87-29 le 3 juillet vers midi, il téléphonera rue Beautreillis où Alain Ronay, confus, lui répond que Jim et Pam sont « absents ».

À la terrasse du Flore, le 16 juin, Jim discute avec deux guitaristes inconnus qui font la manche, des compatriotes qui ne le reconnaissent tout d'abord pas, transformé qu'il est en poète à la silhouette traînante. Les effets de l'alcool aidant, Jim entraîne ses nouveaux compagnons jusqu'à un studio d'enregistrement tout proche où il aime venir seul écouter sa session de poésie de mars 1969. Pour l'instant, il s'offre une heure en studio avec ses nouveaux amis. Toujours sujet potentiel à la métamorphose, Morrison vit là son tout dernier mais pathétique enregistrement, sous le nom de Jomo (anagramme de l'anagramme Mojo !) and the Smoothies. Aussi ivre qu'éphémère, le trio enregistre pendant quatorze minutes sur la même bande que les poèmes de mars 1969. Il s'agit de la toute dernière trace musicale laissée par Jim Morrison. La moins mémorable, hélas ! La pitoyable formation massacre le « Marrakesh Express » de Crosby, Stills & Nash, tandis que Morrison se met en tête de chanter l'ode à Pamela, « Orange County Suite », qu'il prétend être sa chanson favorite.

Jim dépose cette bande dans un sac plastique de

la Samaritaine chez Philippe Dalecky, rue Chalgrin. Ce dernier est chargé de retranscrire la bande sur une simple cassette. Le sac contient également un carnet à spirale de textes inédits (dans lequel Morrison écrit : « *I'm finally dead* »), un Polaroïd flou montrant Jim, songeur, à sa fenêtre de la rue Beautreillis, des articles découpés concernant François Truffaut, Jean-Luc Godard et les Doors (dont un de Patricia Kennealy intitulé « Morrison Hotel Revisited »), ainsi que diverses babioles. Jim ne repassera jamais chercher ses affaires, le sac restant vingt-deux ans dans un recoin, avant de ressurgir... L'enregistrement figure sur le CD pirate intitulé *Jim Morrison — The Lost Paris Tapes*, dont la bande originale aurait été acquise contre 10 000 dollars. Il contient à la fois la session de poésie capturée par John Haeny à Los Angeles et la session parisienne de ce mois de juin 1971.

Le comte Jean de Breteuil et Marianne Faithfull logent tous deux à l'Hôtel, rue des Beaux-Arts. De son côté, Alain Ronay a quitté la rue Beautreillis pour venir comme prévu chez Agnès Varda. Grâce à Pamela, qui revoit Breteuil, Jim a l'occasion d'écouter en avant-première *Sticky Fingers*, l'album des Stones, qui le séduit. Ronay informe Varda du sérieux problème qui oppose Jim et Pamela au sujet de l'héroïne. Émue, la réalisatrice tente de faire intervenir une guérisseuse ayurvédique, Monique Godard, mais sans résultat. Jim revoit ainsi plusieurs fois la réalisatrice qui travaille alors sur les dialogues du *Dernier tango à Paris*, le film de Bernardo Bertolucci.

Le dimanche 27 juin, Jim a rendez-vous avec l'actrice et designer Tere Tereba, de passage à Paris. La veille, la jeune femme a rencontré Pamela au Flore en compagnie de Jean de Breteuil. Tere, qui a participé au lancement de la boutique Themis, recueille la toute dernière interview de Jim Morrison. Avec un look d'étudiant, selon Tere, il dit avoir cessé de boire et même avoir maigri en dépit de cette nourriture française grâce à laquelle il n'est plus ce « spectre décharné qui hantait L.A. sous l'identité du Roi Lézard[20] ». Jim lui montre le manuscrit écrit à Paris et qu'il juge bientôt prêt pour la publication, *Paris journal* : « Arrivés nus / nous repartons meurtris / pâte nue offerte / aux vers mous et lents / du dessous. » « Derniers mots, derniers mots / fini. » Les Californiens partent ensuite déjeuner à La Coupole. Durant le repas, Jim parle de la façon dont les Doors tentent de répéter sans lui. Il révèle qu'on vient de lui proposer le premier rôle dans *Catch My Soul*, auprès des chanteuses Tina Turner et Melanie, et du boxeur Joe Frazier (les rôles principaux seront finalement confiés aux chanteurs Richie Havens, Tony Joe White, Delaney Bramlett et Billy Joe Royal). On l'a, en outre, contacté pour donner la réplique à Robert Mitchum dans l'allégorique histoire d'une chasse à l'ours en Alaska, un film tiré du livre de Norman Mailer intitulé *Why Are We in Vietnam ?* Mais Morrison s'emporte contre la MGM qui veut avant tout « coller ses couilles sur ses écrans » et reste capable, niveau scénario, de « faire un cure-dents à partir d'un séquoia ». Jim précise :

> Je vais refuser le rôle, et je ne pense pas faire le film. Ça me prendrait trop de temps et m'écarterait de l'écriture[21].

De retour à l'appartement, Jim confie à Tere : « Je ne serai sûrement pas de retour à L.A. avant septembre... au plus tôt. » Rien ne presse. Tout dépend de la cour de Miami, mais plus encore de lui-même, désormais apaisé et à l'aise dans la peau d'un écrivain américain expatrié à Paris, « dans la tradition romantique des années 1920[22] ».

Le lendemain, Jim et Pamela font une sortie du côté de Chantilly-sur-Oise, à moins d'une heure de Paris. Leur ami Alain Ronay les accompagne pour cette virée en voiture. Ils visitent le château et le musée de Chantilly, déjeunent à Saint-Leu-d'Esserent, à l'Hôtel de l'Oise, puis déambulent dans les allées d'un marché aux puces. Alain Ronay prend les toutes dernières photos connues de Jim Morrison, cinq jours avant sa mort. Habillée en pèlerine à capuche, Pamela filme avec sa caméra super-8. Jim porte une chemise fuchsia et un pull bleu noué autour du cou. Des vêtements récemment offerts par Pamela. Il sourit. Devant des frites et des bouteilles de Kronenbourg, le couple semble tout à fait détendu, franchement amoureux, front contre front, les yeux dans les yeux. Un jour idyllique selon Ronay, rassuré. En effet, en cette fin juin, il a aidé Jim à monter des bûches à l'appartement de la rue Beautreillis. Étonné que son ami ait besoin d'un feu de cheminée en plein été, il remarque que Morrison est anormalement essoufflé par l'effort, après avoir monté les trois étages.

Le mardi 29 juin, Jim écrit au comptable des Doors, Bob Greene. Il l'informe que Pam et lui ont décidé de s'installer pour une période indéfinie en France. Et notamment à Paris, ville fascinante, bâtie à taille humaine, contrairement à la tentaculaire Los Angeles. Il le charge de céder la boutique Themis à Tom et Judy, la sœur de Pam et son mari, et d'envoyer une centaine de dollars aux Courson pour l'entretien du chien Sage. Il demande à être précisément informé sur sa situation financière et à faire établir de nouvelles cartes de crédit Diner's Club à leurs deux noms. Jim dit aussi prévoir l'achat d'une résidence en France. Le soir même, coïncidence troublante, Nico, en taxi à un feu rouge, aperçoit Jim au loin. Sidérée, elle tente de l'appeler par la vitre baissée. En vain. Son ombre s'estompe dans la foule.

Le jeudi 1er juillet, Pamela est fébrile. Son stock d'héroïne demande à être renouvelé. Grâce au comte de Breteuil, toujours bien informé, elle apprend qu'un arrivage est prévu en provenance de Marseille. Selon Jim, l'héroïne poussera tôt ou tard Pamela à se prostituer pour se payer ses doses. Au 18 de la rue du même nom, Jim et Pamela fréquentent le restaurant Le Beautreillis. Ce jeudi-là, vers 21 h 30, le couple se dispute justement au sujet de l'héroïne. Excédé, Morrison se lève et quitte l'établissement, aussitôt rattrapé par sa compagne.

Le lendemain, après s'être promenés dans le Marais, Jim et Alain déjeunent au bistrot Ma Bourgogne, place des Vosges. Le Franco-Américain est frappé de constater à quel point son ami semble soucieux. Peu loquace, Jim a mauvaise mine. Il tousse et marche avec difficulté. Comme il le côtoie presque quotidiennement depuis un mois, Ronay est perplexe :

> J'étais confus et peiné par l'inexplicable et soudain revirement de tous les progrès que Jim avait faits ces derniers mois. Il avait été si joyeux, si calme et disponible. Paris avait fait du bien à Jim. Il s'y était soigné et retrouvé. Il écrivait continuellement et avait presque arrêté de boire. Il ne s'était pas mis à la drogue. Le vice de Pam n'avait pas de prise sur lui[23].

À 13 h 35, Morrison adresse un télex à Jonathan Dolger, son éditeur chez Simon & Schuster, à New York. À l'occasion de l'édition de *The Lords and the New Creatures* au format poche, il réclame à nouveau que l'on change la photo de couverture. Il ne supporte plus celle de Joel Brodsky, trop proche de cette image de star qu'il cherche à effacer. Il préfère les superbes photos intimistes d'Edmund Teske, où il se reconnaît davantage en tant qu'écrivain. Durant la promenade dans le Marais, Jim est victime d'une crise de hoquet qui va durer près d'une heure, comme un moteur qui cliquette avant de tomber en panne. Pour freiner cette crise douloureuse, il est même contraint de s'allonger sur un banc. Mais Jim refuse qu'Alain l'accompagne en consultation à l'hôpital le plus proche. Il parle même de ses projets, précisant qu'il souhaite finir d'enregistrer à Paris *son* disque de lecture de poésie convenu avec Jac Holzman. Jim s'arrête dans une boutique et achète un pendentif rouge pour Pamela. Les deux amis sont de retour rue Beautreillis vers 17 h 30. Alain doit quitter Jim pour rejoindre Agnès Varda, avec laquelle il a rendez-vous pour dîner. Mais Morrison implore Alain de rester un moment encore. Cette insistance n'est pas dans ses habitudes, ce qui trouble Ronay. Ils prennent une dernière tournée de Kronenbourg place de la Bastille, à la brasserie Le Phare. Alain est frappé par le teint gris de Jim qui, après avoir à nouveau hoqueté, ferme les yeux et rejette la tête en arrière. Ronay remarque alors que le visage de son ami a pris « l'apparence d'un masque mortuaire[24] », semblable à celui que Jim lui a jadis montré à Los Angeles, dans un livre consacré à Francis Bacon. Le masque mortuaire de William Blake. Ouvrant les yeux, Jim surprend l'air intrigué d'Alain et lui demande ce qu'il a vu. Interloqué, Ronay répond qu'il n'a rien vu. En retard pour son rendez-vous avec Agnès Varda, Alain quitte enfin Jim aux alentours de 18 heures. Il s'engouffre dans le métro, non sans lui avoir lancé un dernier regard inquiet. Quatorze heures plus tard, le lendemain matin, bouleversé par cette vision de la veille, il ne trouvera pas le courage de regarder le cadavre de son ami décédé.

À Beverly Hills, l'avocat Max Fink recevra une carte postale en date du 3 juin 1971. Un des derniers courriers rédigés de la main de Jim Morrison. Achetée au Maroc plusieurs semaines plus tôt, mais postée de Paris, la carte représente un méhariste sur son chameau. Primesautiers, les mots ne sont franchement pas ceux d'un suicidaire : « Cher Max — Magnifique printemps dans la "Ville de l'Amour". On rentre tout juste d'Espagne, du Maroc + Corse — où est né Napoléon. On prend du bon temps ! Les femmes sont géniales, la bouffe excellente. Salue tout le monde pour nous. Jim[25]. »

Ce vendredi soir 2 juillet, Jim retrouve Pamela rue Beautreillis. À partir de cet instant, les témoignages vont diverger et contribuer à graver la légende de Jim Morrison. Celle de sa disparition. La version de Pamela Courson, contre tout un faisceau de témoignages, va pourtant longtemps s'imposer.
Sur la recommandation d'Alain Ronay, Jim et Pamela décident d'aller voir le « western freudien » de Raoul Walsh interprété par Robert Mitchum et Teresa Wright : *La Vallée de la peur (Pursued)*, dans lequel un homme part à la recherche de l'assassin de son père. Ce film de 1947 est projeté à l'Action Lafayette — une des salles favorites de Jim, avec le Champollion —, dans le cadre d'un cycle intitulé « L'Histoire de l'Ouest par le Western ».

La version dite « officielle » de la mort du chanteur des Doors reste donc celle déclarée à la police par Pamela Courson. Selon celle-ci, Jim sort dîner seul vers 21 heures, dans un café proche de la Bastille. Avant 22 heures, Jim retrouve Pamela pour se rendre au cinéma.
Le couple est de retour rue Beautreillis sitôt après la projection. Pam et Jim écoutent des disques des Doors, y compris le titre « The End », et projettent des films jusqu'à 2 h 30, avant de se coucher. Pam est réveillée une heure plus tard par la respiration anormalement bruyante de son compa-

gnon. Elle pense appeler un médecin, mais Jim refuse. Il préfère se faire couler un bain, pensant s'apaiser. Mais, victime de nausées, il appelle Pam. Il vomit de la nourriture, puis du sang et, enfin, des caillots. Comme il a déjà subi ce désagrément, Pamela ne s'inquiète pas outre mesure. À la demande de Jim, elle retourne se coucher et se rendort. À son réveil, vers 5 heures du matin, ne trouvant pas son compagnon à son côté, elle se lève et le découvre inanimé dans la baignoire (1,50 m de long sur 65 cm de large, profonde de 35 cm, avec une hauteur d'eau constatée de 19 cm), les yeux clos et la tête rejetée en arrière, reposant sur la paillasse droite, un curieux sourire aux lèvres. Ses bras reposent sur le bord de la baignoire. Imaginant aussitôt le pire, Pamela secoue le corps et tente vainement de le sortir de l'eau. Jim semble pour le moins dans le coma. Paniquée face au corps inerte, le premier réflexe de Pamela est d'appeler Jean de Breteuil.

Ce week-end de début juillet 1971, Breteuil et Marianne sont descendus à L'Hôtel, rue des Beaux-Arts. Le téléphone sonne dans la nuit. Marianne Faithfull se souvient : « Nous passions notre temps à nous shooter et à baiser. [...] Il couchait avec moi uniquement parce que j'avais été la petite amie de Mick Jagger. [...] Jean a reçu un coup de fil de Pamela Morrison et il a dû sortir précipitamment. [...] Il n'est pas rentré tout de suite, seulement au petit matin, très agité[26]. » À la demande insistante de Pamela, Jean de Breteuil se rend donc rue Beautreillis vers 6 h 30 et met au point avec elle la version officielle de la mort de Jim Morrison. Le comte ne veut en aucun cas être mêlé à cette nouvelle disparition par overdose. Promettant à Pamela de repasser avant son départ pour le Maroc, où il décide de se réfugier, il quitte la rue Beautreillis, laissant la jeune femme seule avec le cadavre de son compagnon dans la baignoire.

Aussitôt le comte parti, Pamela téléphone à Alain Ronay chez Agnès Varda, rue Daguerre, dans le 14e arrondissement. La réalisatrice raconte :

> Alain et Jim avaient passé l'après-midi du 2 juillet ensemble, et Jim n'était pas bien. Il était très étrange. Quand Alain est revenu chez nous, il a effectivement dit que Jim n'était pas bien. Il n'y avait rien de spécial, mais le lendemain matin, vers 8 heures, nous étions endormis, chacun dans une chambre, lorsque le téléphone a sonné avec insistance. C'est Alain qui a décroché, il est venu me chercher en courant et m'a dit : « Je viens d'avoir un coup de fil de Pam, il faut y aller tout de suite, elle a l'impression que Jim est mourant ! » Je lui ai proposé de gagner du temps et d'appeler les pompiers d'ici, et c'est ce que j'ai fait[27].

En cette matinée du 3 juillet, un fourgon rouge se gare en hâte devant la porte cochère du 17 rue Beautreillis. Il est 9 h 24. Quatre pompiers et leur lieutenant, Alain Raisson, chef de garde à la compagnie de Sévigné, grimpent bruyamment les trois étages. Habillée de sa djellaba blanche trempée, Pamela Courson leur ouvre la porte. Elle a pris soin de jeter la drogue présente dans l'appartement et, plus surprenant, Alain Ronay la voit brûler des lettres et divers écrits de Jim Morrison dans la cheminée. Dans son rapport, le lieutenant Raisson indique :

> Lorsque nous sommes arrivés, il y avait donc un homme d'une corpulence assez forte, qui était étendu dans la baignoire. Il était la tête rejetée en arrière. Son bras était reposé sur le bord de la baignoire. L'eau était tiède, vers 30 degrés. Elle était un petit peu rosée. Il y avait du sang qui avait coulé, ça se voyait, de sa narine droite. Ça voulait dire qu'il avait perdu déjà un petit peu de sang. C'était quand même mauvais signe. Nous avons pris le corps et nous l'avons transporté dans la chambre que nous a indiquée la jeune femme qui était là. Je l'ai fait étendre par terre où nous avons donc commencé le massage cardiaque, mais très rapidement on s'est rendu compte que la mort était certaine et qu'il n'y avait rien à faire. Donc, à ce moment-là, je l'ai fait déposer sur le lit[28].

Profitant de la confusion, M. Chastagnol, le voisin du deuxième, réussit à pénétrer dans l'appartement et à voir le corps étendu dans la chambre, avant de se faire éconduire. Dans une lettre en date du 20 mars 1990 adressée à l'écrivain Bob Seymore, M. Chastagnol confirme avoir reconnu le corps : « Jim Morrison était mort, couché sur le dos, le corps recouvert d'un peignoir[29]... »

Un peu avant, Agnès Varda et Alain Ronay sont arrivés dans la vieille Volkswagen de la réalisatrice. Agnès Varda témoigne avec précision qu'elle a « réellement vu l'impressionnante image, le tableau de Jim mort dans son bain » : « Je l'ai donc vu mort. J'ai vu la baignoire en entrant, dans l'axe du corridor. La tête de Jim était à gauche, posée penchée sur le bord en émail blanc, et l'eau sombre couvrait son corps comme un tissu. Un filet de sang avait séché en coulant de son nez, dessinant un trait oblique vers le coin de sa bouche[30]. » Quelques minutes plus tard, le lieutenant Raisson leur annonce le décès de leur ami. Il convient d'avertir la police. Si Agnès voit le corps revêtu d'un peignoir, Alain Ronay, bouleversé, refuse catégoriquement cette vision. Tout juste entrevoit-il les pieds de son ami par la porte ouverte. En pénétrant dans l'appartement, il a déjà été choqué à la simple vue des bottes de Jim. Il préfère garder le souvenir de l'homme avec lequel il discutait la veille encore, en fin d'après-midi. Pamela reste prostrée : « Mon Jim est mort, Alain. Il nous a quittés. Il est mort[31]. »

Mais il y a urgence. Avec Alain Ronay, elle fignole la version des faits élaborée au petit matin avec Jean de Breteuil. Comme Ronay doit servir d'interprète pour Pam, tous deux conviennent de ne parler en aucun cas de drogue (alors que Pam dit à Alain que Jim et elle, la veille, ont « sniffé de l'héroïne[32] » ensemble, Jim en prenant plus qu'elle), et surtout de ne pas révéler que Jim est le célèbre chanteur des Doors. Ils décident de le présenter comme un poète américain alcoolique et fortuné de passage à Paris. Alain en informe discrètement Agnès Varda, aussitôt d'accord pour ne pas éveiller la suspicion des policiers. C'est Alain qui a l'idée de brouiller les pistes en déclarant le défunt sous le nom de Douglas James Morrison, en inversant les prénoms. Il avouera seulement que son ami était alcoolique. Pamela et Alain redoutent par-dessus tout que l'enquête se prolonge et s'oriente vers les milieux des stupéfiants. La jeune femme serait aussitôt devenue suspecte.

Après être sorti acheter des cigarettes, Alain Ronay revient à l'appartement lorsque deux jeunes hommes sonnent à la porte. Jean de Breteuil est de retour, accompagné d'un ami.

> Le grand s'est présenté sous le prénom de Jean [de Breteuil], le petit sous celui de Jean-Louis. Comme ils demandaient Pamela, je leur ai expliqué qu'elle n'était pas en état de recevoir quiconque et leur ai demandé de la rappeler le lendemain. « C'est elle qui m'a appelé, dit Jean agressivement. Je suis au courant de tout. » [...] Agnès a surgi, agacée, alors que Jean continuait : « Je vis avec Pam depuis six mois. » « Très bien, mais maintenant vous devez partir », rétorqua Agnès[33].

Alors que la cinéaste s'apprête à éconduire les importuns, Pamela apparaît et s'isole un instant avec Jean, puis Alain Ronay frappe à la porte et s'adresse nerveusement à Jean : « Ne complique pas la situation. Tu ne dois pas être là quand le médecin légiste va se pointer avec la police. Ne dis rien à personne. Fais-le pour Pam. De terribles ennuis pourraient survenir[34]. » Alors qu'il s'apprête à quitter les lieux, le comte dit à Alain qu'il part pour Marrakech où il possède une maison, et que tout est prévu là-bas si jamais Pamela décide de le rejoindre. Après le départ de Breteuil, Agnès Varda confie à Alain Ronay qu'elle ne peut pas croire que Pamela ait pour amis des dealers.

Afin de préserver la tranquillité d'Agnès et d'éviter de la compromettre, Ronay la convainc de ne pas s'attarder. Agnès Varda propose alors à Pamela de la recueillir, mais la jeune femme refuse de quitter le corps de Jim. Alain discute ensuite avec Pam afin de lui changer les idées. La jeune femme lui montre une requête en concubinage entre elle et Jim, effectuée en 1967 à Denver, au Colorado, mais jamais ratifiée.

L'officier de police judiciaire Jacques Manchez, du commissariat de l'Arsenal, arrive sur les lieux et recueille la fameuse déposition de Pamela. Il se fait traduire ses propos par Ronay, avant de les convoquer tous deux l'après-midi même.

Alors qu'Agnès Varda prépare une tisane de camomille pour Pamela, le téléphone sonne. C'est Hervé Muller. Alain Ronay décroche et répond que Pamela et Jim sont sortis. Muller est à la fois frappé par le fait qu'Alain Ronay se trouve là si tôt, un dimanche matin, et surtout par le ton bizarre de sa voix.

Le midi, Alain et Pamela déjeunent ensemble dans le café le plus proche et peaufinent leur version des faits. En début d'après-midi, ils signent le certificat de décès n° 48611, établi sous le nom de famille Douglas Morrison. Le document est ainsi maladroitement dactylographié :

> Le trois juillet mille neuf cent soixante et onze, cinq heures, est décédé 17 rue Beautreillis, James DOUGLAS MORRISON, né à Florida (États-Unis d'Amérique) le 8 décembre 1943, écrivain domicilié à Los Angeles (États-Unis d'Amérique) 82-16 Norton Avenue, Los Angeles, filiation inconnue du déclarant. Célibataire. Dressé le 3 juillet 1971, 14 h 30, sur la déclaration de Michel GAGNEPAIN, 34 ans, employé 8 rue du Cloître-Notre-Dame, qui lecture faite et invité à lire l'acte a signé avec nous Annie Jacqueline Françoise TARIN épouse MORENO fonctionnaire de la Mairie du IVe arrondissement de Paris, Officier de l'État Civil par délégation du Maire AM[35].

L'examen du corps a été expédié en quelques minutes. Le « médecin des corps » rattaché au commissariat l'a fait à la va-vite. Partant en vacances le lendemain, il ne souhaite pas de complications, quand bien même cette histoire lui semble louche. Il fait très chaud en ce week-end de début juillet. Aucune raison de faire traîner les choses...

Vers 15 h 40, Pamela Courson et Alain Ronay se présentent au commissariat de l'Arsenal, où ils retrouvent l'officier de police Jacques Manchez. Dans sa déclaration, Pamela présente son compagnon défunt comme un écrivain vivant « surtout sur une fortune personnelle ». Comme convenu entre Alain et Pamela, il n'est aucunement question de présenter Jim comme le célèbre chanteur des Doors. Les propos recueillis par la police sont ainsi rapportés :

> Avant de venir habiter rue Beautreillis j'ai vécu 3 semaines avec mon ami à l'Hôtel de Nice [en fait L'Hôtel] rue des Beaux-Arts je crois et là mon ami s'est trouvé souffrant il se plaignait de mal respirer il avait aussi des crises de toux dans la nuit. J'avais appelé un médecin ce praticien est venu à l'hôtel il a prescrit des pilules contre l'asthme ; mais mon ami n'aimait pas voir les médecins et ne s'est jamais soigné sérieusement. [...] Lors d'un précédent séjour à Londres mon ami avait déjà eu les mêmes malaises[36].

Pamela précise ensuite l'emploi du temps de la veille au soir : le film *La Vallée de la peur*, à l'Action Lafayette, le retour rue Beautreillis et le détail de la nuit jusqu'à la découverte du corps dans la baignoire. Pamela déclare qu'elle va s'occuper des obsèques avec l'aide d'Alain Ronay. À 16 h 30, elle signe le procès-verbal.

Le médecin, Max Vassille, se présente vers 18 heures à l'appartement, rue Beautreillis. Il constate que le corps ne comporte aucune trace suspecte de traumatisme ou de lésion, ni aucune trace de piqûre, et écarte ainsi toute possibilité de meurtre ou de suicide. Le rapport médico-légal précise que le désigné James Morrison souffrait de troubles coronariens, peut-être amplifiés par l'abus de boissons alcoolisées, et que la mort est due à des « causes naturelles attribuables à un arrêt cardiaque, qui aurait pu être provoqué par un changement de température, suivi d'un bain, donnant le classique infarctus du myocarde, cause de mort subite[37] ». Faute d'éléments suspects remarqués sur les lieux ou sur le corps, on conclut à une mort naturelle. Le certificat de décès et le permis d'inhumer sont ainsi délivrés sans demande d'autopsie.

Pamela et Alain Ronay veulent éviter que la mort du « chanteur Jim Morrison » soit rapidement officialisée. La publicité faite autour des disparitions de Janis Joplin, Brian Jones et Jimi Hendrix les a profondément marqués. Mais leur stratagème de changement de prénom va surtout contribuer à créer un mystère et un mythe autour de la disparition de Jim Morrison. Agnès Varda, elle aussi, contribue au secret : « J'ai fait quelque chose que je suis sûre que Jim voulait, puisque c'était dans l'esprit de sa vie à Paris : autrement dit, bloquer la nouvelle[38]. »

Voilà en ce qui concerne la version Pamela Courson et les témoignages recueillis par les pompiers et la police. Mais la nuit même de la mort de Jim Morrison, une tout autre rumeur circule. Une version alternative se fait jour et n'aura de cesse d'être étayée au fil des ans. Peu glamour, elle sera déniée par certains fans aveuglés par leur passion.

Cette version n'a cessé de prendre consistance.

Les témoignages sont désormais trop nombreux et précis pour refuser d'admettre que Jim Morrison, sortant du cinéma et ayant raccompagné Pamela rue Beautreillis, se rend vers 1 heure du matin au Rock and Roll Circus, à Saint-Germain-des-Prés. Il a dans l'idée d'acheter de l'héroïne pour sa compagne. Lui-même aurait commencé depuis deux jours à en sniffer avec elle, ainsi que l'a confié Pamela à Alain Ronay.

D'autres versions existent encore, plus ou moins loufoques et jamais corroborées, quoique séduisantes. Celle du complot des services secrets, FBI et CIA, ou Interpol, visant à éliminer les symboles de la révolution libertaire des sixties. Celle où Jim est tué depuis New York par un procédé de sorcellerie. Celle surtout de la tombe vide, Morrison ayant mis en scène sa propre mort pour fuir le fardeau de la notoriété et disparaître incognito en Afrique (à l'image de Rimbaud) ou ailleurs, comme il l'a plusieurs fois évoqué de son vivant, pour ne jamais plus réapparaître. On peut toujours rêver...

L'enquête d'Hervé Muller menée peu après la mort de Jim Morrison révèle que, du côté du carrefour Buci, l'un des principaux fournisseurs d'héroïne en provenance de Hong Kong, via Marseille, est surnommé « le Chinois ». Dans l'ensemble de poèmes intitulé *Journal de Paris*, on trouve ce vers sidérant de Morrison : « J'espère que les junkies chinois / auront ta peau. » La cargaison du revendeur est justement constituée d'une héroïne chinoise très peu coupée, la « China White » ou « Cotton Candy », d'une qualité inhabituelle mais aux effets ravageurs. Marseille est alors en pleine French Connection, William Friedkin venant même d'y tourner cette année-là son film du même nom avec Gene Hackman et Roy Scheider. Les livraisons en provenance de la cité phocéenne mettent en émoi le milieu interlope parisien. Le contact local du « Chinois » distribue la drogue à son étroit réseau fréquentant, notamment, le Rock and Roll Circus.

Cette nuit du 2 au 3 juillet 1971, passé minuit, l'animateur des lieux, Sam Bernett, remarque que Jim Morrison vient de faire son apparition au Rock and Roll Circus. Il est bientôt rejoint par deux types au comportement agité, venus livrer une commande destinée à sa compagne. Les deux individus travaillent en fait pour le comte Jean de Breteuil. Après avoir bu un long moment en leur compagnie, Jim les laisse au bar et disparaît pour tester discrètement l'héroïne : « Il est peut-être 2 h 30 du matin quand la jeune femme en charge des vestiaires descend me signaler que depuis vingt minutes l'une des portes des toilettes des hommes est fermée de l'intérieur[39]. » Comme personne ne répond quand on tambourine à la porte, l'un des videurs la défonce. Les toilettes sont occupées par un homme que Bernett reconnaît aussitôt : « Jim Morrison est là, la tête entre les genoux, les bras ballants. Pendant quelques secondes nos regards restent scotchés sur le corps inerte[40]. » Il fait aussitôt venir un médecin présent dans la salle du bas, un habitué du club. Celui-ci ausculte brièvement Morrison et son verdict est formel : l'Américain est mort, victime d'une crise cardiaque, sans doute suite à une overdose. En fait, l'action conjuguée de la poudre et de l'alcool a provoqué une paralysie du système nerveux et a bloqué la respiration, entraînant un coma suivi d'une mort rapide et indolore. Plusieurs clients se pressent devant la porte défoncée. « Les deux hommes qui étaient au bar avec Jim m'ont rejoint précipitamment. Ils regardent le corps inerte, sans aucune surprise apparente[41]. »

Le patron de l'Alcazar, Jean-Marie Rivière, convoque plusieurs employés et leur dit d'agir rapidement : « Nous avons un sérieux problème. Si on trouve Jim Morrison mort ici, c'est la fermeture pour le club[42]. » Quand on parle d'appeler les pompiers, les deux dealers écartent aussitôt la suggestion et prétendent que Jim Morrison va recouvrer ses esprits. Ils se chargent de tout : « C'est pas la première fois que ça arrive. Il a un malaise, c'est tout ! On va le ramener chez lui[43] ! » Profitant de la stupéfaction générale, ils saisissent le corps avachi et le soulèvent péniblement. Comme ils sont de tailles différentes, le transport s'avère malaisé. Familiers des lieux, ils empruntent le long couloir qui conduit à l'issue de secours commune au Rock and Roll Circus et à l'Alcazar, et sortent par le 62 rue Mazarine. Parvenus sur le trottoir, ils utilisent leur propre véhicule, une Mercedes noire. Nicole Gosselin, qui connaît très bien l'un des hommes du bar, les a suivis :

> Et c'est par ici, puisque je l'ai vu, que Morrison est parti. Il était déjà mort. Plusieurs personnes l'entouraient et le soutenaient. J'ai vu une femme et des hommes autour de lui. Des gens bien habillés par rapport à nous qui étions plutôt habillés en hippies[44].

Patrick Chauvel témoigne lui aussi avoir participé à l'évacuation du corps. Âgé de 20 ans, ce futur grand reporter de guerre revient du Vietnam où il a couvert le conflit, sujet qu'il a plusieurs fois abordé avec Jim Morrison. Il fait alors des extras, en tant que barman au Rock and Roll Circus :

> Oui, j'ai aidé à le transporter, enroulé dans une couverture. Je ne peux pas affirmer à 100 % qu'il était mort, mais il ne bougeait plus. Ça, c'est certain. Quoi qu'il en soit, on a déposé le corps sur le siège arrière d'une Mercedes. Je ne sais pas qui conduisait la voiture. Ils voulaient le ramener chez lui, c'est ce qu'ils m'ont dit. J'ai aidé à le déposer là et puis nous sommes revenus au Circus. Ils voulaient que tout paraisse aussi normal que possible. [...] Je ne suis pas le seul à raconter cette histoire. [...] Il était absolument là cette nuit-là. Il n'y a aucun doute à ce sujet[45].

Entre 3 et 4 heures du matin, la circulation est fluide et il faut moins d'un quart d'heure pour se rendre en voiture du quartier de l'Odéon à la rue Beautreillis. Si Gilles Yéprémian est parvenu, seul, quelques semaines plus tôt, à gravir cinq étages avec un Jim Morrison ivre et récalcitrant, il est forcément bien plus aisé à deux hommes de monter un corps inerte (et forcément silencieux !) au troisième étage de la rue Beautreillis.

Arrivés là, les dealers réveillent Pamela et plongent le corps dans la baignoire. Ils ont encore un mince espoir de ranimer le chanteur, selon une technique éprouvée en cas d'overdose, en le plongeant dans un bain d'eau froide. Paniqués en constatant le décès évident de leur client, ils déguerpissent.

Pendant ce temps, au Rock and Roll Circus, Sam Bernett se dit qu'il n'aurait jamais dû laisser partir les deux individus avec le corps sans vie. Il aurait fallu appeler les secours, mais la réputation de la boîte en aurait pris un sérieux coup. D'ailleurs, le nouvel adjoint de Paul Pacini rapplique déjà, fébrile. Il entraîne Sam Bernett à l'écart, du côté de l'Alcazar, et lui dit sa façon de voir :

> Puisque les amis de Morrison ont souhaité l'emmener avec eux, nous n'avons plus rien à voir avec cette histoire. L'incident est clos. Le club n'a aucune responsabilité dans ce qui vient de se passer. C'est un accident malheureux, certes, mais c'est la fatalité. Alors on n'a rien vu, rien entendu, on ferme sa gueule ! OK ? C'est ce qu'il y a de mieux à faire pour éviter un scandale[46] !

Sam Bernett ne peut qu'acquiescer :

> Oui, James Douglas Morrison est mort au Rock and Roll Circus d'une overdose. Une overdose d'héroïne pure à 84 %, mélangée à une forte quantité d'alcool[47].

Sam Bernett partira un an plus tard, le club ne lui survivant que quelques mois à peine. Pour devenir légendaire. Client régulier du night-club, le journaliste François Jouffa insiste sur une rumeur qui s'était répandue dans le petit cercle des noctambules parisiens :

> Tout le monde, le jour de sa disparition, disait que Jim Morrison était mort durant la nuit dans les toilettes pour hommes du Rock and Roll Circus, une boîte où il aimait traîner[48].

La chanteuse Zouzou confirme, elle aussi, avoir entendu l'information dans la nuit :

> Vers 4 heures du matin, un mec que je connaissais bien, qui dealait, vient me voir et dit : « Tu sais que Morrison est mort ? Je lui ai vendu quelque chose et j'espère que c'est pas mon truc qui l'a tué[49]. »

La rumeur court ainsi bien avant que les pompiers et la police n'aient encore été avertis. Ainsi, vers 6 heures du matin, rue de la Montagne-Sainte-Geneviève, le DJ du night-club La Bulle, Cameron Watson, récent transfuge du Rock and Roll Circus, annonce-t-il déjà le décès aux derniers clients. Les deux dealers viennent de l'informer que Jim Morrison est mort sur les lieux mêmes de son ancien travail. Présent à La Bulle cette nuit-là, le journaliste Jean-Bernard Hébey reprend dès le lendemain l'information à l'antenne de Radio Luxembourg.

À L'Hôtel, Jean de Breteuil ordonne à Marianne Faithfull de faire immédiatement ses valises. Destination le Maroc. Il jette toute la drogue en sa possession. Longtemps avare de déclarations sur le sujet, Marianne Faithfull précise quarante ans plus tard :

> Jean est revenu et il m'a tabassée. Il était tellement furieux qu'il aurait sans doute reconnu lui-même avoir dépassé les bornes abominables qu'il respectait jusque-là. [...] Il m'a littéralement traînée en grande hâte à Marrakech, chez sa mère. Il voulait oublier les sinistres événements qui venaient de se produire. De toute évidence, c'était pour lui une très grave affaire que d'avoir tué Jim Morrison, comme il le disait[50].

Jean de Breteuil craint en effet pour sa vie :

> Jim Morrison avait fait une overdose, et c'était lui qui avait fourni la drogue. Jean se considérait comme le dealer des stars. Subitement, il n'était plus qu'un minable dealer d'héroïne avec de gros ennuis. Il était très jeune. S'il avait vécu, il aurait pu devenir un être humain. [...] C'est vers cette époque que tous les gens que je connaissais ont commencé à se mettre aux drogues dures pour calmer leurs douleurs, et à l'alcool ou aux somnifères pour oublier. Le temps des drogues qui vous ouvraient l'esprit était passé. Le monde avait basculé. On avait carrément changé de ton. On se serait cru dans une symphonie de Mahler qui tourbillonnait et échappait à tout contrôle[51].

Ce samedi soir 3 juillet vers 21 heures, les deux fuyards s'envolent donc pour le Maroc où ils passeront une semaine chez la comtesse de Breteuil, à la Villa Taylor. Le musicologue Roger Steffens, alors présent à Marrakech, se souvient :

> Ils étaient bouleversés et arrivaient juste de Paris où ils avaient trouvé Jim Morrison mort dans sa baignoire de l'appartement du Marais. Ils racontaient qu'ils avaient reçu un appel de Pamela au milieu de la nuit. [...] Jim était manifestement mort et ils ne pouvaient rien faire pour lui. C'est ce qui les a d'autant plus effrayés[52].

Peu après, Marianne trouvera la force de quitter le comte :

> En vérité, ce mec était un cauchemar ambulant. Je me rendais compte qu'il était une vraie malédiction. Quand nous sommes revenus du Maroc, je l'ai largué. Je ne voulais pas devenir un autre de ses dommages collatéraux. Comme pour tous les gens impliqués de près ou de loin dans la mort de Morrison, cette histoire était décidément trop lourde[53].

Jean de Breteuil disparaîtra quelques mois plus tard à Tanger, lui aussi d'une overdose d'héroïne. Tout comme Pamela Courson, en 1974, à Hollywood.

Dans l'appartement de la rue Beautreillis, le corps de Jim Morrison est conservé dans une housse grâce à des pains de glace et à 12 kilos de neige carbonique. Étant donné la chaleur étouffante, un employé des pompes funèbres passe chaque jour renouveler les pains de glace nécessaires à la conservation du corps. Selon certains, Pamela s'est entêtée à rester auprès de Jim jusqu'à l'enterrement, lui tenant la main et lui parlant. Ce que dément Agnès Varda, qui affirme que la jeune veuve venait dormir chez elle, avant de retourner au matin rue Beautreillis, retrouvant Robin Wertle venue apporter son aide.
Le dimanche 4 juillet, la rumeur de la mort de Jim Morrison parvient jusqu'à Londres. Clive Selwood, responsable local du label Elektra, reçoit plusieurs appels de journalistes lui demandant de confirmer la nouvelle. Il prend aussitôt l'affaire au sérieux et appelle dès le lundi matin les bureaux parisiens… où on ignore jusqu'à la présence de Jim Morrison dans la capitale. Selwood tente alors de se renseigner auprès de la police et de l'ambassade américaine, mais en vain. Comme deux magazines spécialisés continuent de le harceler, il décide de joindre directement Bill Siddons à Los Angeles. D'abord sceptique, même si sa femme Cheri devine d'instinct la vérité, le manager des Doors décide d'appeler Jim à Paris. Il espère étouffer au plus vite

ce qu'il considère comme une énième fausse alerte. Mais c'est Pamela qui décroche et finit par lui avouer qu'il serait judicieux de venir d'urgence la rejoindre. Comme les propos de la jeune femme restent assez confus, Bill accepte de rester discret et lui propose de venir au plus vite l'aider. Il prévient Ray Manzarek qu'il se rend à Paris pour en avoir le cœur net. Circonspect, le musicien l'encourage toutefois à faire le voyage. Cette nouvelle provient d'un autre continent, à une époque où les moyens de communication sont encore lents. Prévenu par Siddons, alors qu'il se trouve dans sa maison de Malibu, Robby Krieger est lui aussi sceptique : « Sur le moment, j'étais incapable de le croire. Nous avions déjà souvent entendu cette histoire. Les gens ne cessaient de dire des choses complètement dingues à propos de Jim. Je ne sais plus combien de fois il a sauté par la fenêtre, par exemple[54]... » À son retour à Los Angeles, Bill Siddons lui avoue une vérité qu'il dissimulera longtemps, feignant de s'en tenir à la version « officielle » de Pamela. Robby avoue ainsi, en juillet 2011... soit quarante ans plus tard :

Jim est mort d'une overdose dans une boîte de nuit. Quelqu'un lui a donné de l'héroïne alors qu'il était bourré. Il l'a goûtée, ne se rendant pas bien compte de la dose qu'il prenait. Ensuite, on l'a transporté à son appartement et on l'a plongé dans un bain pour essayer de le ranimer... C'est l'histoire que Bill m'a racontée voici quarante ans. Je pense sincèrement aujourd'hui, avec le recul, que cette histoire est très proche de ce qui s'est passé à l'époque, mais cela n'a été rendu public, si je puis dire, que très tardivement[55].

Mais pour l'heure, en ce lundi 5 juillet 1971, Bill Siddons rappelle les bureaux londoniens d'Elektra et demande à Clive Selwood de publier un démenti en attendant qu'il se rende sur place pour en apprendre davantage. Bill fonce alors à l'aéroport et prend le premier vol pour Paris.

Pamela, qui a donné son accord à Alain Ronay pour un enterrement au Père-Lachaise, lui demande naïvement si Rimbaud est enterré là. Accompagné de Robin Wertle, Ronay entreprend les premières démarches auprès de l'entreprise de pompes funèbres Bigot, proche de Notre-Dame. Une tombe peut être retenue contre la somme de 4 600 francs, la concession à perpétuité pouvant être révoquée au bout de trente ans. Monsieur Guizard déploie une carte et propose les rares emplacements disponibles. Apprenant que le défunt est un poète, il dit à son client qu'il a « de la chance », il se souvient qu'une tombe est justement disponible à proximité de celle de l'écrivain Oscar Wilde. Alain Ronay frémit. Confronté à la cruauté du hasard, il se souvient de sa discussion avec Jim à ce sujet précis. Il sait à quel point Wilde fascinait son ami, mais il est tellement bouleversé que son réflexe est de repousser cette troublante éventualité. On lui propose alors un autre emplacement, mais très mal situé, encastré entre d'autres tombes, dans l'ancienne partie du cimetière. Alain Ronay accepte aussitôt. La date de l'enterrement est arrêtée au mercredi 7 juillet au matin. Entre-temps, en ce lundi après-midi, le corps de Jim Morrison, revêtu d'un costume sombre, est placé dans un cercueil scellé. Il ne faut plus perdre de temps. Une chaleur étouffante pèse sur Paris.

Bill Siddons arrive à Paris le mardi 6 juillet à 6 h 30. Rue Beautreillis, il découvre une Pamela dans un état second, éplorée, et surtout un cercueil déjà scellé. Le fait que Siddons n'ait pu voir le corps de son ami, mais seulement son cercueil, va donner jour à une légende tenace selon laquelle Jim aurait simulé sa propre mort pour entamer une nouvelle vie dans l'anonymat. Thèse entretenue par le scepticisme maniéré de Ray Manzarek. Et s'il s'agissait de la blague ultime de Jim ? Sauf qu'il est difficilement envisageable de mettre en doute la parole d'Agnès Varda qui confirme avoir vu le corps le 3 juillet au matin. Alain Ronay, quant à lui, a reconnu les pieds et les jambes de son ami. Et M. Chastagnol a bien identifié son voisin décédé. Pour Bill Siddons, qui n'a que 21 ans en 1971, la situation est difficile à appréhender. Abasourdi, il lit le certificat de décès et se trouve emporté par les événements. Il faut d'urgence organiser cet enterrement que chacun, pour différentes raisons, souhaite discret.

Accompagnée de Robin Wertle, Pamela restitue le passeport de Jim à l'ambassade américaine. Le défunt est déclaré sous le nom de James Douglas Morrison, *poète*. Là encore, personne ne fait le lien avec le célèbre chanteur et parolier des Doors. Alain Ronay et Agnès Varda prennent les choses en main, avec l'aide de Bill Siddons et Robin Wertle. Il n'est plus possible d'attendre. Agnès Varda se souvient des circonstances :

> Il avait dit une fois qu'il aimerait bien vivre à la campagne. Alors, on a essayé d'avoir un cimetière à la campagne, mais

c'était impossible parce qu'il faut être né dans le village même. C'était trop compliqué. Alors, on est allés là où il y a de la place pour les étrangers, au Père-Lachaise, évidemment. Et on a fait très vite toutes les démarches possibles, de manière à ce que la nouvelle d'agence, la nouvelle officielle, ne circule que lorsqu'il serait enterré[56].

Les archives du Père-Lachaise rapportent :

Mairie de Paris, cimetière du Père-Lachaise, 16 rue du Repos, 75020 Paris. James Douglas Morrison, décédé le 3 juillet 1971, IVe arrondissement, rue Beautreillis, 17, inhumé le 7 juillet 1971. Fosse 2 mètres, 6e division, 2 face 5, 47-73, c'est-à-dire 590 bis. Acquéreur : mademoiselle Pamela Courson, Suzanne, le 6 juillet 1971.

Daté du 6 juillet 1971, le bordereau d'inhumation stipule que le cercueil en chêne standard verni blanc, long de 190 centimètres, est facturé 366 francs, l'ensemble des frais funéraires s'élevant à 878,43 francs. Rainer Moddemann, éditeur du bulletin *Doors Quarterly*, rapporte qu'il a rencontré en 1993 une certaine Mme Colinette dont le mari est décédé peu avant Jim. Celle-ci lui a témoigné que l'enterrement a été expédié en moins de dix minutes.

Vers 9 heures du matin, le mercredi 7 juillet, le cercueil de Jim Morrison fait son entrée au cimetière du Père-Lachaise. En dehors des préposés du cimetière et des employés des pompes funèbres, seules cinq personnes assistent à la brève cérémonie. Pamela Courson, Bill Siddons et Robin Wertle arrivent directement de la rue Beautreillis. Alain Ronay et Agnès Varda les rejoignent devant la fosse encastrée entre deux autres sépultures. Bill Siddons ne s'explique pas l'absence de pierre tombale :

> Robin et moi sommes allés aux pompes funèbres pour arranger l'enterrement de Jim. Nous avons fait virer de l'argent des États-Unis pour payer tout ça, et avons acheté une pierre tombale que nous n'avons jamais vue, pour des raisons que je n'ai jamais vraiment comprises[57].

Pam prononce juste quelques vers écrits par Jim, tirés de l'ensemble « The Severed Garden » : « *Death makes angels of us all / And gives us wings / Where we had shoulders / Smooth as raven's claws* » (« La mort fait de nous des anges / Et nous donne des ailes / Là où nous avions des épaules / Lisses comme des griffes de corbeau. ») Et d'autres tirés de « Celebration of the Lizard » : « *Now night arrives with her purple legion / Retire now to your tents & to your dreams / Tomorrow we enter the town of my birth / I want to be ready* » (« Voici que surgit la nuit avec sa légion pourpre / Retirez-vous maintenant dans vos tentes & dans vos rêves / Demain nous entrons dans la ville où j'ai vu le jour / Je veux être prêt. »)

Bill reste ensuite auprès de Pamela, l'aidant à vider l'appartement et à faire expédier les cartons aux États-Unis, puis tous deux prennent l'avion le jeudi 8 juillet. Vers 22 heures, à l'aéroport de Los Angeles, ils sont accueillis par Cheri, la femme de Bill, et par les parents Courson. La mère de Pamela se montre explicite concernant l'état mental de sa fille à son retour de Paris : « Lorsqu'elle est rentrée, elle était pratiquement folle. Elle ne pouvait plus rien faire, parce qu'elle avait toujours tout fait avec lui[58]. »

Le lendemain vendredi 9 juillet, Siddons réunit son équipe autour des musiciens et convoque la presse pour confirmer la disparition du chanteur à Paris. Ironie du sort, l'album *L.A. Woman* sort justement en pressage européen ce jour-là ! Soit six jours à peine après les faits. La nouvelle est officialisée par un communiqué de presse. Un télex de l'agence UPI est rédigé par Siddons lui-même :

> Jim a été enterré très simplement, entouré seulement de quelques amis proches. La nouvelle de sa mort et de son enterrement n'a pas été immédiatement rendue publique, du fait que ceux d'entre nous qui étaient ses intimes et l'aimaient personnellement voulaient éviter le tapage et l'ambiance de cirque qui ont accompagné la mort d'autres personnalités du rock comme Janis Joplin et Jimi Hendrix[59].

La dépêche précise que Jim Morrison est mort « paisiblement » de causes naturelles, et qu'il se trouvait depuis mars à Paris en compagnie de « sa femme ». Il avait consulté un médecin français pour des problèmes respiratoires et s'était plaint des mêmes maux la veille de sa mort.

Si Ray, John et Robby sont visiblement choqués par la disparition de leur chanteur, Siddons est gêné de constater que les discussions restent avant tout focalisées sur l'aspect financier et pratique. C'est un journaliste du *Washington Post* qui apprend le décès de son fils à l'amiral Steve Morrison, à Arlington.

Le samedi 10 juillet, lorsque Élisabeth Larivière rentre de Saint-Tropez, c'est pour trouver l'appartement de la rue Beautreillis dans un triste état. Elle décidera rapidement de le quitter.

Contrairement à tant de prétendus proches de Jim Morrison aux États-Unis, son « épouse wiccane » Patricia Kennealy se précipite à Paris en ce mois de juillet 1971. Elle photographie la sépulture. Sur le cliché, on voit un pauvre monticule de terre avec une croix en bois blanc posée à même le sol. Deux lignes d'inscriptions stipulent :

DOUGLAS MORRISON JAMES
ARTISTE CHANTEUR

Patricia ajoute maladroitement le prénom « Jim » au-dessus de « James ». Et « poète » après le mot « chanteur ». La première à y penser, elle ajoute aussi les dates de naissance et de mort de son amant. Disposées en ogive, des coquilles Saint-Jacques matérialisent l'emplacement du corps. Des fleurs étalées forment un symbolique dessus-de-lit. Patricia Kennealy quitte ensuite la France pour ne plus jamais y revenir. En octobre, elle reçoit un pli posté de Californie. Aucun mot ne l'accompagne, aucune adresse d'expéditeur ne figure sur l'enveloppe. Le paquet contient trois objets : l'anneau de mariage wiccan de Jim, le claddagh, ainsi que la longue chaîne en or. Patricia n'a jamais su si Pamela elle-même était à l'origine de l'envoi.

Dès le mois de juillet 1971, la tombe de Jim Morrison commence à être visitée par quelques fans des Doors, et surtout par des admirateurs du chanteur lui-même. Étant donné l'état sommaire de la sépulture, le spectacle offert varie d'une semaine à l'autre. La misérable croix de bois est ainsi plusieurs fois remplacée, d'où les variations de texte d'une photo à l'autre prises à cette époque. Très vite, des joints écrasés emplissent les coquilles Saint-Jacques, des cannettes de bière s'accumulent, des poèmes dactylographiés sont laissés avec des fleurs, les premiers graffitis apparaissent. C'est le début d'une noria de visiteurs qui ira croissant au fil des ans. Le ministère français du Tourisme cite la tombe de Jim Morrison comme l'un des sites parisiens les plus fréquentés.

Les amis de Pamela Courson témoignent tous que la disparition de Jim Morrison a eu des effets préoccupants sur sa raison. Ainsi, avant de fuir Los Angeles et sa cohorte de fantômes des années partagées avec son compagnon, Pamela défonce-t-elle avec une camionnette la vitrine de sa boutique Themis. Avec l'aide de son ancienne voisine, Diane Gardiner, elle se réfugie un temps à Bolinas, au nord de San Francisco, chez la journaliste Ellen Sander, paradoxalement la mieux placée pour la protéger des médias et des fans. Désemparée, Pamela cherche vainement à décrocher de l'héroïne. Après avoir récupéré le chien Sage, elle s'isole un an au nord de la baie de San Francisco, à Sausalito, où January Jensen, proche ami de Jim, devient son confident. Traumatisée et rongée par le remords, la jeune femme perd progressivement la raison, prétendant à plusieurs reprises que Jim doit bientôt lui téléphoner. Pour Pamela, éperdue de douleur, et qui n'a que 24 ans, les ennuis s'accumulent. Elle s'épuise à lutter sans fin avec des avocats, lors des procès immédiatement intentés par les musiciens au sujet des droits de succession. Unique héritière de Jim Morrison, elle ne touche cependant pas la moindre parcelle de l'héritage.

Hantée par des visions hallucinées, insomniaque, incapable de se concentrer sur la moindre activité, elle semble en état de survie. Elle finit par revenir à Los Angeles, d'abord dans le secteur de Beverly Hills, puis chez son nouvel amant, Randy Ralston, et enfin dans un appartement situé au 108 North Sycamore Street. Pamela s'entoure des rares livres de Jim qu'elle a pu récupérer. Ces meilleurs compagnons de l'homme de sa vie lui sont une présence réconfortante, du moins en apparence. Au fil des mois, la situation juridique finit par se clarifier et, en avril 1974, Pamela devient officiellement l'unique héritière de Jim Morrison. Mais il est trop tard, même si la jeune femme peut enfin s'offrir une Volkswagen jaune et une étole de vison, et planifier l'achat d'une propriété. Les Doors la menacent d'une nouvelle action en justice, suite à un litige financier.

Pour résister à ces pressions et au mal de vivre qui l'accable, en dépit de diverses liaisons où elle s'étourdit sans conviction, Pamela, cyclothymique, revenue vers l'héroïne depuis un an, ne pèse plus que 52 kilos. Âgée de 27 ans, elle renoue avec d'anciens amis de Jim, comme Babe Hill et Tom Baker, mais aussi avec Paul Rothchild. Elle remet un ensemble de poèmes de Morrison à Michael McClure, mais c'est le bout du chemin après trop de douleur. « *Until the end, until the end* », ce vers de la chanson « When the Music's Over » résonne cruellement en elle. La disparition de Jim est décidément un fardeau insoutenable. Elle décède d'une overdose d'héroïne le jeudi 25 avril, un peu avant minuit, effondrée dans son appartement de North Sycamore Street. Le corps est retrouvé par son vieil ami John Mandell. La police remarque des traces d'aiguille sur son bras gauche et trouve une seringue près de son corps. La veille, en fin de repas, Pamela avait déclaré à Diane Gardiner qu'elle devait rentrer, pour rejoindre Jim. Ironie du sort, dans les jours qui suivent, elle est créditée d'un million de dollars de droits de succession, avec 25 % des droits à venir sur les revenus des Doors*.

Alors que, selon ses volontés, ses cendres devaient être dispersées sur la tombe de Jim Morrison à Paris, celles-ci sont finalement déposées au Fairhaven Memorial Park de Santa Ana, en Californie. Sur la plaque de cuivre du mémorial, le nom gravé de la défunte est Pamela Morrison. Seul musicien des Doors présent, Ray Manzarek assiste à la cérémonie funèbre où il joue de l'harmonium en mémoire de ceux qui, selon ses propres termes, sont appelés à devenir de jeunes amants de légende. Durant la célébration, l'appartement de Pamela est visité par un collectionneur de reliques. Comme elle décède sans avoir rédigé de testament, le ballet des procès reprend allègrement après sa mort, cette fois entre les familles Morrison et Courson. Le litige prendra fin après cinq années de lutte acharnée, avec un partage des biens relativement équitable.

---

* Aujourd'hui, chacun des ayants droit touche 25 millions de dollars de revenus annuels. On estime que les Doors ont vendu plus de 50 millions de disques à travers le monde.

Début juillet 1971, quelques jours à peine avant la disparition de leur chanteur, les Doors, en trio, travaillaient déjà à un nouvel album. Ils avaient conscience que Jim ne serait pas de sitôt de retour. Le titre du disque, *Other Voices*, résonne comme une sorte de libération, de prise d'identité. Il n'y avait pas que la voix de Jim, semblent-ils proclamer. L'album paraît moins de quatre mois après la disparition de Jim Morrison. Une muflerie à l'encontre du chanteur ? Si le disque connaît un succès d'estime, le résultat est décevant. Il sera franchement navrant en juillet 1972, avec un ultime album intitulé *Full Circle*. Le cercle infernal se referme sur lui-même. L'esprit n'est plus là. Les mots, la voix et le charisme de Jim Morrison faisaient toute la différence, même si Ray, Robby et John restent d'excellents musiciens.

Plus d'un an avant sa disparition, Jim Morrison s'exprime ainsi au sujet de la mort : « Les gens craignent davantage encore la mort que la souffrance. Il est curieux qu'ils redoutent la mort. La vie est bien plus douloureuse. Quand la mort survient, il n'y a plus de souffrance. Je la vois comme une amie[60]. » Dans son poème « Hurricane & Eclipse », il confie : « J'aimerais que la mort vienne à moi, immaculée. »

ANNEXES

REPÈRES CHRONOLOGIQUES

1943. *8 décembre* : naissance de James Douglas Morrison à Melbourne (Floride).
1943-1946. Militaire de carrière, le père vit éloigné de sa famille.
1947. « Le moment le plus important de ma vie. » L'âme d'un Indien mort se serait réfugiée en lui.
1954. *Mai* : premier poème rédigé, « The Pony Express ».
1960-1963. Jim est confié à ses grands-parents en Floride.
1964-1965. Étudiant en cinéma à Los Angeles. Diplômé, Jim voit ses parents pour la dernière fois.
1965. Écriture frénétique de poèmes et chansons. *Juillet* : Jim et Ray Manzarek créent The Doors, avec John Densmore (batterie) et Robby Krieger (guitare). Jim rencontre Pamela Courson, son égérie.
1966. *Fin février* : premier engagement au London Fog, à Los Angeles. Expérience du LSD. Jim évite la guerre au Vietnam. *23 mai au 21 août* : les Doors deviennent groupe résident au Whisky à Go Go. *Août* : contrat avec le label Elektra. *Septembre* : Jim prétend que ses parents sont morts. *31 octobre* : les Doors sur scène à New York.
1967. *4 janvier* : premier album, *The Doors*, produit par Paul Rothchild. *Juillet* : le 45 tours « Light My Fire » se vend à plus d'un million d'exemplaires. Steve Morrison devient le plus jeune amiral de la marine américaine. *17 septembre* : Jim défie la censure télévisée au « Ed Sullivan Show » et devient un sex-symbol. *25 septembre* : deuxième album, *Strange Days*. *9 décembre* : à New Haven, Jim Morrison devient le premier chanteur de rock arrêté sur scène.

1968. Les Doors inaugurent leurs bureaux. Tournage du documentaire *Feast of Friends*. Bill Siddons (19 ans) est nommé manager général des Doors. *12 juillet* : troisième album, *Waiting for the Sun*. Concerts triomphaux. Jim se lie d'amitié avec le poète beat Michael McClure. *Septembre* : tournée européenne. Premier recueil de poèmes auto-édité.

1969. Les Doors salués comme « les Beatles de l'Amérique ». Jim est furieux contre ses musiciens qui vendent sans son avis « Light My Fire » pour un spot publicitaire. Jim est impressionné par le Living Theatre. *3 mars* : concert du scandale à Miami. Mandat d'arrêt lancé par le FBI. *Avril* : second livre auto-édité. *Mai-juin* : réalisation du film *HWY*. *Fin juin* : concerts à Mexico. *18 juillet* : quatrième album, *The Soft Parade*. *11 novembre* : scandale dans un avion. Arrêté par le FBI, Morrison est désormais passible de treize années de prison.

1970. *Février* : cinquième album, *Morrison Hotel*. *Avril* : les éditions Simon & Schuster regroupent les premiers ouvrages de Morrison sous le titre *The Lords and the New Creatures*. *Juin* : Mariage wiccan (officieux, mais « sacré ») avec Patricia Kennealy. *Été* : premier voyage à Paris. Parution du double album *Absolutely Live*. *6 août* : procès État de Floride contre James Douglas Morrison. *18 septembre* : mort de Jimi Hendrix. Jim : « Quelqu'un croit-il aux présages ? » *4 octobre* : mort de Janis Joplin. Jim : « Vous êtes en train de boire avec le n° 3. » *Octobre* : condamnation (travaux forcés et emprisonnement). L'avocat Max Fink interjette appel. Les Doors interdits de concerts dans une vingtaine d'États. Pamela (liaison avec le comte Jean de Breteuil) s'envole pour Paris. Patricia Kennealy avorte d'un enfant de Jim. *Décembre* : enregistrement d'une session de poésie. Jim auto-édite un nouveau recueil de poésie. *12 décembre* : ultime concert avec les Doors. Pamela de retour à Los Angeles.

1971. Enregistrement de l'album *L.A. Woman* dans les locaux des Doors. *13 mars* : Jim s'exile à Paris où il retrouve Pamela. *26 avril* : parution américaine de *L.A. Woman*. *Avril* : Pamela et Jim en Espagne et au Maroc. *Juin* : état dépressif et santé chancelante. *3 juillet* : décès de Jim Morrison à Paris. *7 juillet* : inhumation au Père-Lachaise. *9 juillet* : annonce officielle de la mort de Jim Morrison.

1971. Oliver Stone (24 ans) fait parvenir une première mouture du script de *Platoon* chez Jim, à Paris. Il ne récupère qu'en 1990 (comme confié au quotidien *Le Soir* en 1991, et à *Inside Movies* en 2011) le manuscrit (intitulé *Breathe*) annoté par Morrison. Stone lui proposait le rôle interprété par Charlie Sheen.
Octobre : les Doors en trio publient *Other Voices*. On songe à James Osterberg (Iggy Pop) comme nouveau chanteur. « Jim est mon idole. S'il était encore en vie, je serais capable de mourir pour lui. C'est après l'avoir écouté que j'ai décidé de devenir chanteur. » L'idée reste sans suite.
Le comte Jean de Breteuil décède à 22 ans d'une overdose d'héroïne, à Tanger.

1972. Les Doors enregistrent un tout dernier disque, *Full Circle*. Leur ultime tournée passe par l'Olympia de Paris le 1er mai, pour s'achever le 10 septembre à Los Angeles. Fin de l'aventure des Doors.
La bibliothèque personnelle de Jim est donnée par son frère Andy à la Bibliothèque d'Alexandria. Pour la plupart annotés de la main de Morrison, les livres sont ensuite dispersés chez les bouquinistes.
Grâce à une donation de Jac Holzman, l'UCLA School of Theater, Film and Television crée un Jim Morrison Film Award.

1974. *Avril :* suite à une épuisante bataille juridique, Pamela Courson devient l'héritière légale de Jim Morrison.
Nuit du 24 au 25 avril : Pamela (27 ans) décède d'une overdose d'héroïne, à Hollywood. Le premier chèque officiel d'héritage lui parvient trois jours après sa mort... Les familles Morrison et Courson se partagent ensuite les biens et les droits d'auteur.
29 avril : Pamela Courson (sous le nom de Pamela Susan Morrison) est incinérée à Santa Ana (Californie).

1978. *Novembre :* parution de l'album posthume *An American Prayer*. Poèmes (session du 8 décembre 1970) dits et fredonnés par Jim Morrison sur une musique additionnelle des Doors.

1979. *4 octobre :* première du film *Apocalypse Now* de Francis Ford Coppola, avec « The End » pour les célèbres scènes d'ouverture et de fin. Nouvel engouement mondial pour la musique des Doors. Véritable site de pèlerinage pour les fans du monde entier, la tombe du chanteur devient le lieu le plus visité du Père-Lachaise.

1980. *Juin :* parution de la biographie signée Jerry Hopkins et Daniel Sugerman. Le livre est n° 1 des ventes pendant six semaines. Pour les seuls États-Unis, les ventes dépassent les 2 millions d'exemplaires.

1981. *4 juin :* un buste de marbre blanc de Macédoine (hauteur : 65 cm ; épaisseur : 38 cm), dû au sculpteur croate Mladen Mikulin, est scellé sur la tombe. Par lettre du 20 mars, « à titre tout à fait exceptionnel », le chef du Bureau des cimetières de la Ville de Paris donne son autorisation pour la pose.

3 juillet : 10ᵉ anniversaire de la mort de Jim Morrison. Les trois Doors survivants sont conduits au cimetière du Père-Lachaise par Hervé Muller.

1986. Michael McClure et Ray Manzarek donnent plus de 170 improvisations publiques (texte et piano).

1988. *Mars :* le buste de Morrison (aperçu plus tard dans un documentaire télé sur la cheminée d'un fan anonyme) est volé par deux individus qui l'emportent soi-disant sur leur vélomoteur... Mais il pèse 138 kilos ! Selon certaines sources, il aurait subi un enlèvement administratif et serait remisé au Conservatoire du cimetière, à Bagneux. Mladen Mikulin conçoit un nouveau buste, mais l'autorisation de pose lui est cette fois refusée !

18 juillet : Nico, maîtresse de Morrison, meurt à 49 ans, victime d'une insolation ou d'une hémorragie cérébrale, alors qu'elle roule à vélo, à Ibiza.

1989. Parution de *Wilderness : The Lost Writings of Jim Morrison*, recueil posthume, suivi l'année suivante de *The American Night* (inclus « Journal de Paris »).

1990. *19 mars :* début de tournage du film *The Doors* d'Oliver Stone, avec Val Kilmer dans le rôle de Jim Morrison. Le réalisateur déclare (*Le Soir*, avril 1991) : « La première fois que j'ai entendu sa musique, j'étais soldat au Vietnam, assommé par la drogue, et les paroles de ses chansons m'ont saisi à la gorge par leur étrangeté. Et j'ai soudain compris que le rock était l'art "unificateur" de ma génération. La grande sincérité, l'honnêteté évidente de mon film tient dans le fait que c'est la musique des Doors qui l'a conduit et inspiré. »

3 juin : Stiv Bators, chanteur du groupe punk *Dead Boys*, heurté par un taxi, décède à Paris dans les heures qui suivent. Une partie de ses cendres aurait été dispersée sur la tombe de Jim Morrison. Tombe qu'il serait allé visiter le jour même de sa mort.

Décembre : vingt ans après la disparition de leur fils, les parents Morrison viennent se recueillir sur sa tombe. Ils font dresser une pierre tombale de marbre gris sur laquelle est gravée en grec l'inscription « JAMES DOUGLAS MORRISON. 1943-1971. KATA TON ΔAIMONA EAYTOY ». La traduction controversée est « Fidèle à ses propres démons », « Fidèle à son propre esprit » ou « Fidèle à lui-même » (ou encore « En accord avec sa conscience » ou « Le génie [le démon] tel qu'en lui-même »). Pour les parents, cette possible différence de traduction peut soit signifier que leur fils a subi ses démons intérieurs, soit qu'il a vécu en restant fidèle à son idéal. Délicate à traduire, la citation est par conséquent soit un amer reproche, soit une louange.

L'administrateur du Père-Lachaise, Jean-Jacques Le Forestier, s'engage au nom de la Ville de Paris à honorer le désir de Morrison de rester enterré à Paris.

1991. *1er mars :* sortie américaine du film d'Oliver Stone. La famille Courson a donné son autorisation à l'unique condition que leur fille ne soit pas impliquée à l'écran dans la mort de son compagnon. Engagée comme consultante, Patricia Kennealy interprète le rôle de la grande prêtresse pour la scène du mariage wiccan. 2,5 millions de disques des Doors se vendent aux États-Unis cette année-là.

L'artiste Rip Cronk réalise la célèbre peinture murale de Jim Morrison sur un bâtiment de Venice Beach, au 1811 Speedway.

3 juillet : le 20e anniversaire de la mort de Morrison provoque une émeute au Père-Lachaise, protégé par les CRS. Une voiture bélier en flammes est projetée contre un portail du cimetière. 21 arrestations, plusieurs blessés. Depuis, l'entrée du cimetière est protégée par des bornes et des chaînes. La tombe, filmée par des caméras de surveillance, est gardée en permanence et protégée par des barrières. Gilles Yéprémian, Hervé Muller et Frank Lisciandro organisent une semaine d'hommages, la « Fiftieth Birthday Celebration ».

1993. *12 janvier :* les Doors sont intronisés au prestigieux Rock and Roll Hall of Fame. Parmi les autres artistes célébrés ce jour-là, un certain Van Morrison...
La chaîne Hard Rock Cafe acquiert (pour 43 700 dollars) le pantalon de cuir de Jim Morrison porté sur la pochette du double album *Absolutely Live*.

1995. *30 mars :* décès de Paul Rothchild, suite à un cancer du poumon, à l'âge de 59 ans.

2000. Création du label Bright Midnight (en association avec Rhino Records). L'un des buts est l'édition de divers albums *live* et de coffrets des Doors.

2001. En présence de Ray Manzarek et Danny Sugerman, projection des films *HWY* et *Feast of Friends* aux Bouffes du Nord, à Paris.

2002. Ray Manzarek et Robby Krieger forment une nouvelle mouture des Doors et se produisent en concert aux États-Unis, au Japon et en Europe.

2003. *Avril :* John Densmore et les héritiers de Jim Morrison dénoncent l'exploitation illégale du nom The Doors. Ils attaquent en justice Krieger et Manzarek. Ironie de l'histoire, le père de Jim est présent au côté de Densmore pour faire respecter les « volontés » de son fils ! La cour donne raison à John Densmore. Le « nouveau » groupe doit changer son nom en D21C, puis en Riders on the Storm (entre autres).

2005. *5 janvier :* décès de Danny Sugerman des suites d'un cancer du poumon. Il avait commencé à travailler pour les Doors dès l'âge de 14 ans.
29 décembre : décès de Clara Clarke Morrison, mère de Jim, à l'âge de 86 ans.

2006. *28 juillet :* dans les studios d'Abbey Road, vente aux enchères d'un calepin de poèmes de Jim Morrison laissé par l'auteur (peu avant sa mort) chez Philippe Dalecky. Valeur de l'objet, après trente-trois offres : 134 114 €.
8 novembre : 40e anniversaire de la formation des Doors, au Whisky à Go Go de Los Angeles.

2007. Les Doors obtiennent leur étoile gravée sur le trottoir du Hollywood Walk of Fame.

2008. *Avril :* décès de Columbus « Corkey » B. Courson, père de Pamela Courson, à l'âge de 89 ans.
17 novembre : l'amiral George Morrison s'éteint à l'âge de 89 ans. Un an plus tôt, il avait fait un don au Rock and Roll

Hall of Fame de Cleveland, comprenant l'uniforme de son fils aîné... chez les scouts.

2010. *9 juin* : sortie en salles du documentaire *When You're Strange*. Le film de Tom DiCillo est uniquement constitué d'images d'archives (tournées entre 1966 et 1971), sans témoignages post mortem.

2011. *29 juin au 5 juillet* : l'agence Cinetropic et *The Doors Collectors Magazine* organisent un « Morrison 40th Anniversary Tour » à Paris, dans l'Oise et au château de Fontainebleau. Six nuits dans un hôtel trois étoiles. Coût du séjour : entre 900 et 1430 dollars, selon les options.

9 décembre : plus de quarante ans après le sulfureux concert de Miami, le gouverneur de Floride (Charlie Crist) décide de gracier Jim Morrison à titre posthume.

2012. Technologie et immortalité. Jimi Hendrix et Jim Morrison devraient rejoindre Elvis Presley et le rappeur Tupac Shakur sous forme d'une représentation holographique sur scène. « Avec un peu de chance, Jim Morrison pourra marcher juste devant vous, vous regarder dans les yeux, chanter pour vous, se retourner et s'en aller », déclare Jeff Jampol (nouveau manager des Doors) au magazine *Billboard*.

RÉFÉRENCES BIBLIOGRAPHIQUES

ŒUVRES DE JIM MORRISON

(ouvrages non traduits en français)

The Lords. Notes on Vision, auto-édition à 100 exemplaires, Western Lithographers, Los Angeles, printemps 1969.
The New Creatures, auto-édition à 100 exemplaires, Western Lithographers, Los Angeles, printemps 1969.
The Lords and the New Creatures, Simon & Schuster, New York, mai 1970. Édition de poche : Touchstone Book, 1971.
An American Prayer, auto-édition à 500 exemplaires, Western Lithographers, Los Angeles, été 1970.
Wilderness : The Lost Writings of Jim Morrison, vol. 1, Villard, New York, 1988 ; Vintage Books, 1989.
The American Night : The Writings of Jim Morrison, vol. 2, Vintage Books, New York, 1990.

UNE RARETÉ À SIGNALER

Dry Water, édition à 110 exemplaires. Cinquante exemplaires comportent la reproduction d'un texte manuscrit de l'auteur et celle d'un dessin le représentant. Ce livre comprend le texte « The Eye ». Imprimé à Montréal, « État du Québec », en 1978.

ŒUVRES DE JIM MORRISON

(en langue française)

(traductions d'Yves Buin, Richelle Dassin, Hervé Muller,
Sabine Prudent, Werner Reimann et Patricia Devaux)

Seigneurs et Nouvelles Créatures, préface d'André Velter, Christian Bourgois, 1976 ; 10/18, 1998.

Une prière américaine et autres écrits, préface d'Hervé Muller, Christian Bourgois, 1978 ; 10/18, 1988.

Arden lointain, préface de Sabine Prudent et Werner Reimann, Christian Bourgois, 1988 ; 10/18, 1992.

Wilderness, préface de Patricia Devaux, Christian Bourgois, 1991 (et 2010, coll. « Titres ») ; 10/18, 1992.

La Nuit américaine, préface de Patricia Devaux, Christian Bourgois, 1992 (et 2010, coll. « Titres ») ; 10/18, 2002.

Écrits, préface de Patricia Devaux, Christian Bourgois, 1992.

SUR JIM MORRISON

(ouvrages non traduits en français)

ASHCROFT LINDA, *Wild Child : Life with Jim Morrison,* Hodder & Stoughton, 1997 ; Thunder's Mouth Press, 2000.

BROOKS KEN, *Jim Morrison and the Doors,* Eloquent Basilisk, Agenda, 1999.

BURGAN MICHAEL, *Jim Morrison,* Edge Books, 2004.

CAMERON DOUGLAS B., *Inside the Fire. My Strange Days with the Doors,* avec David R. Greenland, auto-édition, 2009.

CLARKE ROSS, *The Doors : Dance on Fire,* Penguin, 1993.

CRUZ MERCEDES VALDEZ, *The Doors : Los Dias Extranos,* Lopez, 1999.

DALTON DAVID, *Mr. Mojo Risin' : Jim Morrison, the Last Holy Fool,* préface de Nick Tosches, St. Martin's Press, 1991.

DOE ANDREW et TOBLER JOHN, *The Doors in Their Own Words,* Proteus Books, 1984 ; Omnibus Press, 1988 ; Penguin Books, 1991.

FARREN MICK, *Jim Morrison's Adventures in the Afterlife,* roman, St. Martin's Press, 1999.

FONG-TORRES BEN & THE DOORS, *The Doors by the Doors,* Hyperion, 2006.

GRAHAM ALAN, *I Remember Jim Morrison*, Dark Ryders Publishing, 2008.

HOGAN PETER K., *The Complete Guide to the Music of the Doors*, Music Sales Corporation, 1994.

HUDDLESTON JUDY, *This Is the End... My Only Friends : Living and Dying with Jim Morrison*, Shapolsky, 1991.

HUNT JAMES, *Into This House We're Born*, 2006 ; lulu.com, 2011.

JAHN MIKE, *Jim Morrison and the Doors*, Grosset & Dunlap, 1969. Le seul livre (96 pages) consacré à Jim Morrison du vivant du chanteur.

JONES DYLAN, *Jim Morrison, Dark Star*, Viking Studio Books, 1990.

KENNEALY Patricia, *Strange Days : My Life With and Without Jim Morrison*, Dutton, 1992 ; Plume Books, 1993.

LAWRENCE MICHAEL, *Jim and I*, iUniverse, 2003.

LEWIS JOHN, *They Died Too Young. Jim Morrison*, Paragon Plus, 1996.

LISCIANDRO FRANK, *Jim Morrison : An Hour for Magic*, Delilah, 1982.

—, *Jim Morrison. Rattlesnakes, Whistles, and Castanets*, St. Martin's Press, 1991.

LUBAHN DOUG, *My Days with the Doors and Others Stories*, avec CAL DEAL, auto-édition, 2007.

LYDON JOHN, *The Doors Revisited. The Fire Still Burns*, BobCat Books, 2008.

MANZAREK RAY, *The Poet in Exile*, Thunder's Mouth Press, 2002.

—, *Snake Moon*, Night Shade Books, 2006.

MARCUS GREIL, *A Lifetime of Listening to Five Mean Years*, Public Affairs, 2011.

MODDEMANN RAINER, *Doors*, Heel Verlag, 1990.

MODDEMANN RAINER, FIORE FULVIO et YÉPRÉMIAN GILLES, *The Doors on Stage, The Complete Collection of Doors Live Compact Discs*, Moving Sound Books, 1996.

OPSASNICK MARK, *The Lizard King Was Here : The Life and Times of Jim Morrison in Alexandria, Virginia*, Xlibris Corporation, 2006.

PARKER FORREST, *Beyond The Lords and the New Creatures*, iUniverse, 2000.

PIERCE MARSHAL LAWRENCE (éd.), *The Lost Diaries of Jim Morrison*, I et II, Westerland Press, 2003 et 2004.

PROCHNICKY JERRY et RUSSO JOE, *Jim Morrison : My Eyes Have Seen You*, AM Graphics, 1996.

RIORDAN JAMES et PROCHNICKY JERRY, *Break on Through : The Life and Death of Jim Morrison*, William Morrow & Co, 1991.

Rocco John (éd.), *The Doors Companion : Four Decades of Commentary*, Schirmer Books, 1997.

Rossberg Richard, *Jim Morrison is Absolutely Alive*, roman, Old Butte Publishing, 2009.

Rubio Adriana, *Jim Morrison Ceremony. Exploring the Shaman Possession*, Arts Publications, 2005.

Seymore Bob, *The End : The Death of Jim Morrison*, Omnibus Press, 1990.

Shaw Greg, *The Doors on the Road*, Omnibus Press, 1997.

Strete Craig, *Burn Down the Night*, roman, New English Library Ltd, 1983.

Sugerman Danny et Edmonds Benjamin, *The Doors : The Illustrated History*, William Morrow & Co, 1983.

Sugerman Danny, *Wonderland Avenue. Tales of Glamour and Excess*, Acabus Books, 1989.

Sugerman Danny (éd.), *The Complete Illustrated Lyrics*, Hyperion, 1991.

Sundling Doug, *The Doors — Artistic Vision*, Sanctuary, 1996 ; rééd. *The Ultimate Doors Companion*, Sanctuary, 2000 ; rééd. *The Doors — A Guide*, Sanctuary, 2003.

—, *The Doors and the Sixties Press*, Greenfire, 1997.

Verheul Ineke, *The Tenth Life of Jim Morrison*, roman, Private Press, 1999.

Weidman Rich, *The Doors FAQ*, Blackbeat Books, 2011.

Wincentsen Edward, *Images of Jim Morrison*, Wynn Publishing, 1991.

SUR JIM MORRISON

(ouvrages traduits et éditions originales en langue française)

Bernett Sam, *The End*, Privé, 2007.

—, *Rock and Roll Circus*, Le Rocher, 2010.

—, *Jim Morrison*, Le Rocher, 2011.

Bernett Sam et Gessat Jean-Marie, *Jim Morrison, ailleurs*, bande dessinée, Roymodus, 2011.

Bertocchini Frédéric et Jeff, *Jim Morrison, poète du chaos*, bande dessinée, Emmanuel Proust éditions, 2010.

Bianciotto Jordi, *Jim Morrison*, La Mascara, 2000.

BLAY ARTURO, *Jim Morrison et les Doors : enfer et gloire du Roi Lézard*, La Mascara, 1998.

BUTLER PATRICIA, *La Tragique Romance de Pamela et Jim Morrison*, préface de Jerry Hopkins, Le Castor Astral, 2001.

Collectif, *The Doors : 23 nouvelles aux portes du noir*, Jean-Noël Levavasseur (éd.), Buchet-Chastel, 2012.

CRISAFULLI CHUCK, *L'Intégrale Doors : les secrets de toutes leurs chansons*, Hors Collection, 2001.

DAUPHIN CHRISTOPHE, *James Douglas Morrison ou La nuit du lézard*, L'Acanthe, 2001.

DAVIS STEPHEN, *Jim Morrison : vie, mort, légende*, Flammarion, 2005.

DENSMORE JOHN, *Les Cavaliers de l'orage, ma vie avec Jim Morrison et les Doors*, Camion blanc, 2005.

DEVAUX PATRICIA, *Jim Morrison, Stoned Immaculate, A Graveyard Poem*, photographies, auto-édition, vol. 1, 2001 ; vol. 2, 2007.

DILTZ HENRY, *Jim Morrison & the Doors*, Premium, 2011.

DREIER DANIEL (éd.) et SAHIHI ARMAN, *Jim Morrison, The Scream of the Butterfly / Le Cri du papillon*, Schirmel-Mosel, 1996.

FARIS GERALD et FARIS RALPH, *Janis Joplin et Jim Morrison face au gouffre*, Le Castor Astral, 2007.

FOWLIE WALLACE, *Rimbaud et Jim Morrison, portrait du poète en rebelle*, Hors Commerce, 2007.

GAËT'S, PETIT OLIVIER, RENAULT CHRISTOPHE et al., *The Doors en bande dessinée*, Fetjaine, 2011.

GUIBERT SIMON, *Les Dernières Heures de Jim Morrison*, E-dite, 2005.

GUILLEMINOT HERVÉ, *The Doors*, Prélude et Fugue, coll. « Music Book », 1998.

HENKE JAMES, *Jim Morrison, de l'autre côté*, scrapbook, avec 30 pochettes de fac-similés, Naïve, 2007.

HOPKINS JERRY et SUGERMAN DANIEL, *Personne ne sortira d'ici vivant*, Christian Bourgois, 1981 ; Julliard, 1991 ; 10/18, n° 2241, 1991 ; Presses Pocket, n° 4044, 1992 ; préface de Michael McClure, Robert Laffont, « Pavillons Poche », 2007.

HOPKINS JERRY, *Jim Morrison, le roi lézard*, 10/18, n° 2528, 1994.

LAPORTE CHRISTIAN, *Épilogue reptilien*, poèmes, auto-édition, 1982.

LAURU DIDIER, *Jim Morrison, l'état limite du héros*, Bayard, coll. « Légendes », 2003.

LETOURNEUR STÉPHANE, *Jim Morrison, funambule rock*, Oskar, 2011.

LEYDET BRUNO, *Jim Morrison is Alive and Well and Living in Ibiza*, roman, L'Écailler du Sud, 2007.

LEWIS JON E., *Le Mythe de Jim Morrison*, Gremese, 1997.

LISCIANDRO FRANK, *Jim Morrison, un festin entre amis*, Le Castor Astral, 1996.

—, *James Douglas Morrison*, Le Castor Astral, 2005.

MANZAREK RAY, *Les Doors, la véritable histoire*, Hors Collection, 1999.

MATOVINA VIERAN, *Jim, les autres... et moi*, bande dessinée, Night & Day, 1988.

MATTHEWS JACOB THOMAS, *Communication d'une star, Jim Morrison*, préface de Gilles Yéprémian, L'Harmattan, 2003.

MCNEIL LEGS et MCCAIN GILLIAN, *Please Kill Me*, Allia, 2006.

MULLER HERVÉ, *Jim Morrison au-delà des Doors*, Albin Michel / Rock & Folk, 1973.

—, *Jim Morrison mort ou vif*, Ramsay, 1991.

MURPHY ELLIOTT JAMES, *Le lion dort ce soir / The Lion Sleeps Tonight*, récit, édition bilingue, Librairie Joseph Gibert, 1991.

OGOUZ JEAN-NOËL, *Les Doors, la vraie histoire*, Fetjaine, 2011.

RENARD ROMAIN, *The End, Jim Morrison*, bande dessinée, Casterman, coll. « Rebelles », 2007.

REUZEAU JEAN-YVES, *Jim Morrison et les Portes de la perception*, récit, préface de Michka Assayas, L'Incertain, 1993 ; Le Castor Astral, 1998 et 2012.

—, *Jim Morrison et les Doors, la vie en accéléré*, J'ai lu, coll. « Librio Musique », 2001 et 2005.

ROUS JEAN-MARIE, *Jim Morrison le lézard*, biographie onirique, Renaudot et Cie, 1990 ; Le Rocher, 1992.

RUHLMANN WILLIAM, *Les Doors*, Hors Collection, 1994 ; rééd. Presses de la Cité, 2004.

SHINER LEWIS, *Fugues*, roman, Denoël, coll. « Lunes d'encre », 2000.

SIMPSON TRACEY, *Le Dernier Poème du dernier poète. La poésie de Jim Morrison*, essai, Bernard Grasset / Le Monde de l'Éducation, 1998.

TÉTREAU FRANÇOIS, *Attentats à la pudeur*, roman, Le Castor Astral & Trois, 1993.

VALLS DE GOMIS ESTELLE, *Horizon Motel*, poèmes et photos, Le Calepin jaune, 2002.

WILL PHILIPPE, *Dealer ou la Valse des maudits*, roman, Volum, 2011.

JOURNAUX ET MAGAZINES

Alexandria Gazette Pocket (mars 1991), *Anarchisme et non-violence* (n° 17, Marcel Viaud, mars 1969), *Arthur Magazine* (20 mars 2008), *Cheetah* (Michael Zwerin, 1968), *Circus* (Eric Van Lustbader, 1967 ; Tony Glover, 1969 ; Salli Stevenson, décembre 1970 et janvier 1971), *Classic Rock Magazine* (James Halbert, juillet, 2003 ; Max Bell, août 2010), *Courrier International* (Elena Poniatowska, n° 894-895, décembre 2007), *Crawdaddy* (Michael Horowitz, avril 1969 ; Richard Blackburn, mai 1976), *Creem Magazine* (Lizzie James, « Jim Morrison : Ten Years Gone », avril 1970), *Dallas Notes* (mars 1969), *D.C. Monuments* (Bob Embrey), *Desert News* (Bryan Gray, 13 juin 1969), *Dial* (Ernesto Parumo, 10 novembre 2008, cité par www.tlaxcama, trad. Gérard Jugant et Fausto Giudice), *The Doors Collectors Magazine* (Kristy O'Brien, 2006), *Downbeat* (Michael Cuscuna, 28 mai 1970), *Entertainment Weekly* (13 décembre 1996), *Esquire* (Eve Babitz, mars 1991), *Eye* (Digby Diehl, avril 1968), *Globe* (Hervé Muller, 15 octobre 1990), *Guitare & Claviers* (juillet 1995), *Helix* (Tom Robbins, juillet 1967), *Heraldo de Mexico* (29 juin 1969), *Hullaballo* (Steve Paul, mai 1967 et octobre 1968), *King & I* (Alain Ronay, Italie, juin 1991), *Life* (Fred Powledge, 12 avril 1968), *Los Angeles City Beat* (Fernando Romero, mars 2006), *Los Angeles Free Press* (Gene Youngblood, 1er décembre 1967 ; John Carpenter, 19 juillet et 20 décembre 1968 ; Harvey Perr, 8 août 1969 ; Bob Chorush, 15 janvier 1971), *Los Angeles Times* (Pete Johnson, 26 février 1967 ; Tom Paegel, 9 juillet 1971), *Marin Independent Journal* (John F. Tearney et Marl Lomas, juin 1967 et février 2011), *Mexico Canta* (n° 482, 10 juillet 1970, Carlos Baca), *Miami Herald* (Larry Mahoney et Ray Willwock, 2, 18 et 24 mars 1969, 10 juillet 1971), *Mojo* (David Fricke, novembre 2010), *Le Monde* (Bruno Lesprit, 11 décembre 2003), *New Musical Express* (Mick Farren, 1975 ; Max Bell, 1975 ; David Dorrell, 1983 ; Nico, 1985 ; Gavin Haynes et James Lee, juillet 2011), *New York Magazine* (Richard Goldstein, 19 mars 1967), *New York Times* (Michael Lydon, 19 janvier 1969 ; Robert Windeler, 20 novembre 1967 ; 24 mars 1969), *Newsweek* (6 novembre 1967, 21 juillet 1971), *Paris Match* (Alain Ronay et Agnès Varda, 25 avril 1991), *Penthouse* (Albert Goldman, avril 1991), *Pop Magazine* (Mexico, 1er août 1969 et 12 décembre 1969), *PremierGuitar* (Bob Cianci, mars 2010), *La Provence* (Christian Eudeline et Fred Guilledoux, 3 juillet 2011), *Recording Musicien* (Christophe Geudin, 2006), *Rock First* (Romuald Ollivier, février 2012), *Rock & Folk* (Philippe Paringaux, janvier 1971 ; Hervé Muller, février 1979 ; mars 1972 ; Philippe Garnier, février 2012), *Rolling Stone* (5 avril 1969 ; Jerry Hopkins, 26 juillet 1969 ; Ben Fong-Torres, 4 mars 1971 ; Michael McClure, 5 août 1971 ; Judith Sims, 6 juin 1974 ; Mikal Gilmore, 4 avril 1991, 30 août 2001 ; Rosemary Breslin, Jerry Hopkins, Paul Williams, 17 septembre 1981), *San Francisco Chronicle* (Ben Fong-Torres, 1991), *The St. Petersburg Times* (Robert Farley, septembre 2005), *Select* (David Cavanaugh, mai 1991), *Le Soir* (Luc Honorez, 17 avril 1991), *Télérama* (Jérémie Couston, mars 2008), *Trois* (hors-série n° 2, juin 2010), *UCLA Daily Bruin* (Bill Kerby, 24 mai 1967), *Uncut* (David Cavanauh, juillet 2011 ; septembre 2011), *Vanity Fair* (David Kamp, novembre 2000), *Variety Magazine* (Pat Alisau, 8 juillet 1969), *Village Voice* (Richard Goldstein, 23 mars et 22 juin 1967, printemps 1969 ; Michael Zwerin, 7 mars 1968 ; Jim Nash, 29 janvier 1970 ; Howard Smith, novembre 1970), *Vogue* (Kurt Von Meier, 1967), *Washington Post* (Timothy S. Robinson, 9 juillet 1971), etc.

Ainsi que les archives de l'UCLA School of Theater, Film and Television. Celles de la WSFU réunies dans la Florida Folklife Collection. Ainsi que celles du FSU, l'université de l'État de Floride.

QUELQUES SITES INTERNET

www.americanlegends.com
www.brightmidnightarchives.com
www.crystal-ship.com
www.doors.com/magazine
www.doorscollectors.com
www.idafan.com
pages.infinit.net/joblos/thedoors/divers.htm
jim-morrison-la-legende.over-blog.com
www.jim-morrison.org
www.johngilmore.com
membres.multimania.fr/doors
newdoorstalk.proboards.com
www.morrisonplace.net
www.raymanzarek.com
www.sing365.com
www.thedoors.com
www.waiting-forthe-sun.net

DISCOGRAPHIE

Les Doors avec Jim Morrison

The Doors, Elektra, 4 janvier 1967.
Strange Days, Elektra, 7 octobre 1967.
Waiting for the Sun, Elektra, 11 juillet 1968.
The Soft Parade, Elektra, 18 juillet 1969.
Morrison Hotel, Elektra, 1er février 1970.
Absolutely Live, Elektra, 27 juillet 1970.
L.A. Woman, Elektra, 26 avril 1971. L'édition du 40e anniversaire propose sur un second CD l'inédit « She Smells So Nice » et huit prises alternatives jamais publiées (Elektra, février 2012).

Album posthume

Jim Morrison, *An American Prayer*, musique additionnelle des Doors sur une session de poésie de Jim Morrison enregistrée par John Haeny le 8 décembre 1970, Elektra, novembre 1978 / édition CD le 23 mai 1995.

Les Doors sans Jim Morrison

Other Voices (Elektra, 25 octobre 1971).
Full Circle (Elektra, juillet 1972).

FILMOGRAPHIE

Films réalisés par Jim Morrison (seul ou en collaboration)

Break on Through, film promotionnel produit par Elektra.
The Unknown Soldier, film promotionnel produit par Elektra. De Mark Abramson et Edward Dephoure.
Feast of Friends, 1969. Documentaire coproduit par les Doors (filmé entre avril et septembre 1968, complété en 1969). Harrison Ford participe au film en tant que menuisier ; il apparaît portant une caméra.

HWY (HiWay, An American Pastoral), 1969. Coréalisation avec Paul Ferrara, avec la collaboration de Frank Lisciandro et Babe Hill.

Films consacrés aux Doors et à Jim Morrison

The Doors Are Open. 1968. De John Sheppard. À la Roundhouse de Londres, le 6 septembre 1968. DVD couplé avec *The Stones in the Park*, Gravity, 2010.

The Doors : Live at the Hollywood Bowl. CIC / MCA Home Video, 4 juillet 1968. DVD Universal, 1997.

The Soft Parade / A Retrospective (1969). MCA Home Video, 1991, Universal Video, 1997.

The Doors. Live in Europe 1968. De Paul Justman et Ray Manzarek. CBS-Granada-Prophil International. DVD Eagle Vision, 2000.

Dance on Fire / Classic Performances & Greatest Hits, Universal / MCA Home Video, 1985 ; Universal Video, 1997.

In Concert (1968), CBS-Granada.

The Doors — No One Here Gets Out Alive. A Tribute to Jim Morrison, Warner Home Video, 1981. DVD Universal, Eagle Vision, 2005.

The Doors. Film d'Oliver Stone. Avec Val Kilmer. Columbia Tristar, 1991.

The Doors : A Celebration (VH1 Storytellers), Image Entertainment / Warner Vision, 2001.

The Doors — 30 Years Commemorative Edition. Contient : *The Doors : Live at the Hollywood Bowl* + *Dance on Fire* + *The Soft Parade A Retrospective*, Universal, 2001.

The Doors — Soundstage Performances. Eagle Vision / Universal, 2002.

The Doors of the 21st Century : L.A. Woman Live. Avec Ian Astbury, Ray Manzarek et Robby Krieger, juillet 2004.

Inside the Doors 1967-1971. Réalisation : John Tobler. Coffret cartonné, 2 DVD + livret. Edgehill Publishing Ltd, Music Reviews Ltd, 2005.

The Doors. Total Rock Review, Cornerstone Media, 2006.

The Doors (Classic Albums), Eagle Vision, 2008.

The Doors. From the Outside, Chrome Dreams / MVD, 2009.

The Doors Story. The Independant critical film review. 2 DVD. Kombination Research, 2010.

When You're Strange. « A Film About the Doors ». Réalisation : Tom DiCillo, 2010. Voix off : Johnny Depp. Wolf Films / Strange Pictures, MK2 / FNAC, 2010.

Mr. Mojo Risin' ; *The Story of* L.A. Woman, Eagle Vision, février 2012.

Documentaires pour la télévision

Le Mystère Morrison. Rockumentaire de Brenda Jackson et Philippe Manœuvre. Diffusé sur Canal+ à 13 h 30, le 1er mai 1991.
Le Monde tout de suite. Documentaire de Pascal Mercier, M6, 2004.
Les Derniers jours de Jim Morrison. De Michaëlle Gagnet, Sunset Presse, coproduction 17 juin et Media Serial Producteurs, avec la participation de France 2, 2006.
Jim Morrison, His Final Hours / Final 24. De Michael Allcock et Michael McNamara, voix off de Danny Wallace, Cinéflix, Canada, 2010.

NOTES

Jim Morrison est l'auteur de plus de 1 600 pages de poèmes, chansons, aphorismes, ébauches de scénarios et notes diverses, réunies notamment dans le volume *Écrits*, Christian Bourgois, 1992. Toutes les citations d'œuvres de Jim Morrison de cette biographie sont issues de ce volume.

INDIENS ET FANTÔMES (1943-1963)

1. Jim Morrison, « Celebration of the Lizard », texte imprimé sur la pochette de l'album *Waiting for the Sun*, juillet 1968. Le texte figure également dans *Une prière américaine et autres écrits*, Christian Bourgois, 1978.
2. Norman O. Brown, *Éros et Thanatos*, Julliard, 1960.
3. Stephen Davis, *Jim Morrison, vie, mort, légende*, Flammarion, 2004.
4. Entretien avec Bob Chorush dans le *Los Angeles Free Press*, printemps 1971.
5. Stéphane Labat, *La Poésie de l'extase et le pouvoir chamanique du langage*, Maisonneuve et Larose, 1997.
6. Jim Morrison, extrait de *Arden lointain*, Christian Bourgois, 1988.
7. Lizzie James, « Jim Morrison : Ten Years Gone », entretien enregistré avec Jim Morrison en avril 1970 ; publié de façon incomplète en 1981 dans *Creem Magazine*, puis dans *The Doors Illustra-*

ted History en 1983, et enfin réédité au complet sur le site waitingforthe-sun.net

8. James Riordan et Jerry Prochnicky, *Break on Through, The Life and Death of Jim Morrison*, Quill/William Morrow, 1991.

9. Jack Kerouac, *Sur la route*, Gallimard, 1960.

10. Entretien accordé à Salli Stevenson, *Circus*, hiver 1970.

11. Patricia Butler, *La Tragique Romance de Pamela et Jim Morrison*, Le Castor Astral, 2001.

12. Mark Opsasnick, *The Lizard King Was Here : The Life and Times of Jim Morrison in Alexandria, Virginia*, Xlibris Corporation, 2006.

13. *Ibid*.

14. Robert Farley, *The St. Petersburg Times*, 25 septembre 2005.

15. *Ibid*.

16. Jerry Hopkins et Daniel Sugerman, *Personne ne sortira d'ici vivant*, Christian Bourgois, 1981.

17. Didier Lauru, *Jim Morrison, L'état limite du héros*, Bayard, 2003.

18. Patricia Butler, *La Tragique Romance de Pamela et Jim Morrison, op. cit.*

19. Ray Manzarek, entretien accordé à *Guitare & Claviers*, juillet 1995.

20. Gustave Le Bon, *Psychologie des foules*, Le Monde / Flammarion, 2009.

21. Martin Luther King, in « *I have a dream* », *ces discours qui ont changé le monde*, L'Archipel, 2008.

LE GUIDE DU LABYRINTHE (1964)

1. Friedrich Nietzsche, *Crépuscule des idoles*, Gallimard, 1988.

2. Arthur Rimbaud, prologue à *Une saison en enfer*, avril-août 1873.

3. William Burroughs, *Le Job*, entretiens avec Daniel Odier, Belfond, 1979.

4. Jerry Hopkins et Daniel Sugerman, *Personne ne sortira d'ici vivant, op. cit.*

5. Entretien accordé à Jerry Hopkins pour *Rolling Stone*, printemps 1969.

6. Entretien accordé à John Carpenter pour le *Los Angeles Free Press*, 19 juillet 1968.

LE BLUES DE LA CITÉ DES ANGES (1965)

1. William Blake, *Le Mariage du Ciel et de l'Enfer*, José Corti, 1989.
2. Oscar Wilde, « L'Âme de l'homme sous le socialisme », *Fortnightly Review*, février 1891.
3. Jimi Hendrix, « Purple Haze », chanson figurant sur l'édition américaine du premier album de The Jimi Hendrix Experience, *Are You Experienced*, 1967.
4. Entretien accordé par Terry McCartney-Filgate au site americanlegends.com. Non daté.
5. Archives de l'UCLA School of Theater, Film and Television, article publié sur le site de l'école en mars 2008.
6. Ray Manzarek, entretien accordé à *Guitare & Claviers*, op. cit.
7. Barney Hoskyns, *Waiting for the Sun*, Allia, 2004.
8. Jac Holzman et Gavan Daws, *Follow the Music : The Life and High Times of Elektra Records in the Great Years of American Pop Culture*, First Media Books, 1998.
9. Robby Krieger cité in Ray Manzarek, *Les Doors, la véritable histoire*, Hors Collection, 1999.
10. Ray Manzarek, *Les Doors, la véritable histoire*, op. cit.
11. Didier Lauru, *Jim Morrison, L'état limite du héros*, op. cit.

EN ROUTE VERS LE CHAOS (1966)

1. *Reader's Digest*, 1973.
2. Alexandre Dumas, *Le Comte de Monte-Cristo*, « Folio classique », Gallimard, 1998.
3. Cité in Ray Manzarek, *Les Doors, la véritable histoire*, op. cit.
4. Stephen Davis, *Jim Morrison, vie, mort, légende*, op. cit.
5. Jac Holzman, cité in Barney Hoskyns, *Waiting for the Sun*, op. cit.
6. John Densmore, *Les Cavaliers de l'orage*, Camion blanc, 2005.
7. Ray Manzarek, *Les Doors, la véritable histoire*, op. cit.
8. Kim Fowley, in Chuck Crisafulli, *L'Intégrale Doors*, Hors Collection, 1996.
9. Cher, citée par Andy Warhol et Pat Hackett, *Popisme*, Flammarion, 1980.

10. John Densmore, cité par Jerry Hopkins et Daniel Sugerman, *Personne ne sortira d'ici vivant, op. cit.*

11. Entretien accordé à Jerry Hopkins pour *Rolling Stone*, printemps 1969.

12. Jerry Hopkins et Daniel Sugerman, *Personne ne sortira d'ici vivant, op. cit.*

13. Arthur Lee, cité par Jac Holzman et Gavan Davis, *Follow the Music : The Life and High Times of Elektra Records in the Great Years of American Pop Culture, op. cit.*

14. David Anderle, cité in Barney Hoskyns, *Waiting for the Sun, op. cit.*

15. Rochelle Reed, KRLA *Beat*, suite à un entretien accordé au Chateau Marmont, juin 1966.

16. Paul Rothchild, cité par Jac Holzman et Gavan Daws, *Follow the Music , op. cit.*

17. Mark Abramson, cité par Jac Holzman et Gavan Daws, *ibid.*

18. Paul Rothchild, cité par Jac Holzman et Gavan Daws, *ibid.*

19. Propos de Frank Sinatra rapportés par le *New York Times Magazine*, 12 janvier 1958.

20. Entretien accordé à John Carpenter, *Los Angeles Free Press*, juillet 1968.

21. Jac Holzman, cité par Jerry Hopkins et Daniel Sugerman, *Personne ne sortira d'ici vivant, op. cit.*

22. Entretien accordé à Jerry Hopkins, *Rolling Stone*, printemps 1969.

23. Bruce Botnick, cité par Jean-Noël Ogouz, *Les Doors, la vraie histoire*, Fetjaine, 2011.

24. Steve Harris, cité par Jac Holzman et Gavan Daws, *Follow the Music..., op. cit.*

25. Andy Warhol et Pat Hackett, *Popisme, op. cit.*

26. *Ibid.*

27. Eric Emerson, *ibid.*

28. Nico, *ibid.*

29. Entretien accordé à Michael Lydon, « The Doors : can they still "Light My Fire" ? », *New York Times*, 19 janvier 1969.

L'AUTRE CÔTÉ DU MIROIR (1967)

1. Allen Ginsberg, *Howl*, 1956. Nouvelle traduction française de Jacques Darras, *Inuits dans la jungle*, n° 2, 2009.
2. Wilhelm Reich, *Écoute petit homme*, Payot, 2002.
3. Entretien accordé à Bob Chorus pour le *Los Angeles Free Press*, 15 janvier 1971.
4. Bill Graham et Robert Greenfield, *Bill Graham présente, une vie rock'n'roll*, Le Mot et le Reste, 2011.
5. Bill Graham, cité par Jac Holzman et Gavan Davis, *Follow the Music...*, *op. cit.*
6. Richard Goldstein, « Pop Eye », *Village Voice*, 22 juin 1967.
7. Jim Morrison, entretien accordé à Jerry Hopkins pour *Rolling Stone*, printemps 1969.
8. Blair Jackson et Paul Rothchild, magazine *Bam*, 3 juillet 1981.
9. Pamela Des Barres, « The Lizard of Aaaahs », témoignage sur le site waiting-forthe-sun, 2002.
10. *Ibid.*
11. Danny Fields cité in *Please Kill Me, L'histoire non censurée du punk racontée par ses acteurs*, Legs McNeil et Gillian McCain, Allia, 2006.
12. John Densmore, *Les Cavaliers de l'orage*, *op. cit.*
13. Tom Robbins, *Helix*, membre du syndicat de la presse underground, juillet 1967.
14. Paul Baratta, cité par Bill Graham et Robert Greenfield, *Bill Graham présente, une vie rock'n'roll*, *op. cit.*
15. Linda Ronstadt, « Linda Down the Wind », *Time Magazine*, 28 février 1977.
16. Danny Fields cité in *Please Kill Me...*, *op. cit.*
17. Richard Witts, *Nico, The Life and Times of an Icon*, Virgin Books, 1993.
18. *Ibid.*
19. Jim Morrison, interview accordée à *Newsweek*, 1967.
20. *Vogue*, 15 novembre 1967.
21. Cité par Doug Sundling, *The Doors and the 1960's Press*, Greenfire ! Publishing, 1997.
22. Howard Smith, *Village Voice*, 1970. Entretien enregistré le 6 novembre 1969 au bureau des Doors.
23. Ray Manzarek, *Les Doors, la véritable histoire*, *op. cit.*
24. Harvey Kubernik, auteur du livre *Canyon of Dreams*, cité par Chuck Crisafulli, *L'Intégrale Doors*, *op. cit.*

25. *Le Monde tout de suite*, film de Pascal Mercier, M6, 2004.
26. Joel Brodsky, cité par Jerry Hopkins et Daniel Sugerman, *Personne ne sortira d'ici vivant, op. cit.*
27. Ray Manzarek, *Les Doors, la véritable histoire, op. cit.*
28. Fito de la Parra, *Living the Blues*, BeachComPress, 2007.
29. *Ibid.*

CHEVAUCHER LE SERPENT (1968)

1. Aldous Huxley, *Les Portes de la perception*, Le Rocher, 1954.
2. Frank Sinatra, entretien accordé dans les années 1960, *Playboy, quarante ans*, Hors Collection, 1996.
3. Eric Van Lustbader, « Jim Morrison : Riding Out the Final Storm », *Circus*, septembre 1967.
4. Robert Gover, cité par Frank Lisciandro, *An Hour For Magic*, Delilah, 1982.
5. John Stickney, « Four Doors to the future : Gothic rock is their thing », *The William Record*, 24 octobre 1967.
6. Stephen Davis, *Jim Morrison, vie, mort, légende, op. cit.*
7. Paul Ferrara, *Flash of Eden*, AuthorHouse, Bloomington, Indiana, 2007.
8. Stephen Davis, *Jim Morrison, vie, mort, légende, op. cit.*
9. Jerold J. Kreisman et Hal Strauss, *I Hate You, Don't Leave Me : Understanding the Borderline Personality*, Avon, 1991.
10. Gerald et Ralph Faris, *Janis Joplin et Jim Morrison face au gouffre*, Le Castor Astral, 2007.
11. Kris Weintraub, *Crawdaddy*, n° 16, juin 1968.
12. Bill Siddons, cité sur le site morrisonplace.net
13. Didier Lauru, *Jim Morrison, l'état limite du héros, op. cit.*
14. Richard Goldstein, « The Shaman as Superstar », *New York Magazine*, Vol. 1, n° 18, 5 août 1968.
15. Entretien accordé à Bob Chorus pour le *Los Angeles Free Press*, printemps 1971.
16. Entretien accordé à Salli Stevenson pour *Circus*, 13 octobre 1970.
17. Entretien accordé à Bob Chorus pour le *Los Angeles Free Press, op. cit.*
18. Cité in *Rebel Lions*, de Michael McClure, New Directions Publishing, 1991.

19. Michael McClure, propos rapportés par le site waiting-forthe-sun.

20. Entretien accordé à Bob Chorus pour le *Los Angeles Free Press, op. cit.*

21. *Ibid*.

22. Fred Powledge, *Life*, 12 mars 1968.

23. Patricia Butler, *La Tragique Romance de Pamela et Jim Morrison, op. cit.*

24. *Ibid*.

25. Gene Youngblood, *Los Angeles Free Press*, 1er décembre 1967.

26. *Variety*, septembre 1968.

27. Kar Dallas, « Jim Morrison — Is the American Mick Jagger ? », *Melody Maker*, 3 août 1968.

28. « Michael McClure Recalls an Old Friend », *Rolling Stone*, n° 88, 5 août 1971.

29. Entretien accordé à Jerry Hopkins pour *Rolling Stone*, printemps 1969.

30. Entretien accordé à John Carpenter pour le *Los Angeles Free Press*, 19 juillet 1968.

31. Gary Herman, *Rock'n'Roll Babylone*, Denoël, 2005.

32. Stephen Davis, *Jim Morrison, vie, mort, légende, op. cit.*

33. Ray Manzarek, *Les Doors, la véritable histoire, op. cit.*

JE CHANTE LE BLUES DEPUIS QUE LE MONDE A ÉTÉ CRÉÉ
(1969)

1. Gustave Le Bon, *Psychologie des foules,* Le Monde / Flammarion, 2009.

2. Jack Nicholson, entretien accordé au magazine *Playboy*, 1971.

3. Patricia Kennealy, *Strange Days, My Life With and Without Jim Morrison*, Dutton, 1992.

4. *Ibid*.

5. Franck Josserand, *Le Nouveau Théâtre américain*, Le Seuil, 1970.

6. *Ibid*.

7. Entretien accordé à Jerry Hopkins, *Rolling Stone*, printemps 1969.

8. Brad Burgess, cité par Ève Beauvallet, « En scène », *Trois*, hors série n° 2, juin 2010.

9. Stephen Davis, *Jim Morrison, vie, mort, légende, op. cit.*

10. CD bootleg *Live in Miami 1969*, RTW Records 004, Luxembourg, 1993.

11. Gustave Le Bon, *Psychologie des foules, op. cit.*

12. Ray Manzarek, *Les Doors, la véritable histoire, op. cit.*

13. *Rolling Stone*, n° 30, 5 avril 1969.

14. *The New York Times*, 24 mars 1969.

15. Cité par Lou Cannon in *President Reagan : The Role of a Lifetime*, PublicAffairs, 2000.

16. Entretien accordé à Salli Stevenson pour *Circus*, 13 octobre 1970.

17. Rapport du FBI du 4 mars 1969.

18. Entretien accordé à Jerry Hopkins pour *Rolling Stone, op. cit.*

19. *Ibid.*

20. John Densmore, *Les Cavaliers de l'orage, op. cit.*

21. Ray Manzarek, *Les Doors, la véritable histoire, op. cit.*

22. Raul Velasco, *Heraldo de México*, 29 juin 1969.

23. Victor Blanco Labra, *Pop Magazine*, n° 39, 1er août 1969.

24. Eve Babitz, citée par Barney Hoskyns, *Waiting for the Sun, op. cit.*

25. Marianne Faithfull et David Dalton, *Faithfull, une vie*, Belfond, 1995.

26. Agnès Varda, entretien accordé à Jérémie Couston, *Télérama*, mars 2008.

27. CD bootleg, The Doors, *The Beautiful Die Young*, Toronto Pop Festival, 13/9/69, Multi Colored Music, Italie, 1989.

28. Entretien accordé à Michael Cuscuna, *Downbeat*, 28 mai 1970.

29. *Ibid.*

30. Entretien accordé à Richard Goldstein, *Village Voice*, printemps 1969.

31. Entretien accordé à Jerry Hopkins, *Rolling Stone*, 26 juillet 1969.

32. Ray Manzarek, *Les Doors, la véritable histoire, op. cit.*

33. Tony Funches, entretien accordé à Kristy O'Brien pour *The Doors Collectors Magazine*, 2006.

MAINTENANT QUE JE SUIS UN HOMME SEUL (1970)

1. Antonin Artaud, « L'Orgue et le Vitriol », *Bilboquet*, n° 2, 1923.
2. Jack London, *La Route*, publié à l'origine en 1907, Phébus, 2001.
3. Patricia Kennealy, *Strange Days — My Life With and Without Jim Morrison, op. cit.*
4. *Live in New York*, intégralité des concerts des 17 et 18 janvier 1970 au Felt Forum, coffret de 6 CD, Bright Midnight, 2009.
5. Jac Holzman et Gavan Daws, *Follow the Music..., op. cit.*
6. Ellen Sander, *Trips : Rock Life in the Sixties*, Scribner, 1973.
7. Jim Nash, *Village Voice*, 29 janvier 1970.
8. John Densmore, *Les Cavaliers de l'orage, op. cit.*
9. « Michael McClure Recalls an Old Friend », *Rolling Stone*, 5 août 1971.
10. John Gilmore, *Laid Bare : A Memoir of Wreckled Lives and the Hollywood Death Trip*, Amok Books, 1997.
11. Fac-similé reproduit in Patricia Kennealy, *Strange Days, My Life With and Without Jim Morrison, op. cit.*
12. Patricia Kennealy, *Ibid.*
13. Agnès Varda in *Les Derniers Jours de Jim Morrison*, film de Michaëlle Gagnet, Sunset Presse / 17 juin Media Serial Producteurs / France 2, 2006.
14. Entretien accordé à Salli Stevenson, enregistré le 14 octobre 1970, *Circus*, décembre 1970 et janvier 1971.
15. Yves Adrien, *2001, une apocalypse rock*, Flammarion, 2000.
16. Douglas Clifford, entretien accordé à Gary James, *Classicbands*, non daté, vers 1996.
17. Alain Dister, *Jimi Hendrix*, Les Nouvelles Éditions Polaires, 1972.
18. Babe Hill, cité par Frank Lisciandro, *Morrison, un festin entre amis*, Le Castor Astral, 2001.
19. Cité par Jerry Hopkins et Daniel Sugerman, *Personne ne sortira d'ici vivant, op. cit.*
20. Entretien accordé à Salli Stevenson, enregistré le 14 octobre 1970 pour *Circus*.
21. Ray Manzarek, *Rock First*, n° 5, février 2012.
22. Jerry Hopkins et Daniel Sugerman, *Personne ne sortira d'ici vivant, op. cit.*
23. *Ibid.*
24. John Densmore, *Les Cavaliers de l'orage, op. cit.*

25. John Densmore, entretien accordé à David Cavanagh, *Uncut*, septembre 2011.

26. Bruce Botnick, entretien accordé à Christophe Geudin, *Recording Musicien*, 2006.

27. Marc Benno, *Rock First*, n° 5, février 2012.

28. Entretien accordé à Howard Smith, *Village Voice*, novembre 1970.

29. Ray Manzarek, *Les Doors, la véritable histoire*, *op. cit.*

30. John Densmore, *Les Cavaliers de l'orage*, *op. cit.*

31. Cité par Stephen Davis, *Jim Morrison, Vie, mort, légende*, *op. cit.*

L'AVENIR EST INCERTAIN ET LA FIN TOUJOURS PROCHE
(1971)

1. Nico, entretien accordé au *New Musical Express*, 1985.

2. Devise prêtée à James Dean, provenant en fait du film de Nicholas Ray *Les Ruelles du malheur* (*Knock on Any Door*), 1949. Film dans lequel James Dean ne joue pas.

3. Stephen Davis, *Jim Morrison, vie, mort, légende*, *op. cit.*

4. Entretien accordé à Jerry Hopkins pour *Rolling Stone*, printemps 1969.

5. *Les Derniers Jours de Jim Morrison*, film de Michaëlle Gagnet, *op. cit.*

6. Entretien accordé à Bob Chorush, *Los Angeles Free Press*, 15 janvier 1971.

7. Patricia Kennealy, *Strange Days, My Life With and Without Jim Morrison*, *op. cit.*

8. Entretien accordé à Ben Fong-Torres, *San Francisco Chronicle*, 1991.

9. Patricia Kennealy, *Strange Days, My Life With and Without Jim Morrison*, *op. cit.*

10. Jac Holzman et Gavan Daws, *Follow the Music...*, *op. cit.*

11. *ibid*.

12. Patricia Butler, *La Tragique Romance de Pamela et Jim Morrison*, *op. cit.*

13. Bill Siddons, *Uncut*, septembre 2011.

14. *Les Derniers Jours de Jim Morrison*, film de Michaëlle Gagnet, *op. cit.*

15. Hervé Muller, *Jim Morrison mort ou vif*, Ramsay, 1991.
16. *Ibid.*
17. *Le Monde tout de suite*, film de Pascal Mercier, *op. cit.*
18. Louis Aragon, « Lettre ouverte à André Breton », *Les Lettres françaises*, 1er juin 1971.
19. Bertrand Poirot-Delpech, *Le Monde*, 27 juillet 1971.
20. Tere Tereba, « Goodbyes », *The Illustrated History*, William Morrow and Company, 1983.
21. *Ibid.*
22. *Ibid.*
23. Alain Ronay, *Paris-Match*, 25 avril 1991.
24. *Ibid.*
25. Carte postale de Jim Morrison à Max Fink, reproduite recto / verso sur newdoorstalk.proboards.com (TheDoors4Scorpywag).
26. Marianne Faithfull et David Dalton, *Faithfull, une vie*, *op. cit.*
27. « Le Mystère Morrison », de Brenda Jackson et Philippe Manœuvre, Canal+, 1991.
28. *Les Derniers Jours de Jim Morrison*, film de Michaëlle Gagnet, *op. cit.*
29. Bob Seymore, *The End — The Death of Jim Morrison*, Omnibus Press, 1990.
30. Agnès Varda, entretien accordé à *Paris-Match*, 25 août 1991.
31. Alain Ronay, entretien accordé à *Paris-Match*.
32. *Ibid.*
33. Alain Ronay, « Lui et moi, amis jusqu'à la mort », entretien (soupçonné d'être factice) accordé au magazine *King & I*, Italie, juin 1991.
34. *Ibid.*
35. Cité par Hervé Muller, *Jim Morrison mort ou vif*, *op. cit.*
36. *Ibid.*
37. Rapport au procureur de la République, établi par le commissaire Robert Berry, cité par Patricia Butler, *La Tragique Romance de Pamela et Jim Morrison*, *op. cit.*
38. *Les Derniers Jours de Jim Morrison*, film de Michaëlle Gagnet, *op. cit.*
39. Sam Bernett, *Rock and Roll Circus*, Le Rocher, 2010.
40. *Ibid.*
41. *Ibid.*
42. *Ibid.*

43. *Ibid.*

44. *Les Derniers Jours de Jim Morrison*, film de Michaëlle Gagnet, *op. cit.*

45. Patrick Chauvel, entretien accordé à *Classic Rock Magazine*, n° 148, août 2010.

46. Sam Bernett, *Rock and Roll Circus*, *op. cit.*

47. *Ibid.*

48. « Jim Morrison emporté par l'héroïne de la French Connexion ? », Fred Guilledoux, *La Provence*, 3 juillet 2011.

49. *Les Derniers Jours de Jim Morrison*, film de Michaëlle Gagnet, *op. cit.*

50. Marianne Faithfull, entretien accordé à Max Bell, *Classic Rock Magazine*, n° 148, août 2010.

51. Marianne Faithfull et David Dalton, *op. cit.*

52. *Les Derniers Jours de Jim Morrison*, film de Michaëlle Gagnet, *op. cit.*

53. Marianne Faithfull, entretien accordé à Max Bell, *Classic Rock Magazine*, *op. cit.*

54. Robby Krieger, entretien accordé à Christian Eudeline, *La Provence*, 3 juillet 2011.

55. *Ibid.*

56. *Les Derniers Jours de Jim Morrison*, film de Michaëlle Gagnet, *op. cit.*

57. James Riordan et Jerry Prochnicky, *Break on Through, The Life and Death of Jim Morrison*, William Morrow & Co, 1991.

58. James Henke, *Jim Morrison, de l'autre côté*, Naïve, 2007.

59. Cité par Jerry Hopkins et Daniel Sugerman, *Personne ne sortira d'ici vivant*, *op. cit.*

60. Lizzie James, « Jim Morrison : Ten Years Gone », entretien enregistré avec Jim Morrison en avril 1970 ; publié de façon incomplète en 1981 dans *Creem Magazine*, puis dans *The Doors Illustrated History* en 1983, et enfin réédité au complet sur le site waiting-forthe-sun.net

Remerciements

À Marc ALYN, Arthur et Juliette ANDRIEUX, Michka ASSAYAS, ASSOCIATION DES AMIS ET PASSIONNÉS DU PÈRE-LACHAISE, Noël BALEN, Hugues BARRIÈRE, Jacques BARSAMIAN, Thierry BEAUCHAMP, Christophe BEAUME, Claude BEAUSOLEIL, Stephan BEAUVAIS, Jean-Yves BÉCART, Patrice BERAY, Gilles BERNANOS, Sam BERNETT, Élise BETREMIEUX, Zéno BIANU, Yves BIGOT, Philippe BLANCHET, Bruno BLUM, Louis BOISCLAIR, François BON, Chantal BOUCHARD, Christian BOURGOIS, Yves BUIN, Patricia BUTLER, Jean-Pierre CAGNAT, Michelle CAMPBELL, Nathalie CAPIEZ, Raphaël CAUSSIMON, Jim CHERRY, Gérard de CORTANZE, Jean-Louis CRIMON, Seyhmus DAGTEKIN, Guy DAROL, Jean-Luc DEBATTICE, Patrice DELBOURG, Christophe DELBROUCK, Patricia DEVAUX, Alain DISTER, François DUCRAY, Nicolas DUPUY, Cat DUSSILLOLS, Renaud EGO, FABIENNE (L'Hôtel), FIRST FLASH OF EDEN, Gerald et Ralph FARIS, Mafan FRAPSAUCE, Michaëlle GAGNET, Daniel GARAULT, Christophe GEUDIN, Jean-Philippe GONOT, Bob GREENE, Benoît HEIMERMANN, Stuart HENDERSON, Barney HOSKYNS, Yves JOLIVET, François JOUFFA, Stéphane KOECHLIN, Philippe LACOCHE, Didier LAURU, Olivier LÉCRIVAIN, Nicolas LEJEUNE, Pauline LÉPINAY, Jennifer LESIEUR, Frank LISCIANDRO, Sophie LOUBIER, Hervé LUXARDO, Philippe MANŒUVRE, Yazid MANOU, Jean MARESKA, Jacob Thomas MATTHEWS, Sylvie MÉHEUT, Anne MENSIOR, Pierre MIKAILOFF, Nicolas MILLET, Rainer MODDEMANN, Monique MOREAU, Bernard MORLINO, Hervé MULLER, Jean-Noël OGOUZ, Philippe OLLÉ-LAPRUNE, Jacques OUTIN, Alex PATTON, Olivier PHILIPPONNAT, Hervé PICART, Éric POINDRON, Philippe POIRIER, Jean PORTANTE, Jean-Louis RANCUREL, Alain et Ghislaine REUZEAU,

Yann et Matis REUZEAU, Emmanuelle ROCHMAN, ROCKVOLUTION, Adriana ROMERO, José RUIZ-FUNES TORRES, Éric SARNER, Roger STEFFENS, Marc TARASKOFF, François TÉTREAU, Jean THÉBAULT, Marc TORRALBA, Léna TRITSCHER, André VELTER, Gilles VIDAL, Marc VILLARD, Sophie VONLANTHEN, Gilles YÉPRÉMIAN et Guillermo VEGA ZARAGOZA. Mille excuses à ceux que j'aurais oublié de citer et qui m'ont pourtant apporté leur aide !

Indiens et fantômes (1943-1963)	11
Le guide du labyrinthe (1964)	66
Le blues de la Cité des Anges (1965)	79
En route vers le chaos (1966)	103
L'autre côté du miroir (1967)	146
Chevaucher le serpent (1968)	187
Je chante le blues depuis que le monde a été créé (1969)	221
Maintenant que je suis un homme seul (1970)	274
L'avenir est incertain et la fin toujours proche (1971)	328

ANNEXES

Repères chronologiques	395
Références bibliographiques	402
Notes	413
Remerciements	425

FOLIO BIOGRAPHIES

Alexandre le Grand, par JOËL SCHMIDT

Lou Andreas-Salomé, par DORIAN ASTOR

Attila, par ÉRIC DESCHODT. Prix « Coup de cœur en poche 2006 » décerné par *Le Point*.

Joséphine Baker, par JACQUES PESSIS

Balzac, par FRANÇOIS TAILLANDIER

Baudelaire, par JEAN-BAPTISTE BARONIAN

Beethoven, par BERNARD FAUCONNIER

Sarah Bernhardt, par SOPHIE AUDE PICON

Bouddha, par SOPHIE ROYER

James Brown, par STÉPHANE KOECHLIN

Maria Callas, par RENÉ DE CECCATTY

Calvin, par JEAN-LUC MOUTON

Camus, par VIRGIL TANASE

Le Caravage, par GÉRARD-JULIEN SALVY

Casanova, par MAXIME ROVERE

Céline, par YVES BUIN

Jules César, par JOËL SCHMIDT

Cézanne, par BERNARD FAUCONNIER. Prix de biographie de la ville de Hossegor 2007.

Chaplin, par MICHEL FAUCHEUX

Chopin, par PASCALE FAUTRIER

Cléopâtre, par JOËL SCHMIDT

Albert Cohen, par FRANCK MÉDIONI

Colette, par MADELEINE LAZARD

Christophe Colomb, par MARIE-FRANCE SCHMIDT

Marie Curie, par JANINE TROTEREAU

James Dean, par JEAN-PHILIPPE GUERAND

Debussy, par ARIANE CHARTON

Dickens, par JEAN-PIERRE OHL

Diderot, par RAYMOND TROUSSON

Marlene Dietrich, par JEAN PAVANS

Dostoïevski, par VIRGIL TANASE

Albert Einstein, par LAURENT SEKSIK

Fellini, par BENITO MERLINO

Flaubert, par BERNARD FAUCONNIER

Freud, par RENÉ MAJOR et CHANTAL TALAGRAND

Gandhi, par CHRISTINE JORDIS. Prix du livre d'histoire de la ville de Courbevoie 2008.

Federico García Lorca, par ALBERT BENSOUSSAN

De Gaulle, par ÉRIC ROUSSEL

Geronimo, par OLIVIER DELAVAULT

Goya, par MARIE-FRANCE SCHMIDT

Jimi Hendrix, par FRANCK MÉDIONI

Billie Holiday, par SYLVIA FOL

Victor Hugo, par SANDRINE FILLIPETTI

Ibsen, par JACQUES DE DECKER

Jésus, par CHRISTIANE RANCÉ

Janis Joplin, par JEAN-YVES REUZEAU

Kafka, par GÉRARD-GEORGES LEMAIRE

Gene Kelly, par ALAIN MASSON

Kerouac, par YVES BUIN

Martin Luther King, par ALAIN FOIX

Lapérouse, par ANNE PONS

Franz Liszt, par FRÉDÉRIC MARTINEZ

Louis XIV, par ÉRIC DESCHODT

Louis XVI, par BERNARD VINCENT

Auguste et Louis Lumière, par MICHEL FAUCHEUX

Machiavel, par HUBERT PROLONGEAU

Maupassant, par FRÉDÉRIC MARTINEZ

Bob Marley, par JEAN-PHILIPPE DE TONNAC

Michel-Ange, par NADINE SAUTEL

Mishima, par JENNIFER LESIEUR

Modigliani, par CHRISTIAN PARISOT

Molière, par CHRISTOPHE MORY

Marilyn Monroe, par ANNE PLANTAGENET

Moïse, par CHARLES SZLAKMANN

Jim Morrison, par JEAN-YVES REUZEAU

Mozart, par JEAN BLOT

Musset, par ARIANE CHARTON

Napoléon, par PASCALE FAUTRIER

Nerval, par GÉRARD COGEZ

Nietzsche, par DORIAN ASTOR

Pasolini, par RENÉ DE CECCATTY

Pasteur, par JANINE TROTEREAU

Picasso, par GILLES PLAZY

Marco Polo, par OLIVIER GERMAIN-THOMAS

Louis Renault, par JEAN-NOËL MOURET

Rimbaud, par JEAN-BAPTISTE BARONIAN. Prix littéraire 2011 du parlement de la Fédération Wallonie Bruxelles.

Robespierre, par JOËL SCHMIDT

Rousseau, par RAYMOND TROUSSON

Shakespeare, par CLAUDE MOURTHÉ

Stendhal, par SANDRINE FILLIPETTI

Jacques Tati, par JEAN-PHILIPPE GUERAND

Tchekhov, par VIRGIL TANASE

Toussaint Louverture, par ALAIN FOIX

Van Gogh, par DAVID HAZIOT. Prix d'Académie 2008 décerné par l'Académie française (fondation Le Métais-Larivière).

Verlaine, par JEAN-BAPTISTE BARONIAN

Boris Vian, par CLAIRE JULLIARD

Léonard de Vinci, par SOPHIE CHAUVEAU

Wagner, par JACQUES DE DECKER

Andy Warhol, par MERIAM KORICHI

Oscar Wilde, par DANIEL SALVATORE SCHIFFER

Tennessee Williams, par LILIANE KERJAN. Prix du Grand Ouest des écrivains de l'Ouest 2011.

Virginia Woolf, par ALEXANDRA LEMASSON

Stefan Zweig, par CATHERINE SAUVAT

Composition Nord Compo
Impression Maury-Imprimeur
45330 Malesherbes
le 2 octobre 2012.
Dépôt légal : octobre 2012.
Numéro d'imprimeur : 176244.

ISBN 978-2-07-034684-4. / Imprimé en France.

151727